工业智能与工业大数据系列

工业大数据分析
在流程制造行业的应用

张 晨 蒋若宁 何 冰 编著

电子工业出版社·
Publishing House of Electronics Industry
北京·BEIJING

内 容 简 介

"十三五"以来,中石油、中石化、万华化学、华谊化工、国家电网、宝武钢铁等国内流程行业领头者开展了数字化、智能化建设,加快推进数字化油田、智能炼厂、智慧电网、智慧炼钢等建设。信息化与自动化互相交织融合,积累了大量的工业数据,给以油气开发、石油石化、化工、钢铁、电力为代表的流程工业带来了新的挑战与机遇,也为其创新带来了新的技术能力。

本书以大数据治理、大数据分析为主线,以油气开发、石油石化、化工、钢铁、电力为代表的流程工业大数据创新为分支,详细阐述了大数据分析在流程工业中的应用案例和今后发展趋势。为广大的流程工业界研究人员、企业管理者、工程技术专家提供了一本不可多得的涵盖数字化转型、大数据分析的学习材料。

未经许可,不得以任何方式复制或抄袭本书之部分或全部内容。
版权所有,侵权必究。

图书在版编目(CIP)数据

工业大数据分析在流程制造行业的应用 / 张晨,蒋若宁,何冰编著. —北京:电子工业出版社,2020.10
(工业智能与工业大数据系列)
ISBN 978-7-121-39561-1

Ⅰ. ①工⋯ Ⅱ. ①张⋯ ②蒋⋯ ③何⋯ Ⅲ. ①制造工业—数据管理—研究 Ⅳ. ①F407.4

中国版本图书馆 CIP 数据核字(2020)第 173303 号

责任编辑:刘志红(lzhmails@phei.com.cn)　　　特约编辑:王　纲
印　　刷:北京虎彩文化传播有限公司
装　　订:北京虎彩文化传播有限公司
出版发行:电子工业出版社
　　　　　北京市海淀区万寿路 173 信箱　邮编　100036
开　　本:787×980　1/16　印张:13.5　字数:254.4 千字
版　　次:2020 年 10 月第 1 版
印　　次:2023 年 1 月第 6 次印刷
定　　价:128.00 元

凡所购买电子工业出版社图书有缺损问题,请向购买书店调换。若书店售缺,请与本社发行部联系,联系及邮购电话:(010)88254888,88258888。
质量投诉请发邮件至 zlts@phei.com.cn,盗版侵权举报请发邮件至 dbqq@phei.com.cn。
本书咨询联系方式:(010)88254479,lzhmails@phei.com.cn。

工业智能与工业大数据系列

编委会

编委会主任　张　洁

编委会副主任　高　亮　　汪俊亮

编委会委员　冯毅雄　　孔宪光　　雷亚国　　李少波
　　　　　　李文锋　　李玉良　　秦　威　　唐敦兵
　　　　　　闫纪红　　姚锡凡　　张　晨

本书编写委员会

学术顾问 ▶▶

张　洁 ｜ 教授　东华大学人工智能研究院常务副院长　执行院长

编　　委 ▶▶

张　晨	博士	中国石化上海赛科石油化工有限公司	信息技术部总经理 ｜ 高级工程师
付　新	博士	中国石油西南油气田分公司	高级工程师
陈　林	博士	中国石油西南油气田分公司	高级工程师
张晓燕	博士	上海工程技术大学	讲师
蓝照斌	硕士	石化盈科信息技术有限公司	区域经理
蒋若宁	硕士	上海华谊信息技术有限公司	副总经理
何　冰	博士	国网上海市电力公司检修公司	高级工程师
高　杲	博士	上海叔本华智能科技有限公司	总经理
江　涛	硕士	北京中瑞泰科技有限公司	总经理
朱红燕	硕士	中国石化上海赛科石油化工有限公司	信息技术部应用分析员

前　言

20世纪80年代，美国未来学家阿尔文·托夫勒的划时代巨著《第三次浪潮》出版。在该书中，作者把人类文明进步划分为三次浪潮。第一次浪潮可追溯到农耕文明的开始。第二次浪潮发端于英国工业革命，伴随着蒸汽机的呼啸，人类进入了大工业时代。第三次浪潮则是以计算机技术为代表的自动化、信息化、智能化时代的到来。当前全球正处于信息技术迅猛发展的时期，世界各主要国家均把信息化发展战略作为国家发展战略的重要组成部分，纷纷制定信息化战略和政策以加快并深化信息技术的应用，注重通过信息技术的创新应用来培育新产业、新业态。全球经济社会已然进入一个全新的信息化驱动创新变革的时代。

进入21世纪以来，我国高度重视信息化工作，相继做出"互联网+"行动计划、大数据战略、人工智能战略等系列部署，不断对信息化推动创新发展、转变经济发展方式、调整经济结构等提出新的更高要求。中国共产党第十九次全国代表大会明确提出"加快建设制造强国，加快发展先进制造业，推动互联网、大数据、人工智能和实体经济深度融合，在诸多领域培育新增长点、形成新动能"。经过多年发展，我国在信息化领域已经取得巨大进步，国家战略性信息基础设施有了质的提升。不少行业领域的信息化、智能化应用已经从"跟跑并跑"向"并跑领跑"升级。目前，我国已经建成了全球规模最大的宽带通信网络，形成了全球规模最大的移动电话与物联网用户群体，表现为4G技术得到广泛应用，5G技术也率先进入试用阶段。

我国目前拥有世界上规模最大的制造业。其中，以油气开发、石油石化、化工、钢铁、电力为代表的流程工业是关系国家经济命脉的重要行业。信息化既是企业提升效率和价值、进行改革和创新的重要手段，也是企业管理水平的重要标志。经过广大信息化工作者多年持续不断的努力，信息技术已在各业务领域得到广泛应用。信息化建设和应用水平不断提高，对企业发展的支撑作用日益明显。

"十三五"期间，中国石油、中国石化、中国海油、万华化学、华谊化工、国家电网、宝武钢铁等国内流程行业领头者，持续加强信息化建设，紧跟全球信息技术发展步伐，以信息化建设应用促进主营业务提质增效，以不同形式、在不同层面开展数字化、智能化建设，加快推进数字化油田、智能炼厂、智慧电网、智慧钢厂等的建设。流程工业具有连续性特点，并包含复杂的物理化学变化，人们在生产实践中很早就意识到仅仅依靠人力判断和控制是无法驾驭其生产过程的，因此自动化最早出现并应用于流程工业。随之而来的信息化又与流程工业的自动化相融合，形成了信息技术（Information Technology，IT）与自动化技术（Automation Technology，OT）的协同发展，积累了大量的工业数据。

信息技术的突破创新与网络经济的快速发展给以油气开发、石油石化、化工、钢铁、电力为代表的流程工业信息化建设带来了新的挑战与机遇，也为其业务创新带来了新的技术能力。同时，互联网的飞速发展促使计算能力呈几何级数的提升，为大数据提供了应用基础。激烈的全球化市场竞争推动了流程工业企业对于供应链、市场、生产组织的数字化转型，这又为大数据提供了应用场景。流程工业企业如果不进行数字化转型，不掌握大数据技术，不培养大数据人才，将无法迎接挑战或生存。

本书以大数据治理、大数据分析为主线，阐述了以油气开发、石油石化、化工、钢铁、电力为代表的流程工业中的大数据应用案例和发展趋势。本书涵盖数字化转型、大数据分析、智能制造，可供流程工业界研究人员、企业管理者、工程技术专家学习与参考。

目　录

第1章　流程工业智能制造与数字化转型 / 001

  1.1　新一轮智能制造发展战略 / 003

    1.1.1　德国工业4.0与流程工业智能制造 / 003

    1.1.2　美国工业互联网与流程工业智能制造 / 004

    1.1.3　中国制造强国战略与流程工业智能制造 / 004

    1.1.4　各国流程工业智能制造的差异和启示 / 006

  1.2　流程工业数字化转型战略 / 007

    1.2.1　流程工业概述 / 007

    1.2.2　流程工业数字化转型的需求 / 008

  1.3　大数据分析和流程工业智能制造 / 009

    1.3.1　大数据的内涵 / 010

    1.3.2　大数据和人工智能的关系 / 011

    1.3.3　工业大数据与流程工业智能制造 / 012

第2章　工业大数据分析基础 / 017

  2.1　工业大数据治理 / 017

2.1.1 工业大数据应用面临的挑战 / 017

2.1.2 应对方法 / 019

2.2 流程工业大数据治理案例 / 020

2.2.1 跨国石油公司大数据治理 / 020

2.2.2 国内石油公司大数据治理 / 027

2.3 大数据采集技术 / 034

2.3.1 Apache Sqoop / 034

2.3.2 Apache Flume / 035

2.3.3 Gobblin / 037

2.4 大数据存储技术 / 038

2.4.1 HDFS / 039

2.4.2 NoSQL数据库 / 042

2.5 大数据分析技术 / 045

2.5.1 MapReduce / 048

2.5.2 Spark / 049

2.6 大数据可视化技术 / 051

2.6.1 Tableau / 051

2.6.2 Google Chart / 052

2.6.3 D3.js / 052

2.7 大数据分析方法 / 052

2.7.1 大数据分析方法分类 / 053

2.7.2 大数据分析步骤 / 053

2.7.3 数据挖掘方法 / 055

第3章 天然气开发行业的大数据分析 / 059

3.1 天然气开发行业信息化现状 / 059
3.2 天然气开发行业的大数据分析需求 / 061
3.3 天然气开发行业的大数据来源与特点 / 064
3.4 天然气开发行业的大数据解决方案 / 064
3.4.1 大数据获取 / 064
3.4.2 大数据监控 / 065
3.4.3 大数据可视化 / 066
3.5 天然气开发行业的大数据分析方法 / 067
3.5.1 天然气开发风险预防性分析方法 / 067
3.5.2 设备性能退化分析方法 / 069
3.6 天然气开发行业的大数据分析案例 / 070
3.6.1 应用场景 / 070
3.6.2 天然气水合物大数据预测应用案例 / 075
3.6.3 压缩机故障大数据预防性监控应用案例 / 076
3.6.4 换热器早期泄漏大数据监控应用案例 / 078
3.7 总结 / 080

第4章 炼油化工行业的大数据分析 / 081

4.1 炼油化工行业信息化现状 / 081
4.2 炼油化工行业的大数据分析需求 / 083
4.2.1 油田勘探与生产制造环节 / 083
4.2.2 研发设计环节 / 085

4.2.3　市场营销与售后服务环节 / 086

4.2.4　HSE评价体系的需求 / 087

4.3　炼油化工行业的大数据来源与特点 / 088

4.3.1　炼油化工行业大数据来源 / 088

4.3.2　炼油化工行业大数据特点 / 089

4.4　炼油化工行业的大数据解决方案 / 090

4.4.1　炼油化工企业存在的问题 / 090

4.4.2　工业大数据平台架构方案 / 091

4.5　炼油化工行业的大数据分析方法 / 094

4.6　炼油化工行业的大数据分析案例 / 094

4.6.1　应用场景 / 094

4.6.2　应用案例 / 096

4.7　总结 / 097

第5章　化工行业的大数据分析 / 099

5.1　化工行业信息化现状 / 099

5.2　化工行业的大数据分析需求 / 100

5.3　化工行业的大数据来源与特点 / 101

5.4　化工行业的大数据解决方案 / 102

5.5　化工行业的大数据分析方法 / 104

5.6　化工行业的大数据分析案例 / 106

5.6.1　应用场景 / 106

5.6.2　应用案例 / 114

5.7　总结 / 124

第6章　钢铁行业的大数据分析 / 126

6.1 钢铁行业信息化现状 / 127

6.2 钢铁行业的大数据分析需求 / 127

    6.2.1　经营管理与生产管理的需求 / 127

    6.2.2　技术进步与发展的需求 / 128

6.3 钢铁行业的大数据来源与特点 / 129

6.4 钢铁行业的大数据解决方案 / 131

6.5 钢铁行业的大数据分析方法 / 135

6.6 钢铁行业的大数据分析案例 / 138

    6.6.1　应用场景 / 138

    6.6.2　应用案例 / 140

6.7 总结 / 150

第7章　电力输电线路运维的大数据分析 / 152

7.1 电力输电线路运维信息化现状 / 152

7.2 电力输电线路运维的大数据分析需求 / 153

7.3 电力输电线路运维的大数据来源与特点 / 154

    7.3.1　电力输电线路运维的大数据来源 / 154

    7.3.2　电力输电线路运维的大数据特点 / 155

7.4 电力输电线路运维的大数据解决方案 / 156

7.5 电力输电线路运维的大数据分析方法 / 156

    7.5.1　面向设备状态大数据的分布式存储和处理技术 / 157

    7.5.2　电力运维行业的数据ETL技术 / 158

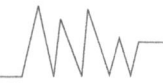

7.5.3 电力输电线路的数据挖掘分析技术 / 158

7.6 电力输电线路运维的大数据分析案例 / 159

7.6.1 输电线路智能化反外损监控系统 / 159
7.6.2 基于位置信息大数据驱动的输电线路智能巡检系统 / 165
7.6.3 特高压输电通道无人机巡检系统 / 170
7.6.4 空、塔、地协同的输电线路智能巡检系统 / 173

7.7 电力输电线路运维大数据技术展望 / 178

7.7.1 基于区块链技术的输电线路反外损运维系统 / 178
7.7.2 基于社交网络用户激励的系统运营模式 / 179
7.7.3 电力物联网价值挖掘 / 181

7.8 总结 / 183

第8章 总结与展望 / 184

8.1 流程工业与互联网下半场的结合 / 184
8.2 流程工业需要建立大数据文化 / 185

参考文献 / 186

索引 / 195

致谢 / 199

第 1 章 流程工业智能制造与数字化转型

正如著名的未来学家阿尔文·托夫勒在其巨著《第三次浪潮》中所说的，人类文明共有三次浪潮。

第一次浪潮可追溯到人类农耕文明的开始。那时候，人类的祖先发明创造了一系列农耕技术，告别了茹毛饮血的蛮荒时代，定居在肥沃的平原和盆地，依托风力、水力、畜力开展和组织农业生产。

第二次浪潮发端于英国工业革命。伴随着蒸汽机的呼啸，人类进入大工业时代。人类的体力和活动范围得以空前放大。科学技术与工业制造的结合日益紧密。自然科学特别是数学、物理学、化学作为工业革命的核心学科相互结合并投入实践，开启了人类改造自然、突破自身体力极限的新篇章。人们借助强大的工业制造系统，在全球范围内高效自动地组织生产和经营活动。以埃克森美孚石油、中国石化、巴斯夫化工、陶氏杜邦化学、中国国家电网、中国宝武钢铁为代表的流程工业巨头在各自的领域里建立了强大的实力。

第三次浪潮则是以计算机技术为代表的自动化、信息化、智能化时代的到来。阿尔文·托夫勒在 20 世纪 70 年代敏锐地预感到互联网的发展及其对传统工业的冲击。因此，在《未来的冲击》一书之后，他又先后出版了《第三次浪潮》和《力量的转移》两本划时代巨著。托夫勒提出在激烈的市场角逐中，竞争力会转移到掌握数字化优势的组织和企业手中。他预见到正要拍岸而来的数字化浪潮，洞察到智能制造和互联网，以及由此产生的大数据和人工智能的崛起。

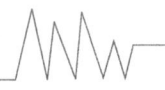

当前不同行业的发展趋势见表1-1。

表1-1 不同行业的发展趋势

行　业	案　例	动　态
互联网行业——互联网公司转型大数据科技公司	Google、Facebook、Amazon、百度、阿里巴巴、腾讯	在C2C业务模式上,通过海量客户数据的积聚,运用大数据和人工智能技术夺得行业领导权 Google开发了AlphaGo等人工智能系统,并且推出其AI架构TensorFlow 阿里巴巴成立云部门,推进和工业企业在云计算、大数据、AI方面的合作
信息技术行业——信息技术公司转型大数据科技公司	IBM、Microsoft、Oracle、SAP	IBM转型Watson认知计算,聚焦于医疗、气象、生物等行业的大数据分析;收购Red Hat,转型开源云计算 Microsoft推出Azure云计算,提供AI架构 Oracle和SAP分别增加了大数据、物联网、AI业务
自动化行业——与大数据融合	霍尼韦尔、西门子、施耐德、艾默生	霍尼韦尔开展大数据和人工智能业务 西门子建立工业云 施耐德建立工业云 艾默生创建工业物联网部门
工业软件行业——融合物联网和人工智能技术	PTC、Aspen	PTC开展物联网业务 Aspen收购Mtell,运用机器学习预测设备故障
信息技术及管理咨询行业	埃森哲、安永、德勤、毕马威	建立数字化转型业务,开拓大数据和人工智能业务,推出流程自动化机器人RPA
流程工业	巴斯夫、BP、中国石化	巴斯夫推动BASF4.0项目,借助工业4.0进行数字化转型 BP成立数字化创新部门 中国石化将信息化管理部更名为信息化与数字化管理部,扩展其职能,推动数字化转型和智能工厂建设,推进大数据、人工智能、物联网的应用

在德国政府提出工业4.0、美国企业界提出工业互联网之后,我国政府也在两化融合的基础上适时提出了中国制造强国战略。流程工业占据制造业的半壁江山,流程工业智能制造和大数据分析应用就自然而然地成为学术界和工业界高度关注、重点投资的领域。

1.1 新一轮智能制造发展战略

智能制造是将大数据、人工智能、物联网、云计算等新一代信息技术与设计、生产、管理、服务等制造活动的各个环节融合,具有信息深度自感知、智慧优化自决策、精准控制自执行等功能的先进制造过程、系统与模式的总称。它具备以智能工厂为载体、以关键制造环节智能化为核心、以端到端数据流为基础、以网通互联为支撑的四大特征,可有效缩短产品研制周期、提高生产效率、提升产品质量、降低资源能源消耗,对推动制造业转型升级具有重要意义。

1.1.1 德国工业 4.0 与流程工业智能制造

德国工业 4.0 是在德国工程院、弗劳恩霍夫协会等学术界和产业界机构的建议和推动下形成的,由德国联邦教研部与联邦经济技术部联手支持,在 2013 年 4 月的汉诺威工业博览会上正式推出,并逐步上升为国家战略。其目的是提高德国工业的竞争力,在新一轮工业革命中占领先机。德国工业 4.0 的核心内容可以总结如下:建设一个网络(信息物理系统),研究两大主题(智能工厂、智能生产),实现三大集成(纵向集成、横向集成与端到端集成),推进三大转变(生产由集中向分散转变、产品由趋同向个性转变、用户由部分参与向全程参与转变)。

在德国工业领域,以巴斯夫、汉高化学等公司为代表的流程工业巨头和 SAP、西门子、博世等信息化、自动化巨头建立了战略合作关系,推出了一系列工业 4.0 举措。例如,巴斯夫公司的数字化战略包括以下内容。

- 通过全新的数字服务,向客户实时提供重要信息。
- 综合利用内外部大数据提升巴斯夫的创新力。
- 与客户共同创建一个集成的供应链,交换物流相关大数据。这有助于巴斯夫向客户提供更优质、更快捷的服务。
- 在生产过程中,运用大数据更准确地预测装置的维护需求,减少意外停车的情况。

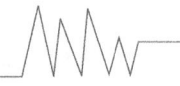

1.1.2 美国工业互联网与流程工业智能制造

美国工业互联网的愿景是在产品生命周期的整个价值链中将人、数据和机器连接起来，形成开放的全球化工业网络。实施的方式是通过通信、控制和计算技术的交叉应用，建造一个信息物理系统，促进物理系统和数字系统的融合。2014年4月，美国工业互联网联盟成立，其目标是制定通用标准，打破技术壁垒，实现不同厂商设备之间的数据共享。该联盟起草了工业互联网参考体系结构，定义了工业互联网的功能域、技术及标准，同时着手开发用例和测试床，助力软硬件厂商开发与工业互联网兼容的产品，实现企业、云计算系统、计算机、网络、仪表、传感器等不同类型的物理实体互联，提升工业生产效率。

美国很多自动化和控制系统巨头（如GE、霍尼韦尔、艾默生、阿斯本、OSIsoft等）在传统流程工业控制优化的基础上，创建新的数字化业务，迎接流程工业数字化转型的到来。例如，著名的流程工业优化控制软件系统巨头阿斯本公司依托自身40年的工业技术与数字解决方案的融合，以及当今工业4.0技术的能力，提出一种新策略。这种策略将软件中的物理和化学机理模型与先进大数据技术的分析功能相融合，从而协助流程工业建立卓越的运营系统。阿斯本公司认为后互联网商业时代具有明显的VUCA特征，即易变性、不确定性、复杂性、模糊性。在复杂多变的市场条件下，全球生产企业纷纷寻求茁壮成长的途径，许多生产企业正在借助数字技术发展或转型。

1.1.3 中国制造强国战略与流程工业智能制造

当前，我国制造业已形成了门类齐全、独立完整的产业体系，规模跃居世界第一。然而，与世界先进国家相比，我国制造业仍然大而不强，在自主创新能力、资源利用效率、信息化程度、质量效益等方面差距明显，转型升级和跨越发展的任务紧迫而艰巨。在新一轮科技革命和产业革命与我国加快转变经济发展方式形成历史性交汇的战略机遇期，以智能制造为主攻方向，推进我国信息化和工业化深度融合，已成为中国制造强国战略的必然选择。

2015年3月9日，工业和信息化部印发了《2015年智能制造试点示范专项行动实施方案》，决定自 2015 年启动实施智能制造试点示范专项行动。该方案明确要坚持立足国情、统筹规划、分类施策、分步实施的方针，以企业为主体、市场为导向、应用为切入点，分类开展并持续推进流程制造、离散制造、智能装备和产品、智能制造新业态和新模式、智能化管理、智能服务 6 方面试点示范。通过试点示范使关键智能部件、装备和系统自主化能力大幅提升，产品、生产过程、管理、服务等智能化水平显著提高，智能制造标准化体系初步建立，智能制造体系和公共服务平台初步成形。

例如，中国流程工业的代表——中国石化提出"十三五"期间公司将加快推进智能油气田、智能工厂建设，建成 3~5 个智能油气田示范区、10 个智能工厂，完成智能化管线系统推广，智能油气田和智能工厂的运营成本降低 20%，劳动生产率提高 20%，同时实现智能工厂万元产值综合能耗降低 6%。目前，中国石化在燕山石化、镇海炼化、茂名石化和九江石化 4 家企业试点智能工厂建设，取得明显成效。4 家试点企业的先进控制投用率、生产数据自动采集率分别提升了 10%和 20%，均达到 90%以上，外排污染源自动监控率达到 100%，生产优化从局部优化、离线优化逐步提升为一体化优化、在线优化，劳动生产率提高 10%以上，提质增效作用明显，促进了集约型内涵式发展。九江石化、镇海炼化分别于 2015 年、2016 年入选国家工业和信息化部"智能制造试点示范项目"。4 家企业试点智能工厂建设的主要成果包括以下几方面。

- 提升资源优化和调度指挥水平。通过将管理层、生产层的信息系统集成，实现生产运营管理的数字化、可视化。九江石化利用计划、调度全流程优化平台，持续开展加工路线比选等工作，2015 年滚动测算 121 个案例，累计增效 2.8 亿元；镇海炼化通过一体化生产优化信息平台，实现了从计划、调度到操作控制的全过程生产优化，2015 年生产优化综合增效 3.5 亿元以上。
- 提高生产操作质量和效率。燕山石化开创了"黑屏操作"新模式（无报警时屏幕不亮，报警时屏幕高亮显示），最长黑屏时间可达 4 小时，53 套装置的操作站实现生产正常状态下操控台黑屏、生产异常状态下系统自动精准警示，降低了劳动生产强度，提高了应急响应速度和处理能力；镇海炼化建成了国内首个全封闭、全自动、无人操作的 2.5 万吨化工产品立体仓库，仓库人员减少 66%，铲车配备下降 50%，库存管理效率大幅提升。

- 支撑生产稳定、高效运行。4家试点企业建立了"大师远程诊断工作室",科研院所和各企业的技术专家利用远程技术诊断系统,实时在线监控生产装置运行状态,保障生产装置稳定、高效运行。茂名石化通过工艺优化数据分析,使汽油收率提高0.22%、辛烷值提高0.9,提高了高价值产品产量。

- 支持能源管理创新。4家试点企业建成了能源管理和优化系统,建立了企业能源管控中心,加强了对能源产、输、转、耗全过程的跟踪、核算、分析和评价,实现了能流可视化、能效最大化和在线可优化,能源在线优化每年节约成本近1 000万元。

- 提升安全环保水平和应急指挥能力。4家试点企业开展了泄漏检测与修复(LDAR)管理工作,涵盖260余套装置和179万个检测点。其中,九江石化实现了"全员、全过程"HSE管理,建立HSE观察卡3.85万个,环境信息通过"环保地图"实时展示。

- 形成智能工厂1.0标准推广模板。通过智能工厂建设,中国石化进一步拓展了自主研发软件MES(生产制造执行系统)的功能,带动了国内厂商软硬件的研发,打破了国外垄断,构建了智能工厂信息化标准体系,包括6大类70项数据编码、6大主题935项数据指标、13个专题业务模板,形成了应用规范11册、标准业务流程48项,总结的智能工厂项目推广模板为后续的推广建设奠定了基础。

下一步,中国石化将通过智能化建设,推动企业生产方式、管控模式变革,提高安全环保、节能减排、降本增效、绿色低碳水平,促进劳动效率和生产效益提升。

1.1.4 各国流程工业智能制造的差异和启示

对比上述三国流程工业智能制造,可以看出以下差异。

(1)德国基于其强大的工业基础,自下而上积极地推动工业4.0战略,希望通过新一代信息技术在制造业中的应用,确保其制造业的优势地位;推动流程工业的代表性企业(如巴斯夫)与信息化、自动控制领域的代表性企业(如SAP、西门子等)进行横向合作创新,力图通过工业4.0建立新的行业标准,保持原有的优势地位。

（2）美国基于其领先的互联网创新能力，强调软件、网络和数据，注重互联互通和互操作，自上而下打造工业互联网，期望重新夺回制造业霸主地位。以 Aspen 为代表的软件巨头正融合大数据、机器学习、人工智能的新动能，有可能进行颠覆性创新。

（3）我国流程工业正处于由大变强、转型升级的关键时期，不同规模、行业和区域的企业水平差异巨大，应基于我国流程工业的实际情况，借鉴别国经验，制定适合我国国情的标准化战略。国内的流程工业巨头如中国石化在智能工厂建设中兼顾两化融合，并融入了大数据、物联网、云计算、人工智能等最新技术。

德国和美国流程工业的发展对我国的启示可以归纳如下。

（1）行业巨头应注重生态链的培育，如自动控制企业要和国内物联网厂商、互联网企业进行合作对接。要运用资本市场的力量，培育一批流程工业数字化转型的行业巨头，形成甲方客户与乙方系统供应商全面合作的局面。

（2）我国必须瞄准国际最新技术动态，利用我国流程工业前十年两化融合的成果和经验，直接在大数据创新上实现突破，进而拉动和促进人工智能、物联网、云计算的集成应用。虽然我国在之前的传统工业软件方面发展滞后，但是通过对工业大数据的深化应用，走统计模型与机理模型结合的道路，依托互联网的先进业务模式，实现我国在先进制造系统上的弯道超车，完全具备可行性。因为人类的科学进步是否定之否定螺旋式发展的，大数据技术发展到今天，已经具有在一定程度上替代和提升机理模型的能力。而与此同时，我国经过近百年的工业化历程，已经发展成为世界最大的制造业国家。两者的结合，一定会使我国工业水平达到一个全新的高度，也是中华民族复兴大业的坚强支撑。

1.2 流程工业数字化转型战略

1.2.1 流程工业概述

流程工业是指通过物理变化和化学变化进行的生产过程。其原料和产品多为均一相（固体、液体或气体）的物料，而非由零部件组装成的物品。其产品质量多由纯度和各种物理、化学性质表征。油气、炼油化工、化工、钢铁冶金、电力能源等行业均属于流程工业。流程工业企业正在越来越多地应用新技术解决生产实际问题，已有一批比较成熟的优化软件和方法应用于各企业。总的发展趋势是自动化、集中化、集成化、整体化。企业必须利用现代管理理论和方法，实现管理与技术的综合集成，才能保证自身的生存和发展。

1.2.2　流程工业数字化转型的需求

数字化转型是最近比较热门的话题，那么对于流程工业来说，数字化转型意味着什么？互联网改变了人们的日常生活，手机 App 将人们的衣食住行吃穿用以在线方式连接起来。这可以说是互联网的上半场，而下半场则应是工业企业（包括流程工业）的互联网化。这种互联网化，就是数字化转型。其实质是流程工业企业的业务模式依托互联网的转型，以及企业流程的扁平化再造。大数据、物联网与数字化转型相辅相成。一方面，企业的互联网化需要大数据、物联网的技术支撑；另一方面，数字化转型使得企业投资于物联网，产生大数据，挖掘大数据的价值。

对于流程工业企业来说，虽然由于其较高的行业壁垒和专业程度，互联网难以对其产生颠覆性的冲击，但激烈的竞争必然促使一部分企业先融入互联网的基因，率先尝试数字化转型，以获得持续的竞争力。例如，在经营管理层和供应链管理方面，互联网的技术积累和模式具有很强的推动力，一旦流程工业企业取得突破，后续则是生产运营层的互联网化。由于流程工业在生产运营层的数字化基础较好，因此，比较容易和经营管理层协同，完成数字化转型。

与此同时，流程工业的智能制造需要解决一系列核心技术问题，包括生产全流程一体化控制，企业生产与运作管理中的建模与优化决策，具有综合复杂性的工业过程智能建模与控制，难测工艺参数与生产指标的软测量与检测技术及装置，生产过程的运行工况故障预测、诊断与自愈控制等。解决上述问题后，将形成以工业装置的检测与控制—复杂工业过程的运行控制与运行工况故障诊断—生产管理与运作管理的决策—全流程一体化控制—流程工业综合自动化为主线的有机整体。

1.3 大数据分析和流程工业智能制造

目前,业界对大数据还没有统一的定义,常见的大数据定义如下。

"大数据是指无法在一定时间内用传统数据库软件工具对其内容进行抓取、管理和处理的数据集合。" ——麦肯锡

"大数据是指无法在一定时间内用常规软件工具对其内容进行抓取、管理和处理的数据集。" ——维基百科

"大数据是需要新处理模式才能具有更强的决策力、洞察发现力和流程优化能力的海量、高增长率和多样化的信息资产。" ——Gartner

大数据具备 4V 特征,即数据体量巨大、处理速度快、数据类型繁多和价值密度低。

Volume:表示数据体量巨大。数据集合的规模不断扩大,从 GB 级、TB 级到 PB 级,甚至现在开始以 EB 和 ZB 来计量。例如,一个中型城市的视频监控头每天就能产生几十 TB 的数据。

Variety:表示大数据类型复杂。以往产生或处理的数据类型较为单一,大部分是结构化数据。而如今社交网络、物联网、移动计算、在线广告等新的渠道和技术不断涌现,产生了大量半结构化或非结构化数据,如 XML、邮件、博客、即时消息等,导致新数据类型剧增。企业需要整合并分析来自传统和非传统信息源的复杂数据,包括企业内部和外部的数据。

Velocity:表示大数据产生、处理和分析的速度在持续加快。加速的原因是数据创建的实时性特点,以及将流数据结合到业务流程和决策过程中的需求。数据处理速度快,处理模式已经开始从批处理转向流处理。

Value:表示大数据价值密度低。大数据由于体量不断增大,单位数据的价值密度在不断降低,但数据的整体价值在提高。以监控视频为例,在 1 小时的视频中,有用的数据可能只有一两秒,但它往往非常重要。现在许多专家已经将大数据等同于黄金和石油,这表示大数据中蕴含了无限的商业价值。通过对大数据进行处理,找出其中潜在的商业价值,

将会产生巨大的商业利润。

1.3.1 大数据的内涵

近年来，信息技术迅猛发展，尤其是以互联网、物联网、信息获取、社交网络等为代表的技术日新月异，促使虚拟网络快速发展，现实世界快速虚拟化，数据的来源及数量正以前所未有的速度增长。

伴随着云计算、大数据、物联网、人工智能等信息技术的快速发展和传统产业的数字化转型，数据量呈现几何级数增长。若以现有的蓝光光盘为计量标准，那么将40ZB数据全部存入蓝光光盘，所需要的光盘质量将达到424艘尼米兹号航母的质量。而在这些数据中，约80%是非结构化或半结构化数据，甚至有一部分是不断变化的流数据。数据的爆炸性增长态势及其构成特点使得人们进入"大数据"时代。

如今，大数据已经被赋予多重战略意义。从资源的角度，大数据被视为"未来的石油"，被作为战略性资产进行管理。从国家治理的角度，大数据被用来提升治理效率，重构治理模式，破解治理难题，它将掀起一场国家治理革命。从经济增长的角度，大数据是全球经济低迷环境下的产业亮点，是战略新兴产业的最活跃部分。从国家安全的角度，全球数据空间没有国界边疆，大数据能力成为大国之间博弈和较量的利器。总之，国家竞争焦点将从资本、土地、人口、资源转向数据空间，全球竞争版图将分成新的两大阵营：数据强国与数据弱国。这一点，和阿尔文·托夫勒在《力量的转移》一书中的观点是一致的。

从宏观上看，由于大数据革命的系统性影响和深远意义，主要大国快速做出战略响应，将大数据置于核心位置，推出国家级创新战略计划。美国于2012年发布《大数据研究和发展计划》，并成立"大数据高级指导小组"；2013年又推出"数据—知识—行动"计划；2014年进一步发布《大数据：把握机遇，维护价值》政策报告，启动"公开数据行动"，陆续公开50个门类的政府数据，鼓励商业部门进行开发和创新。欧盟正在力推《数据价值链战略计划》。英国发布了《英国数据能力发展战略规划》。日本发布了《创建最尖端IT国家宣言》。韩国提出了"大数据中心战略"。中国多个省市发布了大数据发展战略，国家层面的《关于促进大数据发展的行动纲要》也于2015年8月19日正式通过。

从微观上看，大数据重塑了企业的发展战略和转型方向。美国企业以 GE 提出的"工业互联网"为代表，提出智能机器、智能生产系统、智能决策系统，将逐渐取代原有的生产体系，构成一个"以数据为核心"的智能化产业生态系统。德国企业以"工业 4.0"为代表，将通过信息物理系统把机器、物品、人、服务、建筑连接起来，形成一个高度整合的生产系统。中国企业以阿里巴巴提出的"DT 时代"为代表，认为未来驱动发展的不再是石油、钢铁，而是数据。这 3 种新的发展理念可谓异曲同工，共同宣告"数据驱动发展"成为时代主题。

1.3.2 大数据和人工智能的关系

有人可能会问，既然人工神经网络的第一个实验在 20 世纪 50 年代就完成了，那为什么基于深度学习的人工智能直到最近才被认为是关键技术？基于深度学习的人工智能和大数据分析是什么关系？

实际上，20 世纪 90 年代，深度学习就被成功用于商业应用。但其通常被视为一种只有专家才可以使用的艺术，而不是一种技术，这种观点一直持续到最近。要使一个深度学习算法获得良好的性能确实需要一些技巧。幸运的是，随着训练数据的增加，所需的技巧正在减少。目前用于解决复杂的任务而达到人类水平的机器学习算法，与 20 世纪 80 年代解决玩具问题（Toy Problem）的学习算法几乎是一样的，尽管使用这些算法训练的模型经历了变革，即简化了深度学习神经网络的训练过程。最重要的新进展是现在有了这些算法成功训练所需的资源，数据集的规模随着时间的推移而显著增大，这种趋势是由社会日益数字化驱动的。由于人们的生产经营活动越来越多地发生在计算机上，人们做什么也越来越多地被记录下来，并且联网的计算机越来越多，使这些记录变得更容易集中管理，并且更容易将它们整理成适于机器学习应用的数据集。

因为统计估计的主要负担（观察少量数据以在新数据上泛化）已经减轻，所以"大数据"时代的机器学习变得更加容易。截至 2016 年，一个粗略的经验法则是，监督深度学习算法在每类给定约 5 000 个标注样本的情况下一般能达到可以接受的性能，当将至少有 1 000 万个标注样本的数据集用于训练时，它将达到或超过人类的表现。此外，在更小的数据集上获得成功是一个重要的研究领域，为此应特别侧重于如何通过无监督或半监督学习充分利用大量的未标注样本。

20 世纪 80 年代，神经网络只能取得相对较小的成功，而现在神经网络非常成功的一个重要原因是现在拥有的计算资源可以运行更大的模型。联结主义的主要观点之一是，当动物的许多神经元一起工作时会变得聪明，但单独的神经元或小集合的神经元不是特别有用。几十年来，机器学习模型中每个神经元的连接数量已经与哺乳动物的大脑在同一数量级上。

自从引入隐藏单元以来，人工神经网络的规模大约每 2.4 年扩大一倍，这种增长是由更大的内存、更快的计算机和更大的可用数据集驱动的。更大的网络能够在更复杂的任务中实现更高的精度，这种趋势将持续数十年。当然，除非有能力迅速开发新技术，否则至少要到 21 世纪 50 年代，人工神经网络才能具备与人脑相同数量级的神经元。

尽管现在的网络从计算系统的角度来看是相当大的，但实际上它比相对原始的脊椎动物如青蛙的神经系统还要小。由于更快的 CPU 和通用 GPU、更快的网络连接和更好的分布式计算等软件基础设施的出现，模型规模随着时间的推移不断增大是深度学习最重要的发展趋势之一，人们普遍预计这种趋势将很好地持续到未来。

1.3.3　工业大数据与流程工业智能制造

1. 工业大数据

工业大数据从来源上主要分为管理系统数据、生产系统数据和外部数据三类。

（1）管理系统数据是指传统工业自动控制与信息系统中产生的数据，如产品生命周期管理（PLM）、企业资源计划（ERP）、生产执行系统、供应链管理（SCM）和客户关系管理（CRM）等企业信息系统。这些系统中积累的产品研发数据、生产制造数据、物流供应数据及客户服务数据，存在于企业或产业链内部，是工业领域传统数据资产。

（2）生产系统数据是来源于工业生产线设备、机器、产品等方面的数据，多由传感器、设备仪器仪表进行采集。近年来，物联网技术快速发展，机器设备数据成为工业大数据增长最快的来源，通常是实时自动采集的生产设备和交付产品的状态与工况数据。一方面，

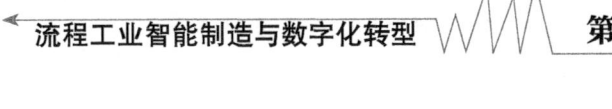

机床等生产设备物联网数据为智能工厂生产调度、质量控制和绩效管理提供了实时数据；另一方面，由传感器采集的大规模时间序列数据，包括装备状态参数、工况负载和作业环境等信息，可以帮助用户提高装备运行效率，拓展制造服务。

（3）外部数据是指来源于工厂外部的数据，主要包括来自互联网的市场、环境、客户、政府、供应链等外部环境的信息和数据。当前互联网与工业深度融合，企业外部互联网已成为工业大数据不可忽视的来源。例如，小米手机利用社交媒体数据成功地实现产品创新研发。此外，外部互联网中还存在着海量的"跨界"数据，如影响装备作业的气象数据、影响产品市场预测的宏观经济数据、影响企业生产成本的环境法规数据等。

与一般工业企业相比，流程工业大数据来源更为复杂。以炼油化工行业大数据为例，一方面来自原料、中间产品、成品的物性分析，另一方面来自中间控制过程和生产管理过程。单就原料中的原油而言，每种原油的详细评价数据就多达两三百个。生产过程则更为复杂，各种不同类型的数据来自分布于炼油化工装置现场的各类检测仪器，如何对这些多源数据进行分析、处理和存储，成为炼油化工大数据应用面临的首要问题。

2. 流程工业智能制造

与一般意义上的智能制造相比，流程工业智能制造必须解决以下几方面的技术创新，而工业大数据在其中扮演着核心角色。

1）生产全流程一体化控制

流程工业综合自动化是采用自动化技术，以计算机和网络技术为手段，将生产过程的生产工艺技术、设备运行技术和生产过程管理技术进行集成，实现生产过程的控制、运行、管理的优化集成，从而实现管理的扁平化与精细化，以及与产品质量、产量、成本、消耗相关的综合生产指标的优化控制。因此，需要从总体上创新生产全流程一体化控制的体系结构、设计技术、集成技术和实现技术。

主要内容包括：

- 生产全流程一体化过程控制系统的模型体系、模型结构与建模；
- 大数据、机理分析和知识驱动的复杂工业过程整体优化控制；
- 生产制造全流程运行优化控制；

- 全流程运行优化控制和企业生产与运作管理的优化集成；
- 综合自动化系统的半实物仿真系统的研制与仿真；
- 综合自动化系统的体系结构、设计方法和实现技术。

2）企业生产与运作管理中的建模与优化决策

生产管理与经营决策是综合自动化的一项核心内容。"管理与决策"将设备级的底层自动化系统与企业面临的产品、原料两个市场联系起来，使企业成为一个"资源配置合理、物料流动有序、生产井井有条"的有机整体，在整个综合自动化系统中起着"提纲挈领"的作用。

主要包括：

- 大数据和模型相融合的多目标非线性智能优化；
- 企业运作管理中的建模与优化决策；
- 流程工业生产计划调度和物流与供应链计划调度中的建模与优化理论和技术；
- 流程工业一体化计划调度；
- 制造执行系统的体系结构、设计方法与实现技术；
- 企业资源计划系统的体系结构、设计方法与实现技术。

3）具有综合复杂性的工业过程混合智能建模与控制

主要包括：

- 复杂工业过程混合智能建模；
- 非线性鲁棒自适应控制；
- 多变量智能解耦控制；
- 大数据驱动的具有综合复杂性的工业过程智能控制；
- 复杂工业系统的分析与优化控制；
- 重大耗能设备智能优化控制系统。

4）难测工艺参数与生产指标的软测量与检测技术及装置

流程工业工艺参数与生产指标是确保生产全流程安全、可靠、高效运行的关键参数与指标。其检测、监控、分析、测试技术和装置是综合自动化系统的"神经中枢"。

主要包括：

- 黑体空腔辐射测温理论及其钢水、板坯测温；
- 气力输送粉体流动参数检测；
- 高精度固液相混合流体流量检测；
- 管道破损内检测与实时泄漏检测定位；
- 难测工艺参数与性能指标的软测量；
- 与生产过程质量、效率、能耗、物耗相关的生产指标在线检测。

5）生产过程的运行工况故障预测、诊断与自愈控制

生产过程的故障诊断与安全运行技术是大型生产制造装备安全、可靠运行的前提，是保证生产制造全流程优化运行的关键技术，也是综合自动化系统正常运行的保障。其涉及的理论与方法是对已有的以控制器、执行机构和检测装置为对象的故障诊断与容错控制方法的挑战。

主要包括：

- 复杂工业过程的监控；
- 模型与大数据驱动的复杂工业过程运行工况的故障预报、诊断与自愈控制；
- 生产过程全流程控制与管理决策中的故障诊断、预报与安全运行控制；
- 工业过程故障诊断与安全运行系统的体系结构、设计方法与实现技术。

流程工业基本是连续化生产和自动化控制，在生产领域从 20 世纪 70 年代开始就可由计算机集散控制系统（DCS）采集用于过程控制与设备状态监控的传感器数据，主要是各种物料的连续物理化学状态信息，还有部分在线分析的物料组成信息。所以，流程工业的数据基础非常好，数据存储量高于其他行业，而且增速远高于其他行业。另外，流程工业在企业经营领域普遍建设了大量企业信息系统，包括传统工业设计和制造类软件、企业资源计划、产品生命周期管理、供应链管理、客户关系管理和环境管理等系统，通过这些企业信息系统已积累大量的产品研发数据、生产性数据、经营性数据、客户信息数据、物流供应数据和环境数据。

流程工业大数据具有数据量大、类型多样、存储格式复杂及数据分散等特点。必须

通过大数据技术的创新与应用，帮助流程工业应对节能、新能源发展、两化融合等方面的挑战。

首先，大数据为流程工业决策管理提供了手段。可通过语义分析技术和元搜索引擎，完成相关信息采集，并对数据进行存储、检索和智能分析，从数据深度关联、可视化查询、数据报告等方面，为企业实现决策和生产管理智能化提供数据支持。

其次，大数据积累和大数据分析是流程工业生产稳定运行的保障。对流程工业的海量历史数据进行深层分析挖掘，有望快速获取有价值的信息，形成可供推广的生产操作指导方案和风险评估技术，开创应用大数据技术解决装置生产问题的新途径。另外，可将远程在线监测及故障诊断系统升级为远程工业智能服务平台，把各类动设备、静设备、仪表、备件的参数、振动、工艺信号等数据纳入其中，应用大数据关联分析技术，预测检修，保证不发生事故、少发生事故，提高装置的在线率。

再次，大数据是流程工业取得经济效益的重要手段。通过掌握大数据的用法，寻找有效数据用于生产优化，并通过分析重点数据寻求生产规律，实现生产优化，并降低能耗。

最后，大数据是提升流程工业安全管控水平的手段。

第 2 章 工业大数据分析基础

阿里巴巴董事会主席马云说:"大数据就是石油,阿里巴巴不是信息技术公司,而是数据技术公司。"随着大数据分析的价值日益被人们所认识,大数据治理浮出水面。越来越多的 CIO 报告在其所在组织中原始数据的获得和保存需求变得日益突出。

Paul P. Tallon、Ronald V. Ramirez 和 James E. Short 认为,管理大数据变得复杂且富有挑战性,这是因为信息和数据逐渐被视为战略资源。Khatri 和 Brown C. V 认为企业逐渐意识到数据即资产。在推进工业大数据分析应用时,需要兼顾大数据治理和大数据技术两个基础问题。

2.1 工业大数据治理

2.1.1 工业大数据应用面临的挑战

以数据为关键要素驱动工业转型升级,不仅成为宏观层面的行业共识,也正在微观层面为企业带来实际收益。然而,工业大数据的应用还面临大数据资源不丰富、大数据治理滞后、大数据孤岛普通等挑战。

1. 大数据资源不丰富

理论上,工业领域的数据应该是非常丰富的。麦肯锡 2009 年的报告显示,美国的离散制造业是所有行业中数据存储量最大的。但实际上,有价值的数据非常稀缺,原因是在工业领域，有分析利用价值的机器数据往往包含故障情形下的"坏"样本。还有一些工业场景，只有在极短的时间内采集测量数据（如每秒上百万个测点），才能捕获机器设备的细微状况，这就要求时序数据库和流处理平台等专用的新一代数据存储软件提供支撑。

很多工业企业面临"数据到用时方恨少"的尴尬。根据中国信息通信研究院和工业互联网产业联盟2018年对国内74家工业企业的调研，我国工业企业的数据资源存量普遍不大，66%的企业数据总量在20TB以下，还不到一个省级电信运营商日增数据量的1/10。数据资源不丰富的原因与我国工业互联网发展还处于起步阶段有关，企业数字化、网络化程度普遍较低，数据资源的积累尚需时日。此外，工业系统协议"七国八制"现象非常突出，很多软件系统的接口不开放，也增加了数据采集的技术难度。

2. 大数据治理滞后

数据质量问题是长期困扰数据分析工作的难题，据权威数据专家估计，每年低质量的数据会给企业带来10%~20%的损失。工业领域很多时候追求确定性的分析结果，对数据分析的可靠性要求高，因而对数据质量的要求也高。美国一直重视数据质量，1990年还专门颁布了数据质量法案，2016年美国《联邦大数据研发战略计划》也专门把确保数据质量与提升数据分析可信性作为七大战略之一。

用数据，更要"养"数据。从信息化程度较高的金融、电信、互联网等行业的经验来看，如果不开展专门的数据治理，就难以确保数据质量。而调查显示，我国工业企业中只有不到1/3的企业开展了数据治理，51%的企业仍在使用文档或更原始的方式进行数据管理。工业企业应该把数据视为与机器设备同等重要甚至更宝贵的资产，加强数据资产管理。当前，已经有越来越多的工业企业从主数据或元数据切入，着手开展数据资产管理。而且，随着机器学习技术的发展，智能化的数据资产管理工具也越来越完善，工业数据资产管理可以更多依赖人工智能高效完成。但与信息化程度较高的金融、电信、互联网等行业相比，工业数据治理还有很多欠账要补。

3. 大数据孤岛普遍

数据孤岛几乎是所有企业都面临的困境。从单一企业内部来看，存在着不同时期由不同供应商开发建设的客户管理、生产管理、销售采购、订单仓储、财务人力等众多IT系统，可谓"烟囱林立"。而要深入推进智能制造，不仅要使上述 IT 系统横向互通，还要进一步纵向打通 IT 和 OT 两界的数据，推进难度非常大。而且，企业越大，管理和技术包袱越重。

从全行业看，发展工业互联网，实现从单一企业内的局部优化到整个产业链的全局优化的跨越，必然要实现整个供应链上跨企业的数据流通，这就要面临安全合规、商业模式和技术标准等方面的更大挑战。前述调查显示，超过半数的企业表示需要使用外部数据或对外提供数据，仅有 2.7%的企业觉得不会涉及数据合作，但数据流通由于涉及确权、安全合规等问题，风险和阻力都很大。

德国工业 4.0 计划已经把数据流通作为重点议题，在构建工业数据空间方面进行模式上的探索。与此同时，同态加密、安全多方计算、零知识证明、区块链与智能合约等技术正在走向实用，也为用技术打破数据共享僵局提供了一条有前景的路线。国内如何打破数据孤岛，促进工业数据流通，仍须加快探索。

2.1.2 应对方法

工业互联网的长期目标是构建"数字双胞胎"。只有工业数据越来越丰富、全面，质量越来越高，"双胞胎"才可能长得像，才能"心心相印"。也只有这样，才能让物理世界中的万物得以在数字世界中重现，通过数字世界中的计算、分析、预测、优化来指导物理世界的运行，从而开辟新的增长空间。因此，面对上述挑战，要做好以下几方面的工作。

1. 夯实数据基础，高度重视数据资产治理的战略价值

企业不仅要关注最终数据分析的显性价值，更要重视数据采集、资产管理、治理、互操作与标准化等基础性工作的价值。"磨刀不误砍柴工"，只有基础牢固了，工业大数据才能可信、可用，成为价值源泉。

2. 抓住大数据技术创新机遇

数据技术正在进入新的发展阶段，时序数据库、知识图谱、深度学习、安全多方计算等为工业大数据采集、整合与分析孕育着新的动力，将特定应用场景与这些新技术结合，有望带来新的突破。

3. 建立大数据行业标准与规则

在行业层面，可以发挥行业联盟作用，在数据采集协议、数据模型等方面建立行业标准，扫清技术层面互通的障碍。同时，要推动形成工业企业间数据共享的行业规则，创造安全可信、利益均衡的数据流通生态，为打破全行业数据孤岛铺平道路。

流程工业大数据的价值是巨大的，发展前景是广阔的。与此同时，也面临着分析技术、治理模式、行业应用等诸多挑战。接下来，本书将以大数据治理、大数据分析为主线，介绍以油气开发、石油石化、化工、钢铁、电力为代表的流程工业大数据创新，详细阐述大数据分析在流程工业中的应用和发展趋势。

2.2 流程工业大数据治理案例

2.2.1 跨国石油公司大数据治理

A 公司是一家总部位于加拿大的国际石油公司，主要专注于油砂、页岩气、海上和陆上常规油气的勘探、开发、生产、贸易等，业务范围遍及北美洲、中美洲、欧洲和非洲。A 公司多年来一直致力于利用信息技术提升专业研究、业务运行和企业管理能力，已经建成覆盖所有业务领域的业务和管理系统数百个，其中有部分系统是通过业务并购所获得的系统。由于信息系统建设年代不一、来源多样，A 公司在进行业务整合、系统集成时，面临数据标准不统一、数据质量参差不齐、数据完整性缺失等多种困扰，特别是近年来越来越迫切的数据分析需求，让企业管理高层意识到数据问题迫在眉睫。为此，A 公司决定启动企业范围内的数据项目，促进数据标准和数据质量整体提升。

1. 数据治理现状和目标

项目初期，A 公司在咨询公司的帮助下，通过数据治理成熟度评估模型（表 2-1），确定了当前公司数据治理水平，并利用该模型明确了数据治理目标。

表 2-1 数据治理成熟度评估模型

等 级	描 述	特 征
0级——未治理	数据质量管理流程完全没有	(1)代码负荷极大 (2)冗余、手动校正
1级——初始级	数据质量管理流程属于被动响应、无组织	(1)针对特定损害的冗余、硬编码校正 (2)最小批量处理或脱机点对点修复
2级——可重复级	数据质量管理流程遵从规范模型和模式	(1)根据特定的业务要求在"选择"系统上实施控制 (2)黑箱纠正机制
3级——已定义级	数据质量管理流程文档化,并实现良好沟通	(1)文档化、可重复的控制标识、开发和实施过程(工具包) (2)定义数据和过程控制标准 (3)实施侦测水平控制
4级——已管理级	数据质量管理流程被监控,并实现指标化测量	(1)实施纠正水平控制 (2)服务水平协议自动化 (3)警报、发布和趋势报告
5级——优化级	数据质量管理流程成为最佳实践被学习,并且实现自动化管理	(1)实施预防级别的控制,具有自动通知、上报和隔离流程 (2)通过组织最高级别的仪表板可查看质量指标 (3)质量指标推动流程和系统的持续改进

经过评估,A 公司确定当前的数据治理成熟度为 1.5,如图 2-1 所示,处于 1 级和 2 级之间。主要特征为企业已经初步基于 PPDM 标准制定了自身数据标准,但需要在企业范围内进行推广,并形成持续有效的数据质量管理能力。

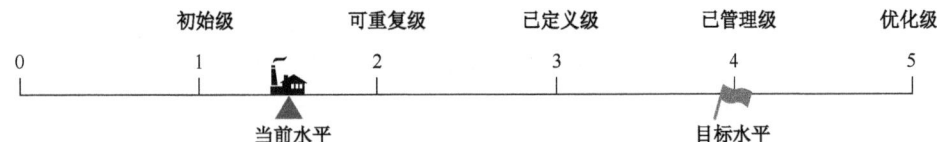

图 2-1 A 公司数据治理成熟度

同时,A 公司明确在未来 5 年内要达到数据治理成熟度 4 级,并确定了具体的工作目标。

- 定义并建立数据治理模型和方法,确定数据质量标准。
- 制定业务流程图、流程检查点、业务规则和数据规则,确定质量检查要求。
- 根据业务影响、业务准备情况和数据准备情况,为数据治理确定数据类型的优先级。
- 为实施数据治理所需的各种人员建立组织模型,并定义角色。

- 完成支持数据治理所需实现的存储库和技术。
- 达成与外部组织之间的积极协作和流程、技术的融合,从而充分利用办公机构之间的数据治理活动。
- 实施与数据治理类型相关的手动操作工作流程、业务规则、数据规则和软件度量。

2. 数据治理框架和组织

A 公司认为数据治理的最终目标是,确保数据在业务生命周期内流转时具备高质量和完整性以支撑各类数据应用。为此,需要建立完善的治理框架,构建合理的组织权责、清晰有效的工作流程及高效的技术保障,通过一系列标准和规范来确保数据可查、可用和可信,如图 2-2 所示。

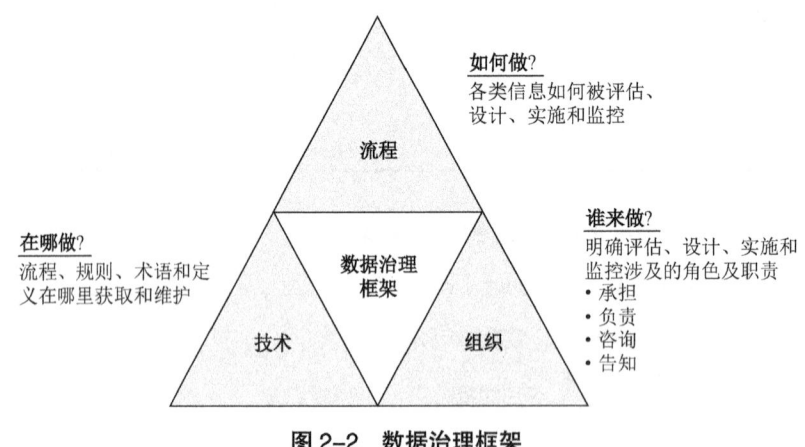

图 2-2 数据治理框架

组织权责的确立是开展数据治理工作的首要条件。A 公司的数据治理组织包含以下三个层面。

(1)数据治理委员会:由跨业务板块的高层管理人员组成,提出各个业务领域在数据治理方面的诉求,确定企业级的治理目标和策略,为数据治理工作配备合理资源,就重大决策在企业层面达成共识。

(2)数据治理办公室:由跨专业领域的专家或专业管理人员组成,负责数据标准、规则和绩效指标的审批,提出数据质量要求,推动数据治理工作开展。下设角色包括数据所有者和数据 SME。

（3）数据治理团队：由数据治理支持团队、数据治理实施团队、数据治理分析团队、数据治理架构团队构成，负责具体数据治理相关的标准、流程、技术的设计、实施和运行维护。

- 数据治理支持团队：负责对数据标准的维护和监督，监控数据质量指标及数据质量改进措施，并在数据全生命周期中协调各方人员积极参与数据治理工作，提升数据质量。下设角色包括数据治理维护组、数据保管者、数据治理协调人。
- 数据治理实施团队：负责开发和实施数据治理相关标准、规则、度量指标，并监督标准遵从情况。下设角色包括数据管家和数据治理实施组。
- 数据治理分析团队：对数据治理工作进行分析，为数据治理委员会、办公室，以及数据治理维护组和实施组提供数据治理方法和流程指导。
- 数据治理架构团队：负责数据治理技术平台架构设计和实施。

在组织构成方面充分体现了 A 公司关于数据治理的理念——"业务驱动数据治理"，业务部门充分认识到高质量数据对于业务的重要性，业务管理人员和专业领域人员的积极参与为数据治理开展提供了保障，数据治理组织架构和角色如图 2-3 所示。

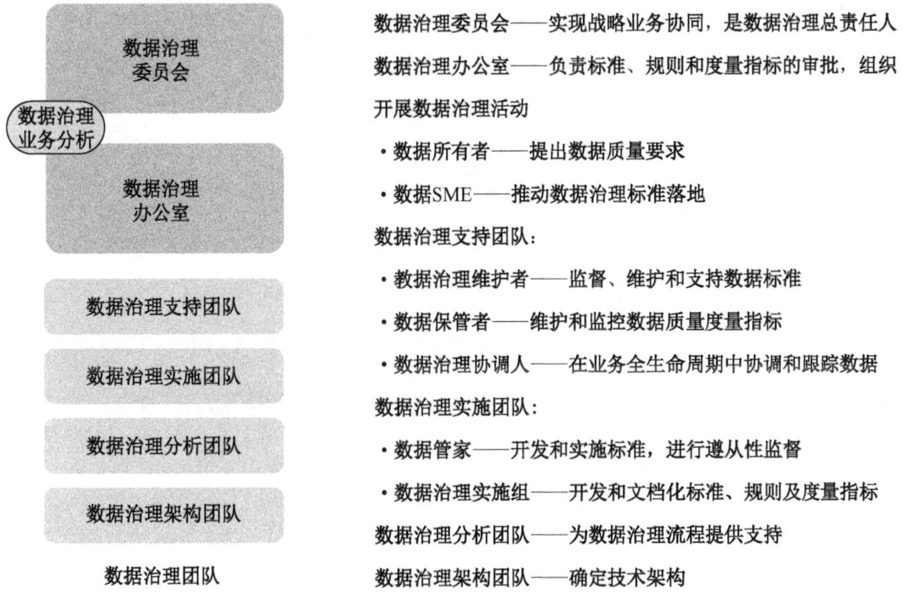

数据治理委员会——实现战略业务协同，是数据治理总责任人
数据治理办公室——负责标准、规则和度量指标的审批，组织开展数据治理活动

- 数据所有者——提出数据质量要求
- 数据SME——推动数据治理标准落地

数据治理支持团队：

- 数据治理维护者——监督、维护和支持数据标准
- 数据保管者——维护和监控数据质量度量指标
- 数据治理协调人——在业务全生命周期中协调和跟踪数据

数据治理实施团队：

- 数据管家——开发和实施标准，进行遵从性监督
- 数据治理实施组——开发和文档化标准、规则及度量指标

数据治理分析团队——为数据治理流程提供支持
数据治理架构团队——确定技术架构

图 2-3 数据治理组织架构和角色

3. 数据治理实施流程和策略

A 公司在数据组织资源到位的前提下，开展数据治理工作。对于数据治理，无论是业务部门还是 IT 部门都需要投入较多力量，因而，在实施策略上，采用分区分类、逐步覆盖的稳步推进方式，以减少对正常业务的影响；同时，充分利用数据治理工具，提升治理效率，巩固治理效果。数据治理实施流程如图 2-4 所示。

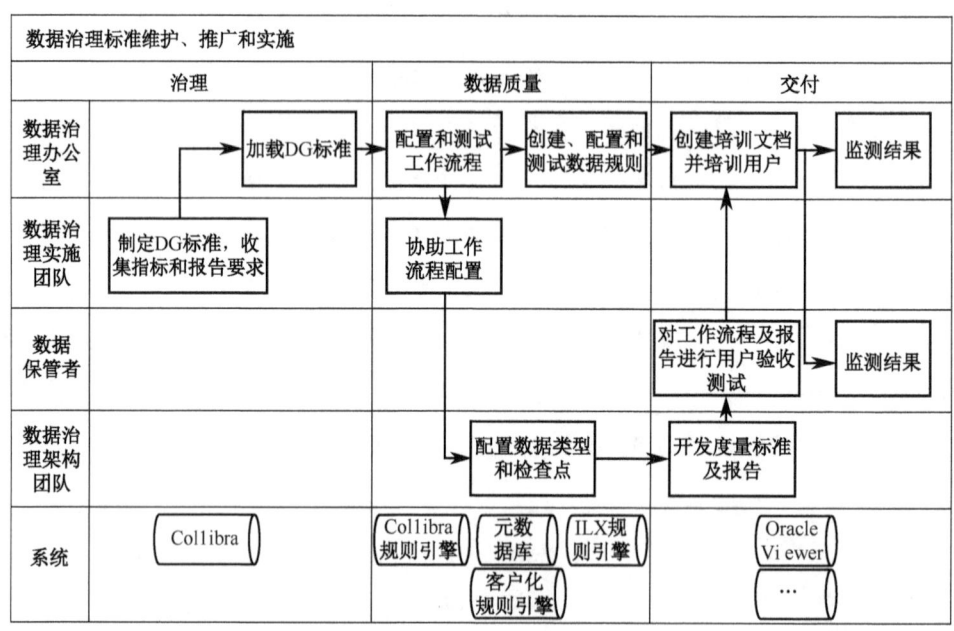

图 2-4　数据治理实施流程

4. 数据治理平台

"工欲善其事，必先利其器"。面对庞大复杂的数据，必须提供有效的技术解决方案以固化标准、规则，提升流程自动化和强制化水平，通过系统工具对数据质量进行持续监控。只有引起管理层和相关人员的普遍关注，数据治理才能够获得较好的效果。数据治理技术解决方案架构如图 2-5 所示。

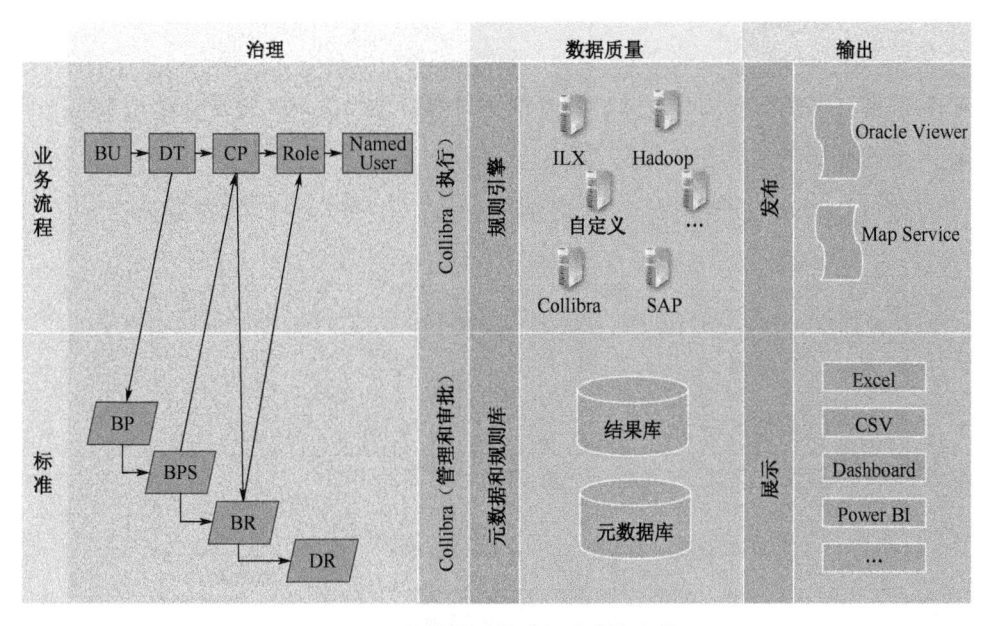

图 2-5　数据治理技术解决方案架构

A 公司以 Collibra 数据治理系统为基础，构建了自己的数据治理平台。Collibra 在 Gartner 数据管理和分析产品报告中处于领导者象限。它定义的数据资产包括以下 4 种。

- 传统的数据领域（如客户、产品、供应商、会计科目等）。
- 数据集（如社交网络数据、聊天日志、RFID 数据等）。
- 关键数据元素（如电话号码、产品目录等）。
- 数据平台（如 Hadoop、Cassandra、企业数据仓库、传统关系型数据库等）。

对 4 种数据资产实现多种数据治理功能，包括数据治理政策定义、数据标准、数据所有权管理、元数据管理等，可进行增强语义层大数据分析，优化大数据治理模型，利用参考数据进行大数据查询等。A 公司利用 Collibra 提供的功能重点进行元数据管理、数据治理审批流程管理、业务流程管理，数据治理技术解决方案如图 2-6 所示。

（1）元数据管理。
- 构建层级结构管理数据对象关系。
- 管理用户角色和职责。

- 管理业务社区。
- 数据类型包括业务流程定义、业务规则、数据规则、其他数据治理元数据。
- 参考数据管理包括业务术语、数据字典。

（2）数据治理审批流程管理，包括业务流程、业务规则、数据规则的定义和审批流程。

（3）业务流程管理，通过Collibra加电子邮件的方式实现流程自动化覆盖。

- 数据治理规则管理。
- 存储客户化规则引擎SQL执行语句。
- 提供用户界面配置客户化规则引擎和元数据结果库。

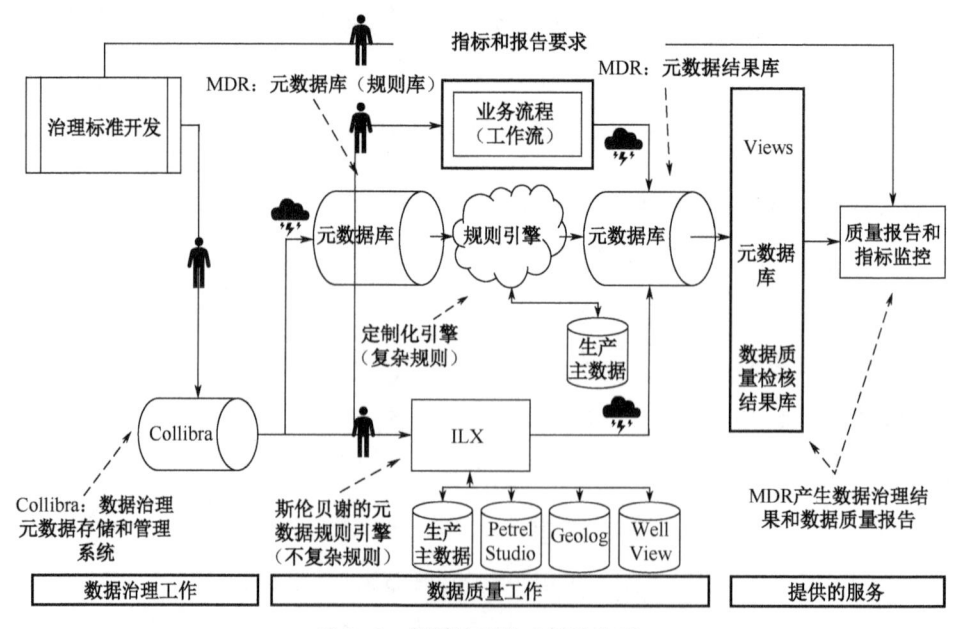

图 2-6 数据治理技术解决方案

A公司的数据治理提供了3种不同治理场景应用，分别针对手工采集的规则、第三方不复杂质量规则、复杂质量规则。

- 手工采集的规则：通过Collibra提供的规则引擎进行业务流程定义。

- 第三方不复杂质量规则：引入第三方专业库的规则引擎，如斯伦贝谢的 ILX 可以对 Petrel Studio 或 Geolog 中的数据进行质量检核。
- 复杂质量规则：通过定制化引擎自定义复杂的数据质量规则。

通过以上方式，基本可以实现对重要系统数据质量检核全覆盖，定期进行数据质量扫描，将质量检核结果存放在结果库中，通过 Oracle Viewer 或 Map Service 发布出去，用户和管理者可通过管理看板、邮件等多种方式看到结果。质量报告将根据情况发送给相关责任人，进行质量改进。

5. 建设与应用成效

数据治理是一个长期且持续的过程，经过 5 年努力，A 公司已经基本完成当初预设目标，采用系统的数据治理方法，构建起完善的数据治理组织架构，组建了一支超过 20 人的专业数据治理团队，数据质量和数据完整性得到很大提升，为进一步开展数据分析和应用打下良好基础。

2.2.2 国内石油公司大数据治理

1. 案例背景

国内某综合性能源集团公司自"十二五"以来，企业信息化建设取得快速发展，成效显著。在集团公司信息管理部统一规划下，勘探与生产分公司围绕上游业务，落实"共享石油"发展战略，目前结合"十三五"信息发展规划，提出了建设企业上游业务信息与应用共享平台的宏伟蓝图，旨在消除信息孤岛，实现勘探开发数据互联互通，搭建集科研、生产、管理于一体的统一共享平台，实现勘探生产、开发生产、协同研究及经营管理等方面的综合应用，提升上游业务运营能力。上游业务信息化建设蓝图主要是基于统一数据库、统一技术平台，实现勘探生产、开发生产、协同研究、经营管理及大数据分析等集成应用，具体内容如下。

（1）统一数据库——通过数据联邦，构建上游业务统一数据库，实现数据即服务（DaaS）的应用机制，支持跨专业、跨机构的数据共享应用。

（2）统一技术平台——构建统一技术平台，为上游业务应用开发建设提供统一的支撑与治理平台（PaaS），为各专业业务用户提供统一的应用入口，改变传统"烟囱式"信息系统建设模式，实现对业务应用需求的敏捷支撑。

（3）通用业务应用——以统一平台为支撑，构建勘探生产管理、开发生产管理、协同研究、经营管理与决策四大领域应用，完整覆盖上游业务，支撑科研、生产、管理、决策一体化协同。

（4）实现愿景——逐步完成统建系统业务应用向统一平台的迁移与改造，最终构建上游业务统一的信息与应用共享平台，完整支撑上游业务运行与持续优化创新。

通过搭建统一平台，集成数据及专业软件，构建勘探、评价、开发全过程综合研究支撑环境，为实现上游业务信息化总体蓝图奠定基础。

2. 勘探开发数据模型

该集团公司应用数据联邦技术，对各统建库、油田自建库进行整合，实现勘探开发相关数据的一体化管理；采用的勘探开发数据模型基于统一数据标准，面向集成应用建立勘探开发一体化数据库，实现对勘探开发数据的统一管理与治理。统一数据库技术架构如图 2-7 所示。

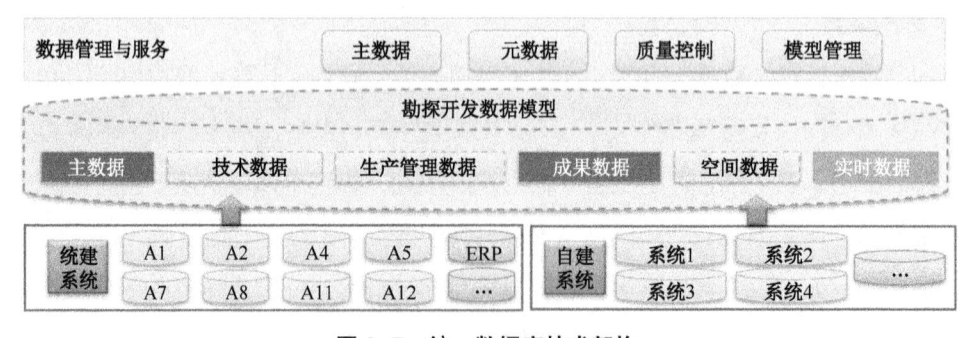

图 2-7 统一数据库技术架构

统一数据库主要包括三方面：数据标准建设、勘探开发数据库一体化建设、勘探开发数据综合管理与治理。其中，数据标准建设主要是根据实际业务和应用需求，对已有模型标准进行扩展；勘探开发数据库一体化建设主要是实现相关统建和油田自建系统的多源数据集成与整合；勘探开发数据综合管理与治理主要包括主数据管理、元数据管理、质量控制、模型管理，从而基于主数据、元数据实现多源数据的统一管理，支持各类数据库互联互通。

勘探开发数据模型是该公司统建项目重要成果，模型涵盖上游业务，支持技术与管理数据、静态与动态数据一体化管理，在各油田广泛应用，如图2-8所示。

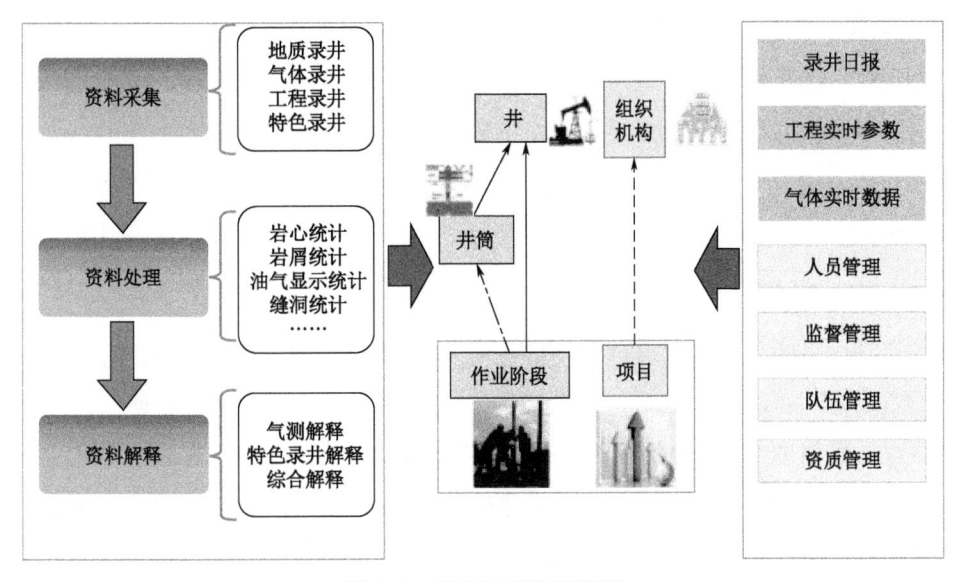

图 2-8　勘探开发数据模型

3. 勘探开发数据湖建设

数据湖是一项与大数据息息相关的技术，是一种在系统或存储库中以自然格式存储数据的方法，它有助于以各种模式和结构形式配置数据，通常是对象块或文件。建设统一的数据湖，可实现数据的逻辑统一和共享。本节主要介绍勘探开发相关业务的数据湖，将从数据标准、数据质量、数据安全及数据集成4方面进行详细阐述。

1) 数据标准

数据标准建设以井、井筒、作业阶段为主线，实现对钻、录、测、试等业务在资料采集、资料处理、资料解释阶段产生的技术数据的存储与管理，并通过井、井筒和组织机构、项目的关联关系，与日报数据、工程实时参数、气体实时数据等动态数据和人员管理、监督管理、队伍管理、资质管理等管理数据进行关联，从而实现技术与管理数据、静态与动态数据一体化管理。数据库中的数据包括实体数据、技术数据和生产数据三部分。

(1)实体数据。

管理实体:项目、组织机构。

技术实体:工区、地质单元、站库、井、井筒、设备、管线。

(2)技术数据。

工程数据:物探、钻井、录井、测井、试油、井下。

综合研究:区域地质、单井地质、样品实验、综合研究成果。

(3)生产数据。

开发生产:开发生产(油、气、水)、动态监测。

采油工艺:采油工程、地面工程。

生产管理:资源管理、设备管理、队伍管理、生产动态。

2)数据质量

在数据质量管理方面,基于可定制的业务规则库,数据集成过程对数据质量进行扫描,保障联邦数据库数据质量;同时,定期生成数据质量公报,辅助推进数据质量提升。数据质量管理架构如图2-9所示。

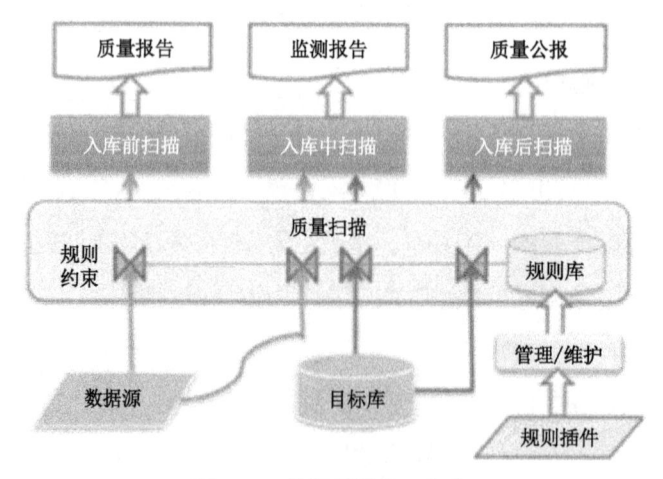

图2-9 数据质量管理架构

3)数据安全

在数据安全方面,该系统作为实时的生产运行管理系统,需要7×24小时不间断运行,所以必须做好系统的数据安全工作，具体如下。

（1）数据传输。

- 集团公司与油田公司之间、油田自建库与上级平台之间通过广域网内网传输数据，在各链路节点对源区域、源地址、端口、协议设置防火墙安全策略，保证数据传输安全。
- 针对用户通过 Internet 访问系统过程中存在的安全隐患，采取 SSL 安全协议，对远程用户访问过程及数据传输过程进行安全保护。
- 核心数据在传输过程中进行加密处理，加密算法包括对称加密算法、非对称加密算法、不可逆加密算法。
- 除必要的技术手段外，还要采取以下措施：建立、健全数据安全管理制度；标准化安全管理控制流程；加强系统操作人员信息保密方面的培训，增强业务人员的信息安全意识；对系统的数据资源提供必要的控制手段等。

（2）系统备份。

数据安全在于防止涉密数据泄露和人为恶意破坏，对策是采用严格的用户管理机制和统一的防病毒软件。为防止数据丢失，应进行有效的数据备份，其中包括对操作系统、应用软件和数据库定期的停机备份、在线联机备份、日志备份、升级备份等。

系统数据依托存储区域网络实现备份，通过本地备份和异地容灾备份，保证数据的安全性和可靠性。当系统出现故障或数据丢失时，应提供恢复系统所需的数据，保障生产正常运行。

通过备份软件、备份服务器端/客户端、SAN 和存储设备建立一套完整的备份系统，对备份数据进行统一管理和维护。在备份服务器端，制定备份策略，确认备份内容、备份时间及备份方式；在备份客户端，设置备份脚本，定时启动备份进程，将存储在磁盘阵列中的生产数据通过 SAN 备份至备份存储设备中，及时监控备份作业执行情况，系统备份架构如图 2-10 所示。

4）数据集成

在数据集成方面，应用数据联邦技术，通过映射集成、数据缓存、数据连接等机制，集成统建及油田自建数据库，实现基于主数据、元数据的统一数据管理，支持各类数据库互联互通，建立面向应用的联邦数据库。数据集成架构如图 2-11 所示。

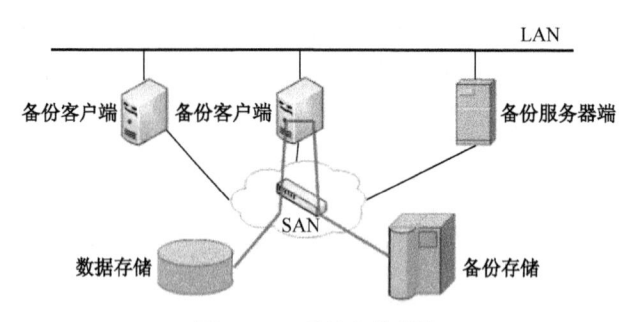

图 2-10 系统备份架构

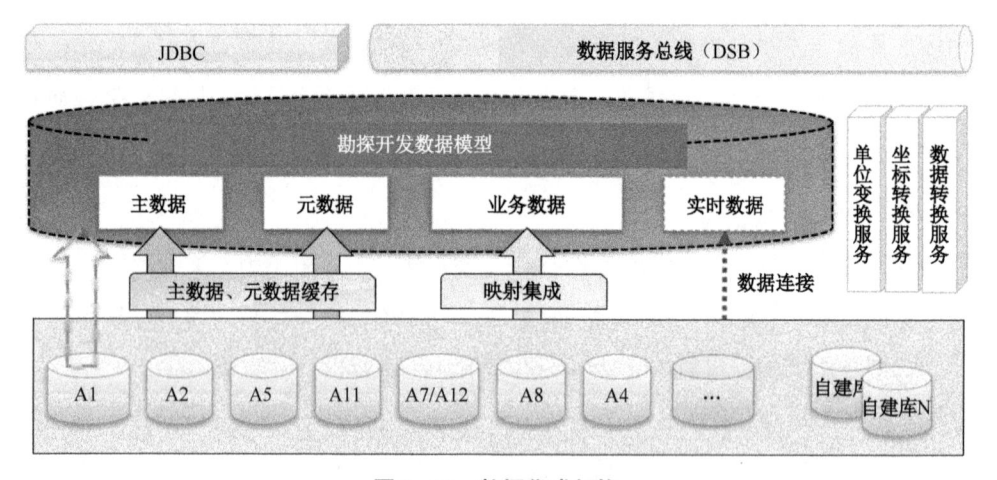

图 2-11 数据集成架构

对于主数据、元数据，采用数据同步工具进行同步集成；对于地震数据、井筒数据、研究成果等业务数据进行逻辑集成；对于实时数据，采用基本的数据连接方式进行访问，保证数据的实时性。

通过域名解析、访问策略、数据缓存，建立跨专业、跨层级（油田/总部）的联邦数据库统一访问入口，实现数据就近访问的高效应用机制。采用域名方式访问数据库，域名服务器根据客户 IP 地址解析出附近的数据服务地址；通过访问策略，选择相应油田（或总部）的虚拟数据库，如图 2-12 所示。

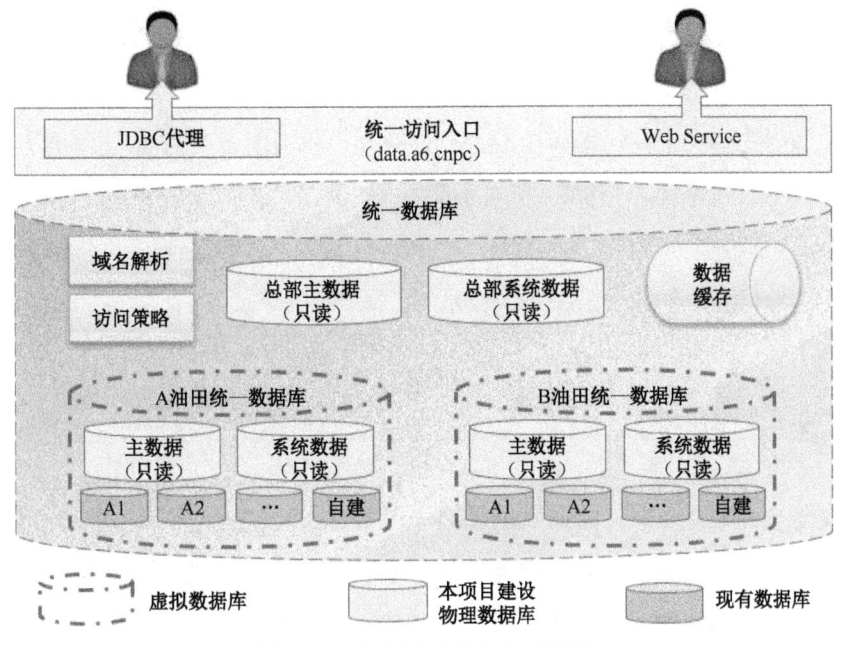

图 2-12 数据库应用入口示意图

4. 建设与应用成效

该集团公司构建了统一数据湖和统一技术平台，支持油气勘探、开发生产、协同研究、生产运行及经营管理，实现了上游全业务链的协同共享，应用成效明显。

（1）针对油井物联网建设和应用存在的几项关键技术难题，依托勘探开发系统平台，创新开发出基于电参数大数据分析的抽油机井智能工况诊断。

（2）"石油大脑"是该公司基于勘探开发平台构建的油气生产作业 AI 赋能系统，通过提供行业人工智能模型算法服务、工作平台、边缘计算和防爆终端系统，帮助企业快速构建面向生产作业场景的应用解决方案，用以提高现场工作效率和质量，减少人工作业，保障安全。

（3）基于勘探开发统一数据湖和云平台，在油藏数值模拟结果的基础上，采用可视化技术进行新区自动步井和老区井网加密，最大限度控制含油面积，实现交互式井网部署，为油田开发方案编制提供便捷的应用工具。

（4）为了更好地为风险井位科学决策提供支撑，优化了网络速度，打通了软件集成平

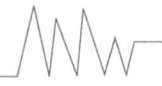

台连接通道，并利用多媒体超链接功能，实现了多媒体汇报与云平台交互联动功能，将"跨地域全天候协同办公"的构想变为现实。

目前，通用的协同研究环境应用取得预期效果，已应用于上百个勘探研究项目，数据准备时间由 5 小时缩短到 1 分钟以内，可通过"一键式"成图几秒钟完成图件自动生成，实现了勘探业务研究工作由线下到线上、由单兵到协同、由手工到自动的转变，有效优化了工作流程，大幅提升了工作效率与决策水平。

2.3 大数据采集技术

在大数据的生命周期中，数据采集是第一个环节。大数据的采集主要有 4 种来源：管理信息系统、Web 信息系统、物联网系统和科学实验系统。不同的数据集中可能存在不同的数据结构和模式，如文件、XML 树、关系表等，表现为数据的异构性。对多个异构的数据集，需要做进一步的集成处理或整合处理，将来自不同数据集的数据收集、整理、清洗、转换后，生成一个新的数据集，为后续查询和分析处理提供统一的数据视图。下面将对 Hadoop 生态系统中几种比较流行的数据采集技术进行简单介绍。

2.3.1 Apache Sqoop

随着大数据变得越来越重要，数据管理员们面临着不断增长的将数据从源系统转移到大数据分析系统的需求。Apache Sqoop 可以辅助进行这种数据迁移。Sqoop 是 Apache 旗下一款"在 Hadoop 和关系型数据库服务器之间传送数据"的工具。它可以实现将传统数据库中的数据导入基于 Hadoop 的 HDFS、Hive、HBase 等数据存储和管理系统，也可以实现从 Hadoop 文件系统中将数据导出到关系型数据库中。Sqoop 的功能如图 2-13 所示。

Sqoop 类似于其他 ETL 工具，使用元数据模型来判断数据类型，并在数据从数据源转移到 Hadoop 时确保类型安全的数据处理。Sqoop 专为大数据批量传输设计，能够分割数据集，并创建 Hadoop 任务来处理每个区块。Sqoop 有一个非常小的命令集，其中包括导入和导出，可列出数据库和表信息，生成 Java 类来操纵数据，解析 SQL 命令及其他一些专门的命令。生成 Java 类的命令对于在 Hadoop 中编写 Java 应用进行数据操作特别有用。SQL 解析命令可以显示执行 SQL 语句的结果，这在搜索新数据库或产生复杂逻辑的查询时非常有用。同时，Sqoop 提供不同的数据导出模式（全量导出、增量导出、更新导出），为不同的应用场景提供选择模式。

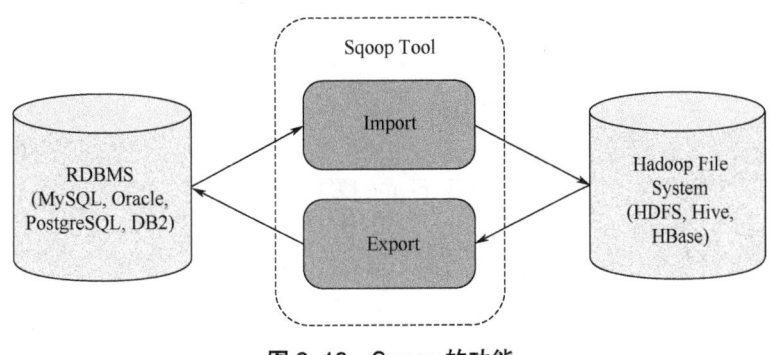

图 2-13　Sqoop 的功能

2.3.2　Apache Flume

Flume 是 Apache 基金会的顶级项目，在加入 Apache 之前由 Cloudera 公司开发及维护。它是一个可靠的分布式系统，用于有效地从许多不同的源收集、聚合和移动大量日志数据到一个集中式的数据存储区。但 Flume 的使用不只限于日志数据，因为数据源可以定制，所以 Flume 可以被用来传输大量事件数据，包括网络通信数据、社交媒体产生的数据、电子邮件信息等。

图 2-14 为一个 Flume 数据流模型，将一个 Flume 事件定义为一个数据流单元。Flume Agent 其实是一个 JVM 进程，该进程中包含完成任务所需要的各个组件，其中最核心的三个组件是 Source、Channel 及 Sink。

Source 消费由外部源传递给它的事件。外部源以一定的格式发送数据给 Flume，这个格式的定义由目标 Flume Source 来确定。同样，定义一个 Thrift Flume Source 接收来自 Thrift Sink、Flume Thrift RPC 客户端或其他任意客户端（该客户端可以使用任何语言编写，只要满足 Flume Thrift 协议）的事件。Channel 可以理解为缓存区，用来保存从 Source 获取的数据，直到 Sink 将数据消费掉。Sink 从 Channel 消费完数据后就会将数据从 Channel 中清除，随后将数据放到外部存储系统（如 HDFS）中，或者发送到其他 Flume Agent 的 Source 中。不管是 Source，还是 Sink，都是异步发送和消费数据的。

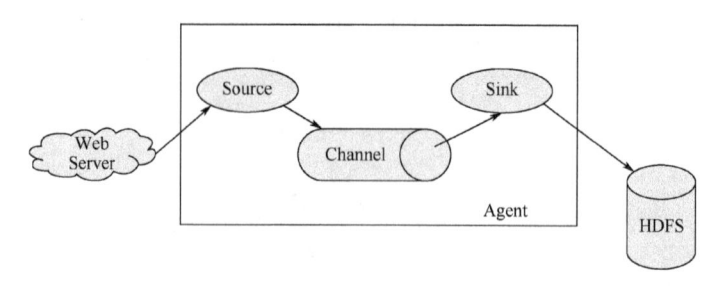

图 2-14　Flume 数据流模型

Flume 可以将多个 Agent 流串联起来，如图 2-15 所示。

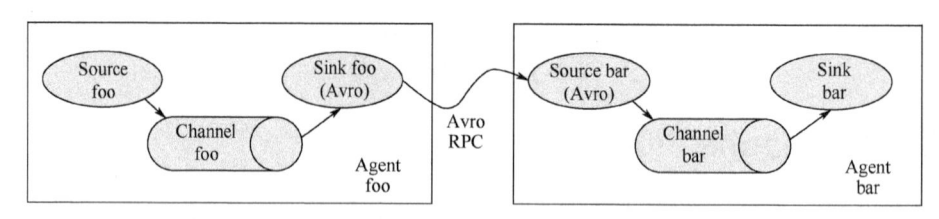

图 2-15　多个 Agent 流串联

事件被存储在每个 Agent 的 Channel 中。随后，这些事件会被发送到流中的下一个 Agent 或设备存储（如 HDFS）中。只有事件已经被存储在下一个 Agent 的 Channel 中或设备存储中，当前 Channel 才会清除该事件。这种机制保证了流在端到端的传输中具有可靠性。Flume 使用事务方法（Transactional Approach）来保证事件的可靠传输。在 Source 和 Sink 中，将事件的存储及恢复作为事务进行封装，存放事件到 Channel 中及从 Channel 中拉取事件均是事务性的。这保证了流中的事件在节点之间传输是可靠的。

事件在 Channel 中进行，该 Channel 负责保障事件从故障中恢复。Flume 支持一个由本地文件系统支持的持久化文件（文件模式：channel.type = "file"）Channel。它也支持内存模式（channel.type = "memory"），即将事件保存在内存队列中。显然，内存模式的性能会更好，但是当 Agent 进程无法正常运行时，内存模式下存储在 Channel 中的事件将丢失，无法进行恢复。

2.3.3 Gobblin

Gobblin 是一套分布式数据集成框架，旨在简化大数据集成工作当中的各类常见任务，具体包括数据流与批量生态系统的提取、复制、组织与生命周期管理，由 LinkedIn 贡献给 Apache 基金会。它目前已成为整合各种数据源的通用型 ETL 框架，各种数据都可以在这里"一站式"解决 ETL 过程。它专为大数据采集而设计，易于操作和监控，提供流式抽取支持。Gobblin 框架如图 2-16 所示。

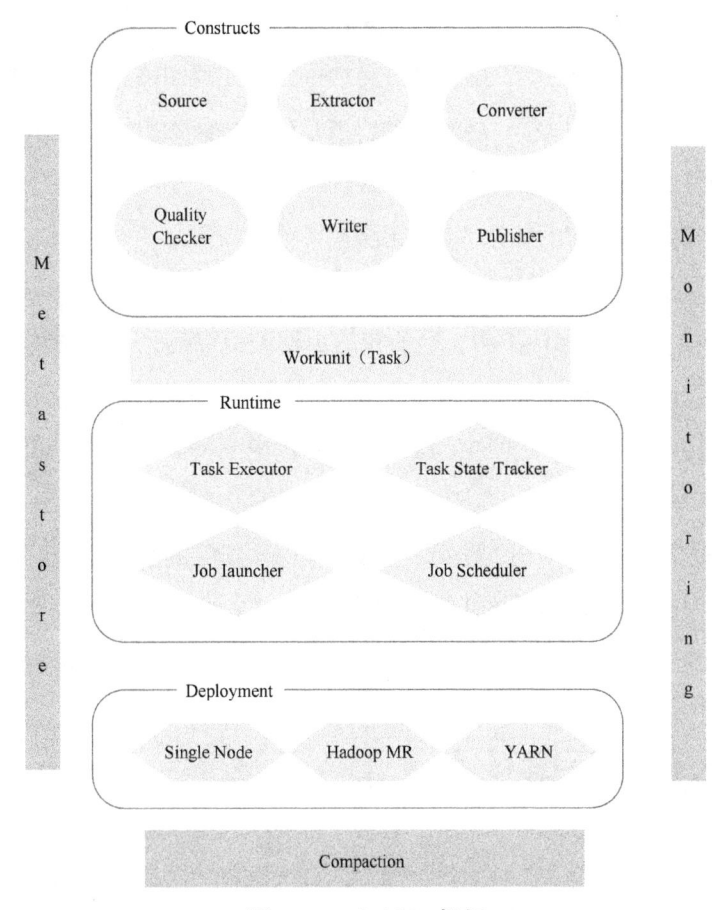

图 2-16 Gobblin 框架

Gobblin 支持 3 种部署方式，分别是 Standalone、MapReduce 和 MapReduce on

YARN，可以方便快捷地与 Hadoop 进行集成，运行时有任务调度和状态管理功能，对于失败的任务还提供多种级别的重试机制，可以充分保证数据抽取的可靠性。最上层由 6 大组件组成执行单元。这 6 大组件的设计也正是 Gobblin 高度可扩展的原因。

这 6 大组件分别是 Source、Extractor、Converter、Quality Checker、Writer 和 Publisher。其中，Source 主要负责将源数据整合到一系列 Workunit 中，并指出对应的 Extractor 是什么。Extractor 则通过 Workunit 指定数据源的信息，如 Kafka，指出 Topic 中每个 Partition 的起始 Offset，供本次抽取使用。

Gobblin 使用了 Watermark 的概念，记录每次抽取的数据的起始位置信息。Converter 是转换器，即对抽取的数据进行一些过滤、转换操作，如将 JSON 格式的数据转换为需要输出的格式，转换操作也可以将一条数据映射成 0 条或多条数据。Quality Checker 即质量检测器，有两种类型的检测器：Record-level 和 Task-level。通过手动策略或可选策略，将被检测的数据输出到外部文件或输出路径中给出警告。

Writer 用于把导出的数据写出，但这里并不是直接写到输出路径中，而是写到一个缓冲路径（Staging Directory）中。当所有的数据被写完后，才写到输出路径，以便被 Publisher 发布。Sink 的路径可以包括 HDFS、Kafka、S3，而格式可以是 Avro、Parquet、CSV 格式。同时，Writer 可根据时间戳，将文件输出到按照"小时"或"天"命名的目录中。

Publisher 根据 Writer 写出的路径，将数据输出到最终的路径。其提供两种提交机制：完全提交和部分提交。如果是完全提交，则需要等到 Task 成功后才提交数据。如果是部分提交，则当 Task 失败时，有部分在 Staging Directory 中的数据已经被提交到输出路径。

2.4 大数据存储技术

传统的数据存储和管理以结构化数据为主，而大数据往往以半结构化和非结构化数据为主、结构化数据为辅，而且各种大数据应用通常要对不同类型的数据进行内容检索、交叉比对、深度挖掘与综合分析。同时，大数据的数据规模往往非常庞大，传统的关系型数据库就显得有些力不从心。

应对这类应用场景,基于 Hadoop 开源体系的系统平台更为擅长。它们通过对 Hadoop 生态体系的技术扩展和封装,实现对半结构化和非结构化数据的存储和管理,通过分布式存储与本地计算的方式,实现对 PB 量级、EB 量级数据的存储和管理。

2.4.1 HDFS

Hadoop 有 3 个核心组件:分布式文件系统 HDFS、资源调度工具 YARN 和分布式计算框架 MapReduce。其中,HDFS 负责海量数据的存储,其主要角色有 NameNode、DataNode、SecondaryNameNode;YARN 负责海量数据运算时的资源调度,其主要角色有 ResourceManager、NodeManager;MapReduce 是一个计算框架,也可以认为它是一个应用程序开发包,可以实现分布式计算。

HDFS 是一个高度容错的文件系统,适合部署在廉价的机器上。HDFS 采用 Master/Slave(主从)架构。一个 HDFS 集群是由一个 NameNode 和一定数目的 DataNode 组成的。NameNode 是一个中心服务器,负责管理文件系统的命名空间及客户端对文件的访问。集群中的 DataNode 一般是一个节点,负责管理数据存储。HDFS 架构如图 2-17 所示。

当一个大数据文件需要保存在 HDFS 上时,HDFS 会先对这个文件进行切分,将其切分成若干个数据块。同时,HDFS 会复制这些数据块,并将它们放置在服务器群的计算节点中,这样就可以在这些节点上处理这些数据。

其中,NameNode 的职责包括:
- 负责文件元数据信息的操作,以及处理客户端的请求;
- 管理 HDFS 的命名空间;
- 管理文件树及文件树中所有的文件和文件夹的元数据信息;
- 维护文件到块的对应关系和块到节点的对应关系;
- 记录命名空间镜像文件和操作日志文件,这些信息会被存储在 RAM 和本地硬盘中;
- 记录每个文件中各个块所在的数据节点的位置信息,但它并不永久保存块的位置信息,因为这些信息在系统启动时会由数据节点进行重建的。

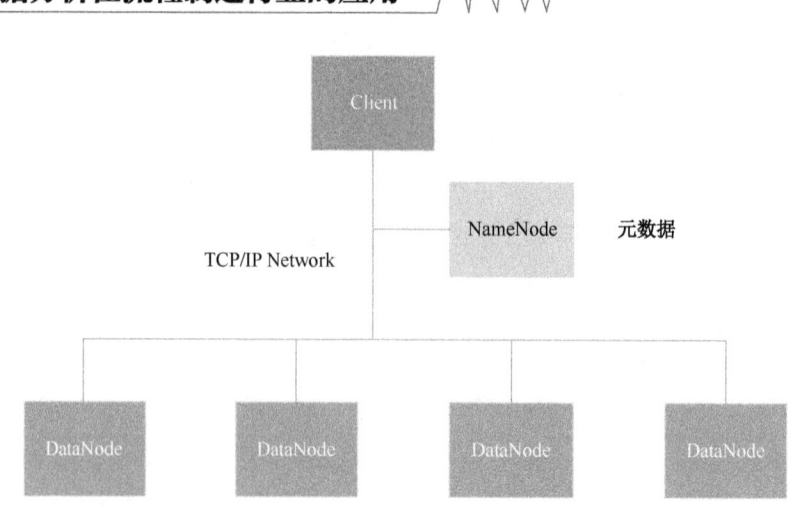

图 2-17 HDFS 架构

在 HDFS 中，NameNode（NN）与 DataNode（DN）通过心跳机制进行通信，由 NN 全权管理数据块的复制，周期性地接收 DN 的心跳信息和块的状态报告。若接收到心跳信息，则 NN 认为 DN 工作正常。如果超过 10 分钟还未接收到 DN 的心跳信息，那么 NN 会认为 DN 已经宕机，这时 NN 会重新复制 DN 上的数据块。块的状态报告中包含一个 DN 上所有数据块的列表，该报告每隔 1 小时发送一次。

在 HDFS 中，NameNode 负责文件元数据的操作，负责处理文件内容的读写请求，但数据流不经过 NameNode，会询问它跟哪个 DataNode 联系，然后直接由该 DataNode 进行相应的数据交互操作。

某个 DataNode 宕机，不会影响整个集群的运行，NameNode 会判断在此机器上的文件副本在哪里还有备份，并复制一份到另外的机器上，从而保证整个集群数据的可靠性。但是，如果 NameNode 坏掉，那么 HDFS 就不能工作了，整个文件系统中的文件都会丢失（其实没有丢失，只是分不清楚有哪些文件，以及哪些文件的哪些副本在哪台机器上），因此 NameNode 的容错机制非常重要，Hadoop 提供了两种容错机制。

第一种是将持久化存储在本地硬盘的文件系统元数据备份。Hadoop 可以通过配置来让 NameNode 将它的持久化状态文件写到不同的文件系统中。这种写操作是同步的，并且是原子化的。比较常见的配置是在将持久化状态文件写到本地硬盘的同时,也将其写入一个远程挂载的网络文件系统(NFS)中。

第二种是运行一个辅助 NameNode,即 SecondaryNameNode。事实上,SecondaryNameNode 并不是被用作 NameNode 的备份。它的主要作用是定期地将命名空间镜像文件与操作日志文件合并,以防止操作日志文件变得过大。通常,SecondaryNameNode 运行在一个单独的物理机上,因为合并操作需要占用大量的 CPU 时间,以及和 NameNode 相当的内存。Secondary NameNode 上保存着合并后的命名空间镜像文件的一个副本,这个副本在 NameNode 宕机时可以用上。

但是,辅助 NameNode 总是落后于主 NameNode 的,所以在 NameNode 宕机时,数据丢失是不可避免的。在这种情况下,要结合第一种机制中提到的远程挂载的网络文件系统中的 NameNode 元数据文件来使用,把 NFS 中的 NameNode 元数据文件复制到辅助 NameNode 中,并把辅助 NameNode 作为主 NameNode 来运行。

在 HDFS 中 DataNode 是真正存放数据的节点,数据被保存在 DataNode 的磁盘上,数据文件会被切成块,一个块默认的大小是 128MB。同时,一份数据会被复制多个副本,一般默认的副本数是 3 个。数据块被 NameNode 分配在不同的 DataNode 中,从而保证将来数据处理的并行性及数据的可靠性(不会因为一台机器坏掉而丢失)。

DataNode 负责处理文件系统客户端的读写请求,在 NameNode 的统一调度下进行数据块的创建、删除和复制。集群中单一 NameNode 的结构大大简化了系统的架构。NameNode 是所有 HDFS 元数据的仲裁者和管理者,但是,用户数据永远不会流过 NameNode。正因为数据不会通过 NameNode,数据又存在多个副本,所以 HDFS 可以实现高吞吐量的数据访问。当执行一个任务时,这个任务会被分解成不同的子任务,所有的子任务被并行执行,所以会在很短的时间内执行完任务。

可通过编程或命令行的方式与 HDFS 进行交互,HDFS 的命令和 Linux 文件系统的命令有很多相似之处,几乎本地文件系统的所有操作命令在 HDFS 中都可以找到对应的命令,如创建目录、复制文件、更改权限等,所以 HDFS 的文件操作非常简单。

2.4.2 NoSQL 数据库

NoSQL 数据库泛指非关系型数据库。大数据的发展导致传统的关系型数据库在处理数据时显得力不从心，而非关系型数据库则由于其自身的特点得到了非常迅速的发展。NoSQL 数据库的产生就是为了解决大规模数据集合中多重数据种类带来的挑战，尤其是大数据应用难题。

NoSQL 数据库有如下优点：NoSQL 数据库种类繁多，其共同的特点是去掉了关系型数据库的关系型特性，即数据之间无关系，这样就非常容易扩展，无形中也给架构层面带来了扩展能力；NoSQL 数据库具有很好的读写性能，在大数据量下同样表现优秀。

常见的 NoSQL 数据库包括 4 类：键值存储数据库、列式存储数据库、文档数据库、图形数据库。

键值存储数据库（也称"键值数据库"）使用简单的键值方法来存储数据，将数据存储为键值对集合，将键作为唯一标识符。键和值可以是从简单对象到复杂复合对象的任何内容。键值存储数据库是高度可分区的，并且允许以其他类型数据库无法实现的规模进行水平扩展。例如，如果现有分区已被填满，并且需要更多的存储空间，那么键值存储数据库就会将额外的分区分配给表。常见的键值存储数据库有 Amazon DynamoDB、Apache Cassandra、Redis 等。

列式存储数据库（也称"列存储数据库"）用来应对分布式存储的海量数据。传统的关系型数据库，如 Oracle、DB2、MySQL、SQL Server 等采用行式存储法。在基于行式存储的数据库中，数据是以行为基础逻辑存储单元进行存储的，一行中的数据在存储介质中以连续存储形式存在。列式存储是相对于行式存储而言的，新兴的 HBase、HP Vertica、EMC Greenplum 等分布式数据库均采用列式存储。在基于列式存储的数据库中，数据是以列为基础逻辑存储单元进行存储的，一列中的数据在存储介质中以连续存储形式存在。行式存储的写入是一次性完成的，消耗的时间比列式存储少，并且能够保证数据的完整性。缺点是数据读取过程中会产生冗余数据，如果只有少量数据，此影响可以忽略；反之，可能会影响数据的处理效率。虽然列式存储在写入效率、保证数据完整性方面都不如行式存储，但它的优势在于读取过程中不会产生冗余数据，这适用于对数据完整性要求不高的大数据处理领域。查询过程中，可针对各列的运算并发执行（SMP），在数据列中高效查找数据，无须维护索引（任何列都能作为索引）；在查询过程中能够尽量减少无关 IO，避免全表扫描；因为各列独立存储，且数据类型已知，所以可以根据列的数据类型、数据量大小等因素动态选择压缩算法，以提高物理存储利用率；如果某一行的某一列没有数据，那么存储时就可以不存储该列的值，这将比行式存储更节省空间。

一般来说，一个 OLAP 类型的查询可能需要访问几百万甚至几十亿个数据行，且该查询往往只关心少数几个数据列。例如，查询今年销量最高的前 20 个商品，这个查询只关心 3 个数据列：时间、商品及销量。商品的其他数据列，如商品 URL、商品描述、商品所属店铺等，对这个查询都是没有意义的。列式存储数据库只需要读取存储时间、商品、销量的数据列，而行式存储数据库则需要读取所有数据列。因此，列式存储数据库大大提高了 OLAP 大数据量查询的效率。

很多列式存储数据库还支持列族，即将多个经常一起访问的数据列的各个值存放在一起。如果读取的数据列属于相同的列族，列式存储数据库可以从相同的地方一次性读取多个数据列的值，从而避免了多个数据列的合并。列族是一种行列混合存储模式，这种模式能够同时满足 OLTP 和 OLAP 的查询需求。

实操中会发现，行式存储数据库在读取数据的时候存在一个固有的"缺陷"。例如，所选择查询的目标只涉及少数几项属性，但由于这些目标数据埋藏在各行数据单元中，而行单元往往又特别大，所以应用程序必须读取每一条完整的行记录，从而导致读取效率大大降低。对此，行式存储数据库给出的优化方案是加索引。

在 OLTP 类型的应用中，通过索引机制或给表分区等手段，可以简化查询操作步骤，提升查询效率。但针对海量数据背景的 OLAP 应用（如分布式数据库、数据仓库），行式存储数据库就有些力不从心了，因为行式存储数据库建立索引和物化视图需要花费大量时间和资源，而且无法从根本上解决查询性能和维护成本等问题，所以后来出现了列式存储数据库。对于数据仓库和分布式数据库来说，大部分情况下，它们会从各个数据源汇总数据，然后进行分析和反馈，其操作大多是围绕同一列属性的数据进行的，而当查询某属性

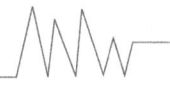

的数据记录时，列式存储数据库只需要返回与列属性相关的值。在大数据量查询场景中，列式存储数据库可在内存中高效组合各列的值，最终形成关系记录集，因此，可以大大减少 IO 消耗，并缩短查询响应时间，非常适合数据仓库和分布式数据库。

文档数据库是用来管理文档的。在传统的数据库中，信息被分割成离散的数据段，而在文档数据库中，文档是处理信息的基本单位，并且文档可以很长、很复杂、无结构，与字处理文档类似。一个文档相当于关系型数据库中的一条记录，文档数据库可存放并获取文档，其格式可以是 XML、JSON、BSON 等，这些文档具备可述性，呈现分层的树状结构，可以包含映射表、集合和纯量值。数据库中的文档彼此相似，但不必完全相同。文档数据库中所存放的文档，就相当于键值存储数据库中所存放的"值"。文档数据库可被视为其值可查的键值存储数据库。但是，包含多项操作的复杂事务不适合采用文档数据库，因为文档数据库不适合执行"跨文档的原子操作"。目前，国外比较流行的文档数据库有 CouchDB、MongoDB 等。国内也有文档数据库 SequoiaDB，而且已经开源。

图形数据库使用灵活的图形模型，并且能够扩展到多个服务器上。图形数据库在处理关联关系方面具有极大的优势，特别是在这个社交网络得到极大发展的互联网时代。比起传统的信息存储和组织模式，图形数据库能够清晰揭示复杂的模式，尤其在错综复杂的社交、物流、金融风险控制领域效果更为明显。

图形数据库虽然弥补了很多关系型数据库的缺陷，但仍有一些不足的地方。例如，图形数据库不适合记录大量基于事件的数据（如日志数据），不适合存储二进制数据，不适合对并发性能要求高的项目等。

目前，不少行业已将图形数据库纳入实施计划。近年来，世界五百强公司中使用图形数据库的比例也不断提高。在金融领域，人们利用图形数据库来实现反欺诈。软件、物流、新零售、航空、电信、医疗等领域也在大量使用图形数据库。

图形数据库善于处理大量、复杂、互联、多变的网状数据，其效率比传统的关系型数据库高百倍、千倍，甚至万倍。图形数据库特别适用于社交网络、实时推荐、银行交易环路、金融征信系统等领域。领英、沃尔玛、Cisco、HP、eBay 等全球知名企业都在使用图形数据库 Neo4j，中国企业也逐步开始用图形数据库来构建自己的应用。除了 Neo4j，图

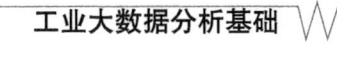

形数据库还有 InfoGrid、Infinite Graph 等供选择。

2.5 大数据分析技术

大数据分析的应用领域有很多，其中最重要的应用领域之一就是预测性分析，预测性分析结合了多种高级分析功能，包括特别统计分析、预测建模、数据挖掘、文本分析、实体分析、优化、实时评分、机器学习等。

数据挖掘是从大量、不完全、有噪声、模糊、随机的数据中提取隐含在其中的、人们事先不知道的、但又是潜在有用的信息和知识的过程。根据信息存储格式，挖掘的对象有关系型数据库、面向对象数据库、数据仓库、文本数据源、多媒体数据库、空间数据库、时态数据库、异质数据库及 Internet 等。目前常用的数据挖掘方法有神经网络方法、遗传算法、决策树、模糊集、粗糙集及统计分析等。

要想从急剧增长的数据资源中挖掘出有价值的信息，需要先进的分析技术做支撑。从宏观上看，大数据分析技术发展所面临的问题主要有以下 3 个：第一，数据量庞大，并且以惊人的速度在增长；第二，数据种类与结构多样，以半结构化数据和非结构化数据为主；第三，需要进行实时快速处理。传统的数据分析技术无法解决这 3 个问题，大数据时代需要更加先进的平台来满足日益增长的数据处理需求。而目前分析处理大数据应用最广泛的核心技术为 Hadoop。前面讲到的 HDFS 为 Hadoop 核心组件之一，负责大数据的存储。Hadoop 的另一个核心组件为 MapReduce，它是一个分布式计算框架。

传统的分布式计算框架 MPI（Message Passing Interface，信息传递接口）虽然编程接口灵活且功能强大，但由于编程接口复杂，并且对容错性支持不高，无法支撑在大规模数据上的复杂操作，研究人员转而开发了一系列接口简单、容错性强的分布式计算框架服务于大数据分析算法，以 MapReduce 和 Spark 等为代表。

分布式计算框架 MapReduce 将对数据的处理归结为 Map 和 Reduce 两大类操作，从而简化了编程接口，提高了系统的容错性。但是，MapReduce 受制于过于简化的数据操作抽象，而且不支持循环迭代，因而对复杂的机器学习算法支持较差。基于 MapReduce 的分布式机器学习库 Mahout，需要将迭代运算分解为多个连续的 Map 和 Reduce 操作，通过读写 HDFS 文件的方式，将上一轮循环的运算结果传入下一轮，完成数据交换。在此过程中，大量的训练时间被用于磁盘的读写操作，训练效率非常低。为了解决上述问题，Spark 基于 RDD 定义了包括 Map 和 Reduce 在内的、更加丰富的数据操作接口。不同于 MapReduce 的是 Job 中间输出和结果可以保存在内存中，从而不再需要读写 HDFS，这些特性使得 Spark 适用于数据挖掘与机器学习等需要迭代的大数据分析算法。基于 Spark 实现的机器学习算法库 MLlib，已经显示出了其相对于 Mahout 的优势，在实际应用系统中得到了广泛的使用。

图 2-18 是典型的大数据技术栈。底层是基础设施，包括计算资源、存储资源和互联资源，具体为管理节点、计算节点、集群、机柜、交换机和数据中心（图 2-18 中未画出）。往上为数据存储层与数据管理层，包括文件系统、类似于 YARN 的资源管理系统及各类数据库。然后是业务计算层，如 Hadoop、MapReduce 和 Spark，以及在此之上的各种不同计算范式，如批处理、流处理、图计算等，包括衍生出来的各种计算模型，如 BSP（Bulk Synchronous Parallel）、分布式图计算 GAS（Gather Apply Scatter）等。数据挖掘及可视化是基于业务计算层的，包括简单的查询分析、流分析及复杂分析（如机器学习、图计算等），查询分析多基于表结构和关系函数，流分析基于数据、事件流及简单的统计分析，而复杂分析则基于更复杂的数据结构与方法（矩阵、迭代计算和线性代数）。一般静态可视化是对分析结果的展示，还有一种可视化是交互式可视化，可以探索性地提出问题，进行可视化分析，并获得新的线索，从而形成迭代的分析和可视化。目前，实时交互式可视化分析是一个值得探索的研究热点。

大数据处理的关键在于并行处理。其实，大数据的基本处理流程与传统的数据处理流程并无太大的差异，只是前者数据量巨大，同时对处理速度要求很高，已经超出传统的机器处理能力。此外，大数据类型多样化，除了传统的结构化数据，还有很多非结构化数据。对于海量数据、非结构化数据，有很多通用的处理方法，主要为分布式并行处理方法。

| 分析工具 | 统计性分析 | 数据挖掘 | | 可视化 | 交互式可视化 |

| 业务计算 | 机器学习 | 类SQL检索 | | 自然语言处理 | 规则引擎 |
| | 分布式计算 | | 数据订阅 | ETL | 实时计算 |

| 数据管理 | 数据仓库 | | NoSQL数据库 |
| | 结构化数据 | | 非结构化数据 |

| 数据存储 | 操作系统/分布式系统 | 分布式文件系统 |

图 2-18 大数据技术栈

目前，Hadoop、MapReduce 和 Spark 等分布式处理方式已经成为大数据处理各环节的通用处理方法。Hadoop 是一个能够让用户轻松架构和使用的分布式计算平台。用户可以轻松地在 Hadoop 上开发和运行处理海量数据的应用程序。Hadoop 是一个数据管理系统，作为数据分析的核心，汇集了结构化和非结构化数据，这些数据分布在传统的企业数据栈的每一层。Hadoop 也是一个大规模并行处理框架，拥有超级计算能力，定位于推动企业级应用的执行。Hadoop 又是一个开源社区，主要为解决大数据问题提供工具和软件。虽然 Hadoop 提供了很多功能，但仍然应该把它归类为由多个组件组成的生态圈，这些组件包括数据存储、数据集成、数据处理和其他进行数据分析的专门工具。同时，Hadoop 还是一个大数据生态系统的核心，围绕 Hadoop 体系产生了很多大数据架构，包括传统大数据架构、流式架构、Lambda 架构、Kappa 架构、Unifield 架构等。

传统大数据架构——数据分析的业务没有发生任何变化，但是因为数据量、性能等问题导致系统无法正常使用，需要进行升级改造，此类架构便是为了解决这个问题的。

流式架构——在传统大数据架构的基础上，全程以流的形式处理数据，在数据接入端将 ETL 替换为数据通道。经过流处理加工后的数据，以消息的形式被直接推送给消费者。存储部分在外围系统以窗口的形式进行存储。此架构适用于预警、监控、对数据有有效期要求的情况。

Lambda 架构——Lambda 架构在大数据系统中占有举足轻重的地位，数据通道分为两条：实时流和离线。实时流采用流式架构，保障了其实时性；而离线则以批处理方式为主，保障了最终一致性。此架构适用于同时存在实时和离线需求的情况。

Kappa 架构——Kappa 架构在 Lambda 架构的基础上进行了优化，将实时和流部分进行了合并，将数据通道以消息队列进行替代。因此，对于 Kappa 架构来说，依旧以流处理为主，但是数据在数据湖层面进行存储，当需要进行离线分析或再次计算时，则将数据湖中的数据经过消息队列重播一次。

Unifield 架构——Unifield 架构将机器学习和数据处理融为一体，在流处理层新增了机器学习层。数据在经过数据通道进入数据湖后，新增了模型训练部分，并且将其在流式层进行使用。同时，流式层不仅使用模型，也包含对模型的持续训练。此架构适用于有大量数据需要分析，同时对机器学习方面又有非常大的需求或有规划的情况。

这些架构都是由基于 Hadoop 的一些开源组件构成的，如 HDFS、MapReduce、ZooKeeper、Pig、HBase 等，还有与其他系统融合的数据采集工具 Sqoop、Flume 等。目前，Hadoop 生态系统还在不断扩大，基于内存计算的 Spark、Spark Streaming、Spark SQL 等计算框架已成为后起之秀。低成本、高可靠、高扩展、高有效、高容错等特性，使 Hadoop 成为当前最流行的大数据分析系统。

2.5.1 MapReduce

MapReduce 是一种分布式计算模型，是 Hadoop 的主要组件之一，用于大规模数据集（大于 1TB）的并行运算。它的主要思想是从函数式编程语言借鉴而来的。

在 MapReduce 中，主要有两个阶段：Map 和 Reduce。map()函数以 key/value 对作为输入，产生另外一系列 key/value 对作为中间输出写入本地磁盘。MapReduce 框架会自动将这些中间数据按照 key 值进行聚集，且 key 值相同（用户可设定聚集策略，默认情况下是对 key 值进行哈希取模）的数据会被统一交给 reduce()函数处理。reduce()函数以 key 及对应的 value 列表作为输入，经合并 key 相同的 value 值后，产生另外一系列

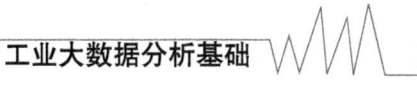

key/value 对作为最终输出写入 HDFS。指定的三个组件分别是 InputFormat、Partitioner 和 OutputFormat，它们均需要用户根据自己的应用需求配置。

MapReduce 的这种策略被称为"分而治之"策略，它的基本原则是将一个分布式文件系统中的大规模数据集分成许多独立的分片。这些分片可以被多个 Map 任务并行处理。MapReduce 的设计理念就是"计算向数据靠拢"，而不是"数据向计算靠拢"，原因是移动数据需要大量的网络传输开销。MapReduce 框架采用了 Master/Slave 架构，包括一个 Master 和若干个 Slave，Master 上运行 JobTracker，Slave 上运行 TaskTracker。Hadoop 框架是用 Java 语言编写的，但是，MapReduce 应用程序不一定要用 Java 语言编写。Java、Python、C++都可以实现 MapReduce 程序的编写。

2.5.2 Spark

Spark 最初由美国加州伯克利大学的 AMP 实验室于 2009 年开发，是基于内存计算的大数据并行计算框架，可用于构建大型、低延迟的数据分析应用程序。

Spark 使用先进的 DAG（Directed Acyclic Graph，有向无环图）执行引擎，以支持循环数据流与内存计算，基于内存的执行速度可比 Hadoop MapReduce 快上百倍，基于磁盘的执行速度也能快十倍。

Spark 支持使用 Scala、Java、Python 和 R 语言进行编程，简洁的 API 设计有助于用户轻松构建并行程序，并且可以通过 Spark Shell 进行交互式编程。Spark 提供了完整而强大的技术栈，包括 SQL 查询、流式计算、机器学习和图算法组件，这些组件可以无缝整合在同一个应用中，足以应对复杂的计算。

Spark 可运行于独立的集群模式中，或者运行于 Hadoop 中，也可运行于 Amazon EC2 等云环境中，并且可以访问 HDFS、Cassandra、HBase、Hive 等多种数据源。

Hadoop 虽然已成为大数据技术的事实标准，但其本身还存在诸多缺陷，最主要的缺陷是其 MapReduce 计算模型延迟过高，无法满足实时、快速计算的需求，因而只适用于离线批处理的应用场景。MapReduce 表达能力有限，计算都必须转化成 Map 和 Reduce 两个操作，但这并不适合所有的情况，而且难以描述复杂的数据处理过程。每次执行都需要从磁盘读取数据，并且在计算完成后需要将中间结果写入磁盘，IO 开销较大。一次计算可能需要分解成一系列按顺序执行的 MapReduce 任务，任务之间的衔接涉及 IO 开销，会产生较高延迟。而且，在一个任务执行完成之前，其他任务无法开始，因此难以胜任复杂、多阶段的计算任务。

虽然 Spark 的计算模式也属于 MapReduce，但它不局限于 Map 和 Reduce 操作，还提供了多种数据集操作类型，编程模型比 MapReduce 更灵活；Spark 提供了内存计算，将中间结果直接放到内存中，带来了更高的迭代运算效率；Spark 基于 DAG 的任务调度执行机制，要优于 MapReduce 的迭代执行机制。Spark 最大的特点就是将计算数据、中间结果都存储在内存中，大大减少了 IO 开销。Spark 提供了多种高层次、简洁的 API，通常情况下，对于实现相同功能的应用程序，Spark 的代码量仅为 Hadoop 的 20%~50%。但 Spark 并不能完全替代 Hadoop，主要用于替代 Hadoop 中的 MapReduce 计算模型。实际上，Spark 已经很好地融入了 Hadoop 生态圈，并成为其中的重要一员，它可以借助 YARN 实现资源调度管理，借助 HDFS 实现分布式存储。

目前，Spark 也逐渐形成了自己的生态系统。Spark 的生态系统主要包含 Spark Core、Spark SQL、Spark Streaming、MLlib 和 GraphX 等组件。Spark Core 包含 Spark 的基本功能，如内存计算、任务调度、部署模式、故障恢复、存储管理等。Spark 建立在统一的抽象 RDD 之上，使其可以以基本一致的方式应对不同的大数据处理场景，通常所说的 Apache Spark，就是指 Spark Core。Spark SQL 允许开发人员直接处理 RDD，同时可查询 Hive、HBase 等外部数据源。Spark SQL 的一个重要特点是能够统一处理关系表和 RDD，使得开发人员可以轻松地使用 SQL 命令进行查询，并进行更复杂的数据分析。Spark Streaming 支持高吞吐量、可容错处理的实时流数据处理，其核心思想是将流式计算分解成一系列短小的批处理作业。Spark Streaming 支持多种数据输入源，如 Kafka、Flume 和 TCP 套接字等。MLlib 提供了常用机器学习算法的实现，包括聚类、分类、回归、协同过滤等，降低了机器学习的门槛，开发人员只要具备一定的理论知识就能进行机器学习的工作。GraphX 是 Spark 中用于图计算的 API，可将其看成 Pregel 在 Spark 上的重写及优化。GraphX 性能良好，拥有丰富的功能和运算符，能在海量数据上自如地运行复杂的图算法。

2.6 大数据可视化技术

在大数据分析的应用过程中，可视化通过交互式视觉表现的方式来帮助人们探索和理解复杂的数据。可视化与可视分析能够迅速和有效地简化与提炼数据流，帮助用户交互筛选大量的数据，有助于用户更快、更好地从复杂数据中得到新的发现，是用户了解复杂数据、开展深入分析不可或缺的手段。大规模数据的可视化主要是基于并行算法设计的技术，合理利用有限的计算资源，高效地处理和分析特定数据集的特性。

2.6.1 Tableau

Tableau 是用于可视分析数据的商业智能工具。用户可以创建和分发交互式和可共享的仪表板，以图形和图表的形式描绘数据的趋势、变化和密度。Tableau 可以连接到文件、关系数据源和大数据源来获取和处理数据，允许数据混合和实时协作。Tableau 常被企业、学术研究人员和政府部门用来进行视觉数据分析。它还被定位为 Gartner "分析与商业智能分析平台"魔力象限中的领先者象限。

Tableau 使用起来非常简单，通过导入数据，结合数据操作，即可实现对数据进行分析，并生成可视化的图表。Tableau 的程序很容易上手，用户可以将大量数据拖放到数字"画布"上，然后就可以生成各种图表。界面上的数据容易操控，通过数据可视化展示，用户可以清楚地了解决策正确与否。Tableau 分为 Desktop 版和 Server 版。Desktop 版又分为个人版和专业版，个人版只能连接到本地数据源，专业版还可以连接到服务器上的数据库。Server 版主要用来处理仪表盘，上传仪表盘数据，并进行共享，其他用户通过访问同一个 Server 就可以看到相应的数据信息。

简单、易用是 Tableau 最大的特点，使用者不需要精通复杂的编程和统计原理，只需要把数据直接拖放到工作簿中，通过一些简单的设置就可以得到自己想要的数据可视化图形，这意味着每个人都可以自助分析数据。

2.6.2 Google Chart

Google Chart 是一项免费服务，最初是谷歌内部用来创建图表所用的。后来谷歌将其开放出来，进行开源共享。Google Chart 可以提供完美的数据可视化处理，从简单的折线图到复杂的分级树形图，在它的图表库里有海量模板可供选择。Google Chart 可以按需定制，但通常默认样式就能满足用户的所有需求。所有的图表样式都是使用数据库表类来填充数据的，用户可以轻松转换表格类型。同时，谷歌提供了一个专门的图表论坛，在那里用户可以互相帮助、学习和发现，以便使用不同的图表展示不同的信息。

Google Chart API 通过 URL 传递参数，生成动态的图表图片。该 API 能产生各种各样的图表，如饼图、地图、QR 码、文氏图等。所有描述图片的参数都包含在 URL 中。部分图表的 URL 可以采用 Chart Wizard 快捷生成，生成的 URL 可以嵌入<img>标签中，使用起来极其方便。

2.6.3 D3.js

D3.js 是一个 JavaScript 库，它的全称是数据驱动文档。D3.js 是一个开源项目，作者是《纽约时报》的工程师，其中提供了各种简单易用的函数，大大降低了 JS 操作数据的难度，尤其是在数据可视化方面，D3.js 已将生成可视化图形的复杂操作精简到几个简单函数，只需输入几个简单数据，就可生成各种绚丽图形。D3.js 采用可缩放矢量图形（SVG）格式，允许渲染可放大或缩小的形状、线条和填充，而不会降低质量。

目前，可视化工具非常多，每种工具都有自己的特点，用户可根据需要选择使用。

2.7 大数据分析方法

大数据分析是将描述型、诊断型、预测型和指令型模型用于数据，以回答特定的问题或发现新的见解的过程。大数据分析的核心在于模型和算法。与传统的数据分析方式不同，大数据分析要对数量巨大的数据进行统计性搜索、清洗、聚类、分类等分析工作，其更看重挖掘数据之间的关联性，找出多个变量之间存在的某种规律，并利用这些规律做进一步的预测、分析。

2.7.1 大数据分析方法分类

大数据分析方法可分为四大类。

（1）描述型：发生了什么？

这是最常见的大数据分析方法。利用可视化工具，能够有效增强描述型分析方法的效果。

（2）诊断型：为什么会发生？

通过评估描述型数据，诊断分析工具能够让数据分析师深入分析数据，钻取到数据的核心。例如，可按照时间序列维度进行数据读入、特征过滤和数据钻取等操作，以便更好地进行数据分析和诊断分析。

（3）预测型：可能发生什么？

预测型分析方法是基于预测模型，针对事件未来发生的可能性，预测一个可量化的值。在充满不确定性的环境下，预测能够帮助人们做出更好的决定。

（4）指令型：需要做什么？

对"发生了什么""为什么会发生"和"可能发生什么"进行分析，以帮助用户决定应该采取什么措施。通常情况下，指令型分析方法不是单独使用的，而是在前面三种方法完成之后使用的。

2.7.2 大数据分析步骤

一般说来，数据库里的知识发现（Knowledge Discovery in Database，KDD）是指从大量数据中提取出有效模式的非平凡过程，该模式是新颖的、可信的、有效的、可能有用的和最终可理解的。而数据挖掘被认为是 KDD 中的一个步骤，是指利用某些特定的知识发现算法，在一定的运算效率限制下，从数据库中提取出人们感兴趣的模式。数据挖掘是一门交叉学科，涉及机器学习、模式识别、统计学、智能数据库、知识获取、数据可视化、高性能计算机和专家系统等多个领域。

数据挖掘的两个高层次目标是预测和描述。预测的基本任务包括分类、归类、时间序列分析和预测。描述的基本任务包括聚类、总结、关联规则和序列发现。数据库技术只是将数据有效地组织和存储在数据库中，并对这些数据做一些简单分析，但无法获得大量隐藏在数据内部的有用信息。而机器学习、模式识别、统计学等领域却有大量提取知识的方法，但没有和实际应用中的海量数据结合起来，很大程度上只是对实验数据或学术研究发挥作用。数据挖掘从一个新的角度将数据库技术、机器学习、模式识别和统计学等结合起来，从更深层次发掘存在于数据内部有效的、新颖的、具有潜在效用的，乃至最终可理解的模式。数据挖掘技术具有丰富的算法（人工神经网络、遗传算法等），能从海量的交互、高维、无序的自变量数据库中发现潜在的且能够导向因变量的有用信息。

大数据分析的第一步是数据的"抽取—转换—加载"（Extract-Transform-Load，ETL），这就是通常所说的"数据处理三部曲"。该环节需要将来源不同、类型不同的数据抽取出来，然后进行清洗、转换、集成，最后加载到数据仓库或数据集市中，成为联机分析处理、数据挖掘的基础。

经过数据准备之后，下一步就是模式发现。模式发现是数据挖掘过程中的核心阶段，首先要确定挖掘任务和挖掘算法，然后通过对历史数据的分析，结合用户需求、数据特点等因素，得到供决策使用的各种模式与规则。不同的算法有着各自的适用条件和应用领域。例如，神经网络算法能够以任意精度逼近任意非线性映射，对处理含噪声和非线性数据具有较大的优势；而遗传算法在解决非线性问题时不依赖于问题模型的特性，不仅具有鲁棒性和全局最优性，还具有高效率和并行性等特点；主元分析法在解决非线性数据时能够实现数据简化、数据压缩、建模等；偏最小二乘法对多因变量的回归建模具有较为明显的优势。可利用数据挖掘的不同算法，将多维的、非线性的工艺生产、设备运行条件作为因变量，对工艺条件进行优化，为大型生产设备运行提供智能预报、预警。

最后，要将挖掘出来的模式与规则以一种直观、容易理解的方式呈现给用户，即可视化过程。

2.7.3 数据挖掘方法

目前，数据挖掘方法包括以下几种。

1. 降维

降维是将数据从高维度降到低维度的过程，可以有效地解决工业大数据高维度的问题和所谓的"维数灾难"。有研究学者认为，降维是聚类分析或分类分析的一种，但由于目前所需要处理的数据均为高维度的数据，常常将其作为数据的前处理过程，所以本书将降维作为单独的一种分析方法进行介绍。降维算法可以分为两大类：线性降维算法和非线性降维算法。线性降维算法主要有主成分分析（PCA）、投影寻踪（PP）、局部学习投影（LLP）及核特征映射法。非线性降维算法主要有多维尺度法（MDS）、等距映射法（ISOMAP）、局部线性嵌入法（LLE）及拉普拉斯特征映射法。

2. 相关性分析

相关性分析是通过对规模庞大的信息进行量化处理，建立各类信息之间的联系。相关性分析就是研究数据与数据之间的关联程度。该分析方法一直是统计学中的研究热点，已经在金融、心理学和气象学领域得到广泛应用。

相关性主要用来表述两个变量之间的关系，是两变量之间密切程度的度量。在分析两个变量的相关性方面，最传统的方法就是使用 Pearson 相关系数，但该方法只能表示两个变量之间的线性相关程度，对于非线性的关系偏差较大。很明显，这种相关性分析方法无法对强非线性关系的工业数据进行处理和分析。

目前，常用的多变量相关性分析方法有 Granger 因果关系分析、典型相关分析、灰色关联分析、Copula 分析和互信息分析等，这些分析方法都存在一定的不足和缺陷。例如，Granger 因果关系分析不能给出定量的描述；典型相关分析不适用于分析时间序列的问题；Copula 分析对数据分布的规则度要求很高；灰色关联分析的理论基础研究还有待进一步完善；互信息分析的计算复杂度较高，但随着计算手段的不断完善和计算速度的不断提高，互信息分析方法得到了广泛应用。

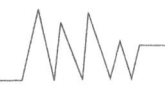

3. 聚类与分类

聚类分析是通过一定的规则将已有的数据集合划分成新的类别，而新的类别在性质上是相似的，所以它是研究数据间物理上或逻辑上相互关系的技术。聚类分析获得的结果可以作为下一步研究的基础数据。

聚类分析的划分算法包括 K-means 算法、K-medoid 算法，层次算法包括 BIRCH 算法、CURE 算法，密度算法包括 DBSCN 算法、OPTICS 算法，网格算法包括 STING 算法、WaveCluster 算法等。聚类分析是数据挖掘算法中一种非常重要的算法，是一种无监督学习方案，可以用来探索数据。对经过聚类分析的数据可以进一步进行数据预测和内容检索等，从而提高数据挖掘的效率和准确性。聚类算法通常可以分为基于划分的聚类、基于层次的聚类、基于密度的聚类、基于网格的聚类及基于模型的聚类五大类。

分类分析是指根据数据集的特点构造一个分类器，再利用这个分类器对需要分类的样本赋予类别。其与聚类分析最大的不同就是，分类分析在对数据进行归类之前已经规定了分类的规则，而聚类分析在归类之前没有任何规则，在归类之后才得到每个类别的特点。

目前，分类算法也有很多种，按照各算法的技术特点可以分为决策树分类法、Bayes 分类法、基于关联规则的分类法和基于数据库技术的分类法等。每类分类方法中又存在多种算法，如决策树分类法中较早使用的是 C4.5 算法，后来为了适应数据量的不断扩大，又在其基础上开发了 SLIQ（Supervised Learning in Quest）算法和 SPRINT 算法；Bayes 分类法中应用比较普遍的是网络算法；基于关联规则的分类法中，CBA（Classification Based on Association）算法应用最为普遍；GAC-RDB 算法是基于数据库技术的分类法的典型代表。

4. 基于数据的预测分析

基于数据的预测分析是一个从功能上定义的广义概念，就工业生产而言，过程工业中产品质量和产率的预测、生产操作中的优化、生产装置的故障诊断等都可以归入此范畴。常用的预测分析方法是各种神经网络算法及其与各种优化算法的结合。

目前，应用相对成熟的神经网络有 BP 神经网络、GRNN 神经网络、RBF 神经网络等。神经网络算法通过模拟生物的神经网络进行信息处理，有着不断自我学习的优势。神经网络算法具有以下优点。

- 理论上能够逼近任意非线性映射。
- 善于处理多输入输出问题。
- 能够进行并行分布式处理。
- 自学习与自适应性强。
- 可同时处理多种定性和定量的数据。

5. 遗传算法

遗传算法是基于生物遗传、进化机制的自适应概率优化算法，具有鲁棒性强、应用范围广、简单通用等特点。遗传算法搜索最优解的方法是模拟生物进化过程中发生的复制、交叉、变异等现象，遵循"适者生存、不适者被淘汰"的进化规则，留下适应环境能力强的个体，使结果群体不断地向最优解的方向进化，最终通过解码得到满足要求的最优解。遗传算法全局搜索能力强，能解决高维空间的优化问题，而且在数据库领域能较好地处理不同属性之间的关系，所以当数据库容量非常大时，或者需要解决范围大、复杂的优化问题时，采取遗传算法是一个非常有效的选择。

6. 模式识别

模式识别是数据挖掘的主要方法之一。它是一种借助计算机对信息进行处理、判决分类的数学统计方法。模式识别大致可以分为统计模式识别和句法模式识别两大类。统计模式识别将每个样本用特征参数表示为多维空间中的一个点，根据"物以类聚"的原理，同类或相似样本点间的距离应较近，不同类样本点间的距离应较远。这样，就可以根据各样本点间的距离或距离的函数来判别、分类，并利用分类结果做出预测。统计模式识别是工业优化中的常用方法。

7. 支持向量机

支持向量机主要用于有限数据的分类、回归和预报建模。早在20世纪60年代，以数学家 Vapnik 为代表的学派就开始努力建立一套能保证从有限样本中得出预报能力最强的数学模型的"统计学习理论"（Statistical Learning Theory，SLT），并于1992年和1995年先后提出分类和回归的支持向量机（Support Vector Machine，SVM）。

支持向量机的基本思想可以概括如下：首先通过非线性变换将输入空间变换到一个高维空间，然后在这个新空间中求取最优线性分类面，而这种非线性变换是通过定义适当的内积函数实现的。SLT 和 SVM 算法在很大程度上解决了模型选择与过拟合问题，小样本、非线性和维数灾难问题，以及局部最小点问题等。

8. 专家系统

数学模型可以描述那些直接或间接影响相关组件健康状态的物理过程。物理模型大多由特定领域的专家建立，通过对大量历史数据的分析来确定模型参数。将基于物理模型的方法用于设备的健康状态预测时，需要模型设计者掌握与系统监控相关的专业理论和方法。当然，在实际应用中，运用先验经验为一个物理系统建立精确的数学模型通常是一件非常困难的事情。常常因为无法简化模型或重要影响因素难以检测分析，造成物理模型应用受限。鉴于此缺点，不需要物理模型的基础知识分析方式显得更适合工程问题。

第3章 天然气开发行业的大数据分析

天然气作为最具潜力的清洁能源之一，是能源转型的主力军。近年来，我国天然气需求旺盛，发展迅猛，在能源结构中的比例上升到 6.2%，但仍远低于世界平均水平。相关规划明确提出，到 2020 年，天然气在中国一次能源中的消费比重将达到 10%。

未来我国天然气需求持续旺盛，将呈现出以发电气、工业燃料气、城市燃气及交通运输气为主体的多元化消费结构。2020 年预计产量为 1 800 亿立方米，2030 年预计产量为 2 520 亿立方米，表现为常规气稳定发展、页岩气快速上产、煤层气稳步推进的发展态势。常规气 2016 年产量为 918 亿立方米，2020 年预计为 1 115 亿立方米，2030 年预计为 1 300 亿立方米。非常规气 2016 年产量为 453 亿立方米，2020 年预计为 685 亿立方米，2030 年预计为 1 220 亿立方米，其中，页岩气是产量增长主体。

由以上数据可以看出，未来 10 年，我国天然气开发行业将迎来大发展，天然气产量将出现井喷式增长。与此同时，随着大数据、人工智能分析手段的发展，智慧气田建设将不断加速，未来国内将出现一大批在产能和技术方面均达到世界级水平的大型气田。

3.1 天然气开发行业信息化现状

气藏开发工程是一项复杂、多阶段的系统性工程，而在气田开采环节主要依托集气站场及其管网，对井下采出的天然气进行节流降压、分离计量，经由管道外输至集气站，再由气田内部集输管道输送至天然气处理厂。为了防止生成水合物，井站需要采取防冻堵措施。

典型的井站主要包括以下生产设备。

- 工艺设备：包括采气树、加热炉、分离器、注醇装置和管线等，这些设备是开采和输送天然气的必要装置。
- 控制设备：不仅包括直接安装在设备或管道上的节流阀、压力和温度变送器、安全紧急切断阀和泄漏检测仪表等，还包括 RTU 和 SIS 系统，它们构成了完整的实时监控体系。
- 公用工程设备：主要有第三方的成套设备，如空压机、UPS 装置等，它们是辅助生产的必要单元。

井口气被输送至天然气处理厂后，经过净化、脱水等工艺流程，通过各类设备去除天然气中的杂质和有害物质，最终成为商品气被直接送往客户处。

典型的天然气处理厂主要有以下生产装置。

- 天然气脱硫脱碳装置。
- 天然气脱硫醇装置。
- 天然气脱水装置。
- LPG 回收装置。
- 硫磺回收装置。
- 外输压缩机组。

天然气开发行业的大数据分析是围绕生产相关的重要节点，以及生产中各类辅助设备的可靠度和运行状态等，从部分到整体全方位地进行分析、评估和预测。

目前，在天然气开发领域，建设智慧气田是大势所趋。智慧气田有 3 个标志，即完备的基础设施建设——油气田物联网、完备的数据治理工程——云数据云服务、完备的智慧汇聚工程——大数据智能集成。其核心要素分为 5 大类（技术、数据、软件、工程、人工智能与大数据），约 80 多个小类，而人工智能与大数据是智慧气田建设的重中之重。

例如，以中国石油西南油气分公司为代表的重点企业正在快速推进智慧气田建设，其目标可以简单总结为"全面感知、自动操作、预测趋势、优化决策",期望通过加快数字化、智能化进程,提升管理效率和发展质量。数据资源中心是西南油气分公司所有信息化应用的基础和核心。近年来,通过高水平数字化建设和坚持不懈的智能化探索,在前端实现了自动采集、自动传输、实时感知,中端实现了安全存储、实时监控、集中管理,后端初步实现了技术支撑、智能分析与辅助决策。通过构建"单井无人值守+区域集中控制+调控中心远程支持协助"的管理模式,实现了数字化条件下的开发转型升级。通过"智能大脑"建设,分析海量生产数据,能够全面感知生产运行状态,提前发现设备故障,提高系统可靠性,指导操作、检修体系高效运转。

目前,天然气开发过程中的油气信息化建设已经日臻完善。气井场站及天然气处理厂集中的各类生产流程设备涉及海量的现场实时监控传感器数据,各个RTU或SIS控制器本身的状态日志或实时性能数据,以及第三方成套设备单元的大量通信数据。这些都是当前气田企业要面对的数据,这些数据目前仍然以一种近乎无序的状态进行存储,没有挖掘其在生产运行和管理方面的价值。

3.2 天然气开发行业的大数据分析需求

美国能源部表示,对于石油和天然气公司而言,实施预测性维护可将维护成本减少30%,将故障消除70%,并将停机时间减少40%。目前,中国石油、中国海油等能源央企已经开展了大量的试点工作。以中国石油川中油气分公司的气田"智能大脑"项目为例,该项目经过一段时间的调试运行和磨合优化后,取得了良好效果。气田"智能大脑"不仅可以实时提供气田多角度分析、统计、展示,还简化了操作、维护、管理流程。同时,每一个重要操作节点都留有相应管理痕迹,负责人清晰明确,使工作过程更加精细化、规范化和智能化。该项目为气田连续、安全、稳定、降成本运行,提供了新的思路和管理抓手。

天然气开采环节是整个商品天然气供应链的控制性环节。为此,气田需要建立一套有效的分析保障体系,在井站出现停产风险时做到及时发现、尽早排除,确保生产连续稳定。事实上,井站停产风险来自多方面,当前的自动化生产控制过程中,每一个节点的意外事件都可能造成停产。据国内某气田统计，8年内共发生60余起异常关井事件，其中工艺故障造成计划外停产约占50%；仪电系统、控制系统故障34起，占总故障数的50%（详见图3-1）。

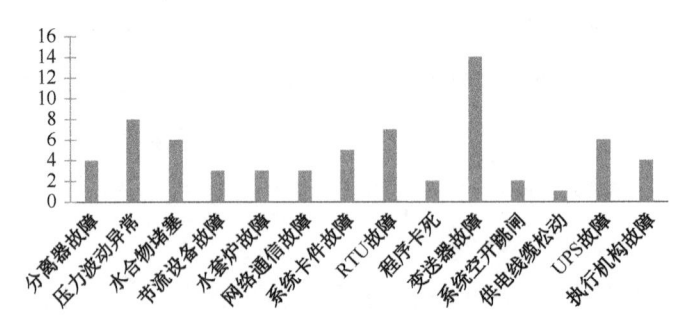

图3-1 某气田故障数统计

传统上认为生产工艺问题是唯一的管理核心，而事实上，大量计划外停产是由配套系统甚至第三方设备造成的。因此，需要将这些潜在风险全部纳入大数据监控，使气田检修、决策部门对气田有更全面的了解和掌控。

天然气处理环节主要集中于天然气净化厂、轻烃回收工厂等大型集中处理单位。相比采气环节，天然气处理环节具有设备集中度高、控制水平高、工艺流程复杂等特点，因此更加关注以下3个问题。

- 寻找装置最优操作点。
- 单体过程设备是否存在安全隐患。
- 核心动设备耗材残余寿命及潜在生产风险判断。

在动态生产工况中，找到设备风险和工艺流程最佳操作方案是处理环节对大数据分析的核心诉求。

1. 需要大数据分析系统解决的问题

具体到气田日常生产管理工作，需要大数据分析系统解决以下几个问题。

- 异常停产是什么原因导致的？是否有办法进行预防？
- 气田的降本空间在哪里？
- 自控系统是否稳定可靠？

- 安全联锁系统是否真正安全？
- 生产流程设备、动设备是否存在亚健康状态？
- 装置操作点是否处于优化状态？
- 动设备的关键部件残余寿命是多少？

2. 天然气开发行业大数据分析内容

对于气田生产开发过程，目前大数据分析内容主要包括以下几方面。

- 对生产工艺过程进行全面分析和监控。
- 工艺停产风险大数据分析。
- 生产药剂加注量最优化分析。
- 日常生产耗材残留使用寿命和库存经济合理性分析。
- 核心动设备（如压缩机、机泵等）健康风险分析。
- 管网系统的全面感知和泄漏动态分析。
- 仪电设备（如RTU、SIS、UPS等）故障风险分析。
- 控制仪表/连锁仪表可信度分析。
- 第三方装置（如UPS、空压机等）状态异常分析。
- 更加直观明了的监控、管理方案。

对于天然气处理工艺装置，目前大数据分析内容主要包括以下几方面。

- 高附加值产品的产率提升操作建议。
- 保障溶液再生质量的控制参数动态设置建议。
- 硫磺回收装置收率预测与控制参数排放超标滞后性动态控制建议。
- 全厂能耗分析及效益最大化操作建议。
- 动设备腐蚀状态评价。
- 换热器早期内漏动态监控。
- 过滤设备的过滤元件还能用多久，当前是否需要更换。

通过建立健全基于大数据的信息智能化分析体系，创建针对一个个具体问题的监控模型，实现对气田场站全面感知、预测趋势、优化决策的目标，保障最大产能发挥，提升单

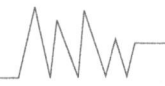

位经济效益，同时快速定位故障，缩短检维修时间，提高工作效率。

3.3 天然气开发行业的大数据来源与特点

气田大数据采集平台实时采集气井站场及天然气处理厂生产网（RTU、DCS）和物联网的全部数据，对这些分散、独立的数据进行统一处理，主要数据类别如下。

- 现场全部在线（智能）仪表的实时测量值、Hart 通信数据（包括 Hart 实时值、内部温度、自诊断等）、控制阀阀位反馈及其他状态信息。
- 控制系统（如 RTU、DCS、SIS 系统）的底层数据，包括 CPU 状态、负荷、占用率、内部温度、扫描周期，以及内存占用率、总线状态、每种 IO 模块的状态、故障标志等。
- 关键网络交换机和路由的上行流量、下行流量，以及采取其他协议（Modbus）进行通信的设备流量情况。

这些数据覆盖几十口气井和相关的天然气处理厂，以不到 0.1 秒的间隔不断地向外发送，具有大数据的典型特征，即规模大、速度高、种类多、价值密度低。

3.4 天然气开发行业的大数据解决方案

3.4.1 大数据获取

确定分析场景后，需要根据实际情况梳理现场可以提供哪些数据，以及它们的来源。目前，大数据分析所需要的数据主要从现有系统中获取，同时以尽量不增加新的硬件设备和尽可能多地利用现有各类数据为原则。

如图 3-2 所示，由于工业现场对操作的安全性和稳定性要求较高，选择分别从数据中心的生产网服务器和物联网服务器采集所需要的数据。通过部署在服务器上的专用接口等，将生产现场所有仪表和电气设备实时控制信号，各类控制器本身的状态、性能或故障信号，以及第三方成套设备通信状态信号等以规整的格式采集上来，作为大数据分析的数据源。

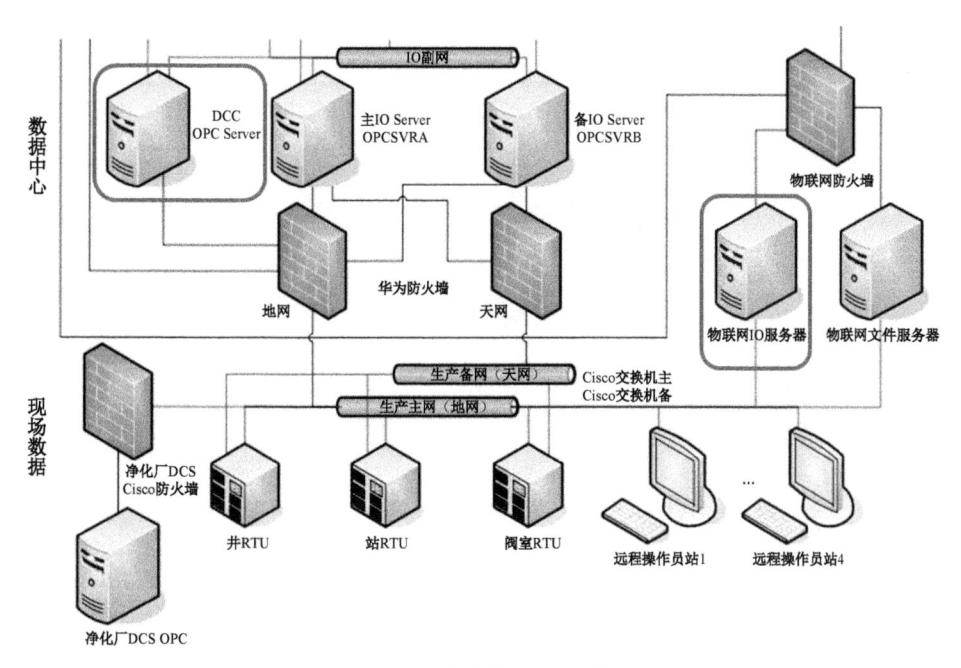

图 3-2　数据获取方式举例

3.4.2　大数据监控

采集的数据越全面，就越有助于从各个维度对影响气田安全的已知风险进行全方位监控。气田大数据分析系统构成图如图 3-3 所示。

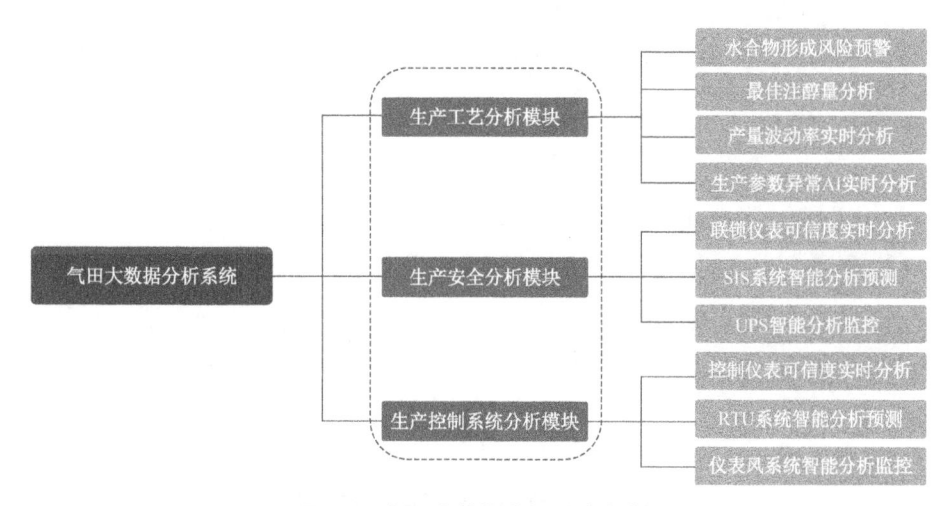

图 3-3　气田大数据分析系统构成图

针对具体的工业大数据监控分析和预测场景，首先需要对实际问题本身有足够充分的理解和认识，才能获取到对问题本身更有价值的数据点位，同时要进行专门的数据筛选（去除会影响机器学习正确性的数据，如停产等），然后通过对历史数据的学习，得到解决问题的算法模型，经过调试和验证后，可用于特定问题的故障监控分析和预测等，具体如图 3-4 所示。

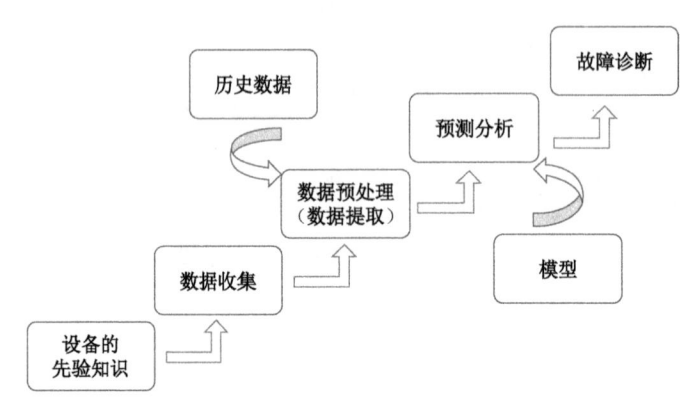

图 3-4　典型场景模型建立方式

3.4.3　大数据可视化

通过地图拓扑的全局视角展示，使整个气田所有设备状态一目了然。当出现告警提示时，直接以不同颜色进行标识，通过递进式的点击查看，可迅速确认故障的位置、类型和严重等级，同时可在线下发维保人员作业书，有效地提高了故障处置效率，降低了工厂运行风险，提升了管理水平（见图 3-5）。

图 3-5　设备故障快速定位递进关系图

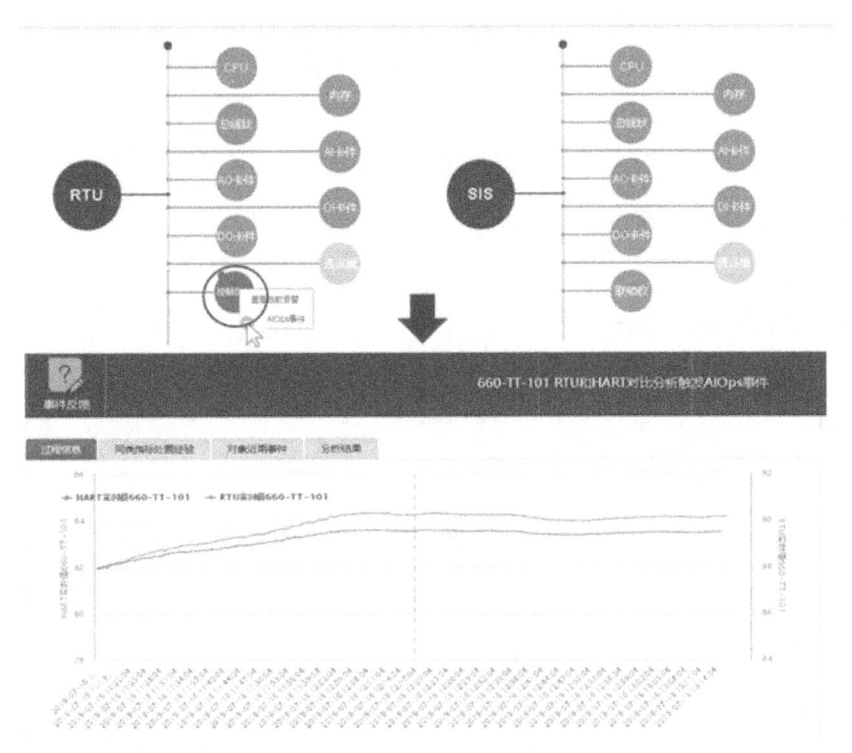

图 3-5　设备故障快速定位递进关系图（续）

3.5　天然气开发行业的大数据分析方法

3.5.1　天然气开发风险预防性分析方法

1. 基于物理模型的方法

基于物理模型的方法使用残差值作为特征值，残差值通过对两组来源不同的数据不断进行检测对比而获得，这两组数据分别来自物理设备传感器和计算规则模型。这类方法的重点在于克服数据扰动、噪声和模型误差的影响。当偏差超出预设值时，判断研究对象可能出现异常。

2. 基于知识驱动的方法

专家经验在天然气领域各个子系统中均有多年积累，在处理以往工程问题时也发挥了一定的作用。近年来，解决天然气工业问题的人工智能模型越来越倚重专家对问题本身的知识和经验判断。其建立过程包含知识获取、知识表述和模型确立三部分。其中，知识获取是最困难的部分，模型质量在很大程度上取决于专家知识的准确程度。

对专家知识、经验进行整理并遵循一定规则表达出来，可以是特殊规则、启发式规则等，也可以通过逻辑处理器将这些规则串联成规则链。已建立的专家系统不能处理规则未涵盖的新情况。

3. 基于数据驱动的方法

数据挖掘是从大量不完整的、有噪声的、模糊的数据中提取某个特定数据投影中的信息，甚至知识。数据挖掘过程是以历史事实为基础的，通过分析数据表象，寻找辅助生产管理决策的规律的过程。

基于数据驱动的方法具体包括人工神经网络算法、遗传算法、粒子群算法、大数据分析算法、数理统计方法等。近年来，这类方法获得了越来越多的研究，目前在天然气工业领域已有较多成功案例。

目前，在天然气工业领域各大场景中，人工神经网络（ANN）是使用频率最高的数学工具之一，它通常由输入层、隐含层（多层）、输出层构成，每层由有限个神经元构成，这些神经元通过彼此的连接作用，自适应获取各个影响因素对核心关注指标的数字化影响权重，从而建立对核心关注指标的预测模型。现有神经网络种类繁多，主要区别在于神经网络的拓扑结构及信息流传递方式。

通过使用历史数据训练神经网络，可以在ANN一系列的输出和输入之间构建结构复杂的回归函数，常见的训练方式包括有监督学习和无监督学习。有监督学习通过一系列特定输入输出关系，得到预测模型。无监督学习主要用于输入数据的分类。

ANN在预测领域主要用于物理模型状态拟合，并在此基础上通过数值估计和实际运行绝对差比较，来分析研究对象的失效特性和趋势偏离。建立ANN模型不需要先验经验和概率统计模型，能够简化模型集成过程。传统方法难以解决的问题，如非线性、高阶、时变动态系统等，都可以建立ANN模型。并且，可以通过对模型参数的调整，增强模型的容错能力，随着数据的积累，能够进一步提高模型预测精度。

一个设计良好的ANN模型能够快速、精确地在线完成分析工作，但如何才能建立一个良好的 ANN 模型呢？需要解决以下两个问题。

（1）基于业务理解，找到真正影响研究对象的要素指标，并进行数据清洗、空间降维、归一化等前期准备工作。

（2）根据实际需求，找到最合适的训练数据，让模型能够"见多识广"。多数情况下，需要在模型训练阶段主动调整各种工况，获取用于训练模型的动态工况数据。

遗传算法、粒子群算法等寻优算法，在天然气工业领域大多用于寻找最优解。目的是利用已建成的 ANN 模型，在寻优算法的帮助下，找到最优化的操作方案，多用于天然气处理装置运行参数优化。

3.5.2 设备性能退化分析方法

1. 支持向量回归

在气井场站或天然气处理工厂，会消耗一定量的备件和耗材，这些部件的性能退化规律通常是非线性的，而且往往只有小样本的学习数据。如何对此进行建模分析呢？基于统计学的支持向量回归是一种合适的方法。

现阶段，支持向量回归（SVR）已经在工业领域得到了广泛应用，如回归分析、函数分析和时间序列预测等方面，主要应用于设备退化建模问题。由于在实际生产情况下备件消耗频率较低，一般只有较小的数据样本，在此情况下建立退化模型，必须考虑 SVR 的性能，需要利用核函数和遗传算法进行模型参数的优化比较，以保证最终预测模型预测的准确性和泛化能力。

2. 核函数

选择合适的核函数带来的好处非常多，它的本质虽然是对数据增加维度，但因为它本身只是一种非线性的变换关系，并没有增加维度的特性，所以能大大减少在高维空间里的计算量。它通过将输入空间映射到高维特征空间，解决各种低维空间中的线性不可分问题。

常用的几类核函数如下。

- 线性核。
- 多项式核。

- Sigmoid 核。
- Gaussian 核。

3. 主要思路

用支持向量回归模型进行失效曲线建模和剩余寿命预测的思路如下：首先，选择合适的核函数（如 Gaussian 核），并确定 SVR 模型中的参数；然后，将训练数据（部分样本数据）代入模型，并求解得到失效曲线模型；最后，用失效曲线模型对未来时刻的失效量进行预测，结合失效报警值，预计失效的最终时间，减去当前时间可得到设备的剩余寿命。

由 SVR 模型的原理可知，确定核函数类型后，不同的敏感参数和惩罚参数会影响模型经验风险和泛化误差，需要在实际的训练运算中对这些参数进行优化调整，以保证所建立的模型具有较高的预测精度和很好的泛化能力，避免"过学习"现象。

由于遗传算法（GA）具有良好的全局搜索能力，这里用 GA 对模型参数进行优化。用 GA 进行参数优化与普通神经网络训练和预测计算类似，也是先选取一部分数据学习，将剩下的数据用于验证。GA 可以根据其自身的适应度函数值反复迭代寻找全局最优解。在 GA 找到最优解后，将最优参数代入 SVR 模型，并用全部数据样本训练求解，最后得到的非线性回归函数就是设备失效曲线模型。

4. 退化模型举例

以气井场站常见的设备过滤分离器为例，在日常生产过程中，其过滤和分离性能指标 y 会随着运行时间 t 呈现出递减的变化趋势，当指标 y 达到 σ（报警阈值）时，设备性能失效。在设备运行时间内，对指标 y（系统压降）一共进行了 n 次测量，得到设备的历史性能退化数据样本。然后，根据这 n 个数据样本，结合 SVR 构造出 y 关于 t 的函数。

3.6 天然气开发行业的大数据分析案例

3.6.1 应用场景

1. 工艺参数异常监控对象

对于气田前端开发而言，核心目标是追求生产系统的安全、稳定运行，在工艺操作条

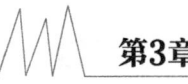

件不变时,最关注以下参数的异常波动。

- 产量异常波动。在工艺主动控制参数不变时,天然气产量大幅波动,可能原因是节流阀工作异常、天然气输送管道存在段塞流(伴随压力波动)、下游管道系统压力突变。具体是什么原因,需要专家系统根据产量波动时的数据表现做进一步逻辑判断。
- 井站节流压力短时间大幅波动。在工艺主动控制参数不变时,天然气压力大幅波动,对比需要重点关注,防范可能的设备失效故障。
- 井站节流压力缓慢攀升或下降。在工艺主动控制参数不变时,天然气压力缓慢攀升或下降(与压力测点工艺位置有关),需要防范冰堵风险。
- 井站分离器压降异常。分离器压降会随处理气量动态变化,在动态变化中找出异常,用以判断丝网填料是否失效或需要更换。

2. 优化药剂用量

日常生产中,药剂一般采用定量加注方式,该方式的好处在于保持全量加注,能够满足工艺需要,操作非常简单。气田设备运行受到环境条件、操作负荷等诸多因素的影响,为适应各种工况,设计时通常选择最恶劣的工况作为设计依据,设计加注量通常过多,造成药剂大量消耗,同时可能造成一定环保问题。最佳方式是根据工况需要动态分析药剂加注量,气田常见的药剂用量动态分析场景如下。

- 水合物抑制剂用量智能计算。
- 腐蚀抑制剂用量动态计算。
- 消泡剂用量智能计算。

3. 耗材残余使用寿命分析

对于以滤材、润滑油为代表的耗材,日常生产中需要判断其残余使用寿命,需要关注历史工况和当前工况两方面因素。气田常见耗材残余使用寿命分析场景如下:

- 过滤元件使用寿命预测。
- 润滑油使用寿命预测。
- 换热器清洗时间预测。

大数据分析系统可以通知操作人员及早做好检修预案,确保在短时间内完成更换工作,避免长时间停产。

4. 压缩机故障监控

往复式压缩机作为气田集输系统核心设备之一，具有单体设备投资高、维护成本高、停产损失大等特点。由于压缩机通常设置在较为偏远的地区，一旦发生部件损坏导致的停机，就需要较长救援时间，而且会导致连锁反应。

- 压缩机前端气井可能被迫停产或燃气放空。
- 压缩机后端外输压力可能被迫下降。
- 并联的其他压缩机将被迫提高负荷，会缩短压缩机气阀寿命。

设备管理部门期望通过有效的管理手段，提前准确发现设备故障，节省压缩机救援时间，提高管理水平，减少停产时间。

5. 管网泄漏监控

气田内部集输管网的安全是保障生产的重点内容之一。例如，四川盆地天然气产区是典型的高含硫气田，具有高压、高腐蚀性、剧毒的特性，一旦管道泄漏，后果将不堪设想，需要大数据系统进行全面感知和分析记录。目前先进的监控方案多采用声波发射技术+神经网络法+无人机巡检方式，大数据监控系统将进行全面监控和动态展示，使气田管理者全面掌握管道系统运行状态。

6. 仪表可信度智能监控

仪表可信度分析包括"联锁仪表"和"控制仪表"两部分。经统计，计划外停产中有相当一部分是由仪表问题造成的，因此需要对仪表可信度进行分析。仪表可信度分析主要包括：

- 仪表 Hart 温度分析；
- 仪表通信线路干扰分析；
- 稳定操作状态下，仪表读数跳跃监控；
- 仪表读数短时波动率异常监控；
- 多点位仪表对照分析。

通过多维度分析，可以判断仪表可信度，为气田安全运行提供基础设施可靠性保障。

7. 远程就地控制设备智能监控

天然气开采环节大量采用远程就地控制设备进行自动化无人值守操作（RTU、SIS），传统方式无法对此类设备进行第三方监控。大数据分析系统主要从以下方面进行分析。

- CPU 占用率动态分析。
- CPU 温度动态分析。
- 内存占用率动态分析。
- 扫描周期动态分析。
- 板卡状态智能分析。
- 上位机通信智能监控。

通过对远程就地控制单元关键组件进行实时分析，可以快速定位故障，甚至提前发现可能存在的设备风险，避免控制单元卡死、误动作、硬件损坏对生产造成风险。

8. UPS 智能监控

UPS 需要为各个井站提供稳定、可靠的能源保障。但 UPS 自身结构复杂，每一个环节都可能造成 UPS 故障，进而对生产安全产生隐患。对于 UPS 的分析包括以下方面。

- UPS 散热系统智能监控。
- 全部 UPS 内部温度实时排序。最佳环境温度是 20~25℃。虽然温度升高会使电池放电能力有所提高，但付出的代价是电池的使用寿命大大缩短。据试验测定，环境温度一旦超过 25℃，每升高 10℃，电池的使用寿命就会缩短一半。
- 整流后电压波动趋势智能监控。
- UPS 逆变器监控（切旁路监控、输出相频率监控）。
- UPS 变压器智能监控。
- 输出相电压长期趋势监控。
- 输出相电流不平衡度复合规则监控。
- 电池掉电复合规则监控。
- 电池放电次数统计监控。
- 电池使用时间统计监控。

通过大数据分析系统对 UPS 核心指标进行实时分析，可以预防 UPS 自身故障，延长

UPS 使用寿命，为井站安全生产提供基础保障。

9. 第三方设备通信智能监控

日常生产中，第三方设备（如 UPS、空压机等）采用 Modbus 协议通信，如果设备失联，将很难察觉，因此需要实时判断通信是否正常。对频繁波动的多个指标进行监控，一旦发现多个指标停止波动，大数据系统将发出告警。

10. 微小故障智能监控

通过创建针对具体问题的深度学习模型，实现对场站生产运行设备的预警。在实际监控过程中部分低级别早期风险告警可能出现自我恢复现象，但这并不意味着设备自身绝对安全。监控系统上线一段时间后，通过系统动态统计功能，可直接定位出哪台设备频繁出现哪一类微小故障，检修人员可针对这部分频发问题开展针对性检修工作。相较传统抽查方式，这种方式能让检修人员的工作更有针对性，并且效率更高。

11. 流程设备安全风险智能分析

在天然气处理环节中，处理工艺复杂，流程设备众多。以换热器内漏监控为例，神经网络通过学习换热器历史数据，能够在波动工况下预测当前换热器出口温度、压力等指标，通过与实时操作数据进行比对，能够及时找出换热器内部早期泄漏，规避生产风险。

12. 工艺最优化运行操作点智能分析

对于天然气处理环节而言，在追求生产系统安全、稳定运行的同时，还要关注工艺参数是否处于最佳操作点。由于处理厂流程复杂，工艺处理方案较多，以下仅列举部分典型大数据应用场景。

1）提高 LPG 回收装置的 LPG 产率

LPG 回收装置用于将天然气中的高附加值产品（LPG、稳定凝析油）从天然气中分离出来，以采用丙烷制冷分离工艺为例，制冷温度设定值将决定该回收装置的能耗及各种产品产率。如何让工厂效益最大化？需要结合当地电能价格、原料气温度、环境温度、LPG 产品价格、制冷能耗、产品收率等多个技术指标进行综合分析判断，找到工厂效益最大化方案。

2）溶剂发泡倾向预测

天然气处理过程要用到各类溶剂吸收工艺，如氨法脱硫脱碳、湿法脱水等。由于溶剂在系统中反复使用，可能受到污染，也可能在反复再生过程中产生降解，其中的杂质会导致溶剂出现发泡倾向，进而产生液泛。传统方式是定时定量加注消泡剂，或者在出现液泛时定量加注消泡剂。这种方式的问题在于溶剂系统内累积消泡剂可能进一步加剧发泡，还会造成药剂浪费。可通过神经网络学习溶剂吸收、再生过程的关键指标，预测未来一段时间内可能出现的液泛风险，做到"无病不吃药，有病按病情开药"，在避免消泡剂滥用的同时，确保生产安全稳定运行。

3）克劳斯硫磺回收装置收率预测

对于某些酸气浓度、流量波动频繁的工厂而言，最终尾气排放控制较难，主要原因在于目前采用的控制方案存在一定滞后。通过神经网络学习硫磺回收装置运行数据，可以预先判断进入硫磺回收装置的酸气条件应采用何种参数方案，从而将污染物排放降到最低。

3.6.2 天然气水合物大数据预测应用案例

在天然气开采环节中，从地下采出的天然气均伴有大量气田水，若压力、温度、出水量等达到天然气水合物形成条件，则会产生阀门、管道冰堵（天然气水合物堵塞），造成井站被迫停产。传统方法是向可能形成水合物的工艺点加注水合物抑制剂（如甲醇），但通常考虑到最恶劣条件，加注量都较大，存在浪费的现象。

工艺专家通过分析认为影响天然气水合物形成的因素包括：

- 天然气组分；
- 天然气操作压力；
- 天然气操作温度；
- 气田水产量；
- 环境温度；
- 其他工况指标。

井站工艺参数被存入传统生产管理实时数据库，大数据分析系统直接从生产管理实时数据库读取各项需要分析的指标参数。

由于现场不可能通过试验获取各种复合工况下的水合物形成条件，因此，分析对象的训练数据是由工艺专家通过现有数值模拟系统提供的。此外，工艺专家为模型专门设计了"安全垫规则"，即在时间、用量上均留有足够的安全余量。将训练数据导入模型进行训练，本案例采用 BP 神经网络，训练速度下调系数为 1，最大训练次数为 3 000 次，实际训练 1 600 次左右，训练精度为 1×10^{-5}。

大数据分析系统通过在线分析，根据实时工况给出最为经济合理的注醇量建议，图 3-6 为某井站大数据系统动态注醇量建议与传统注醇量的对比。

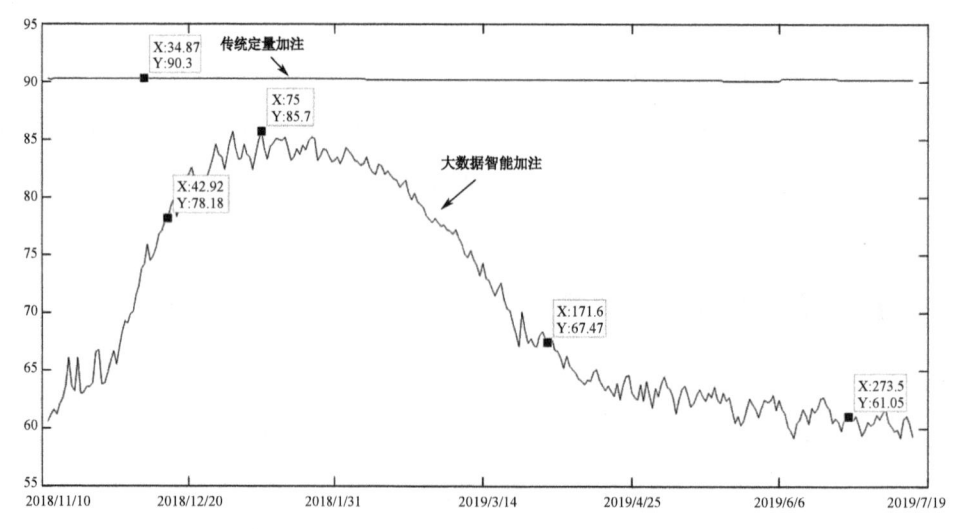

图 3-6　某井站大数据系统动态注醇量建议与传统注醇量的对比

从图 3-6 可以看出，传统方式是定量注醇，但相当一部分工况并不需要全量注醇。智能注醇可根据工况需要进行实时运算，优化操作参数，节约成本。

3.6.3　压缩机故障大数据预防性监控应用案例

往复式燃驱压缩机作为气田集输系统的核心设备，具有单体设备投资高、维护成本高、停产损失大等特点。气阀损坏是压缩机中出现最为频繁的故障，约占全部故障的 60%，由于压缩机通常设置在较为偏远的地区，一旦发生气阀损坏导致的停机，就需要较长救援时间。传统单指标上限告警方式只能在设备发生严重故障时发出告警，气田设备管理部门期望通过有效的分析手段，提前准确发现气阀的故障，节省压缩机救援时间，提高气田管理水平。

压缩机具有较多运动部件，监控指标种类、数量较多，需要压缩机专家首先简化物理模型，提取可能用到的技术指标。压缩机专家根据经验总结，认为压缩机排气温度异常升高意味着气阀可能存在故障。但引起排气温度升高的因素很多，具体如下。

- 压缩机转速。
- 压缩机进气压力。
- 压缩机排气压力。
- 压缩机入口温度。
- 环境温度。
- 其他压缩机内部工况指标。

压缩机自身携带大量检测传感器，设备管理部门通过工业物联网将压缩机运行参数全部上传至物联网实时数据库。此外，将压缩机外部工艺参数存入传统生产管理实时数据库。大数据分析系统同时从物联网实时数据库和生产管理实时数据库读取各项指标参数。

经过必要的数据预处理后，首先由压缩机专家对数据进行初步筛选、标记，找到能够表征设备正常工作的数据。然后，由数学工程师通过核主元分析（KPCA）方法对数据进行降维优化。最后，将数据导入模型进行训练，本案例采用全连接神经网络，网络输入层传递函数为 logsig 函数，隐含层传递函数为 tansig 函数，输出层传递函数为 purelin 函数。训练速度下调系数为 0.8，最大训练次数为 7 000 次，实际训练 3 500 次左右，训练精度为 1×10^{-5}。经过一段时间的数据训练后，对压缩机气阀故障预测模型进行测试，具体表现如图 3-7 所示。

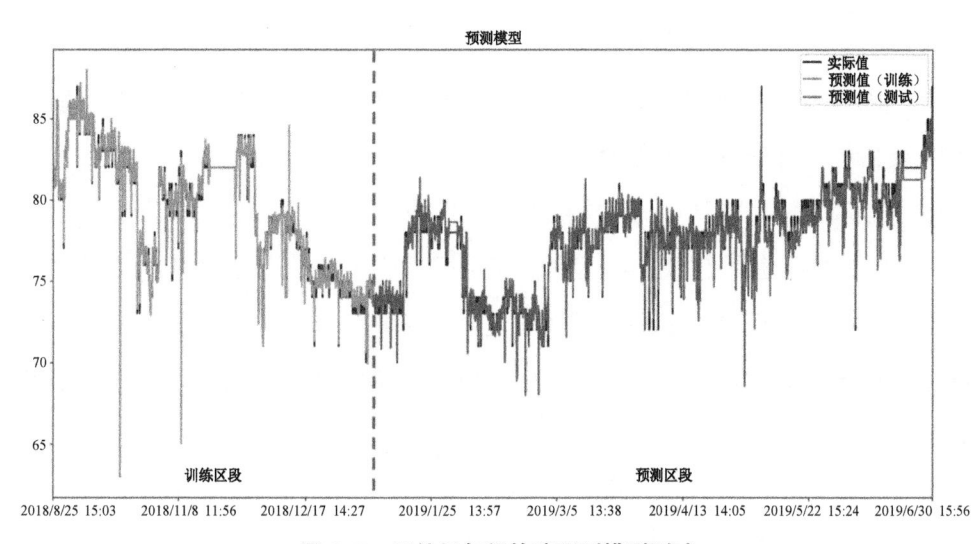

图 3-7　压缩机气阀故障预测模型测试

可以看出预测最大偏离小于 0.8%，可以认为该模型具有很高的预测精度。

大数据分析系统通过在线分析，于 2018 年 11 月中旬发现了一段明显的气阀表现异常数据，并及时通知现场检修部门注意。现场检修部门经过一段时间的观察，评估认定该气阀确实存在部件异常，在停产检修后数据表现恢复正常，具体如图 3-8 所示。

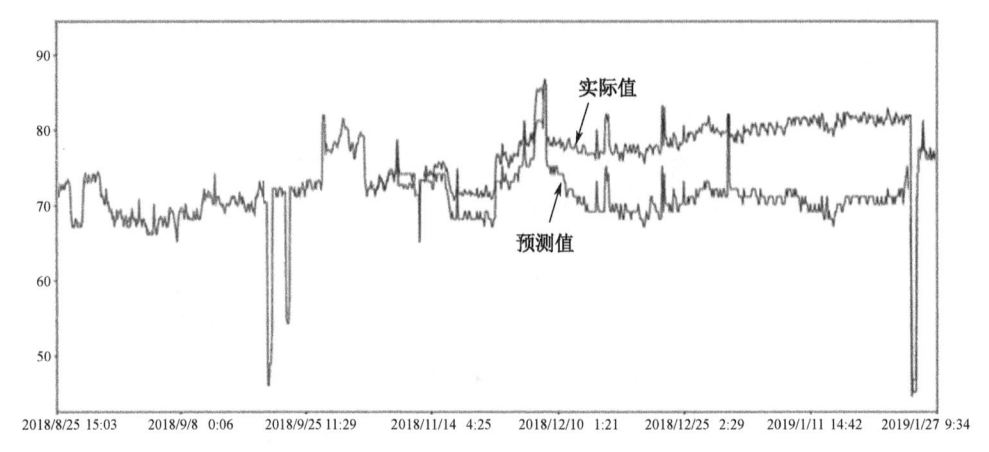

图 3-8　压缩机气阀故障预测模型告警

3.6.4　换热器早期泄漏大数据监控应用案例

换热器是天然气处理环节中的重要过程设备，具有局部热应力集中、介质流速高、展开面积巨大等特点。一旦出现换热器内漏，可能造成溶剂污染，甚至爆炸风险。而截至目前，并没有很好的监控换热器内漏的手段。设备管理部门期望通过有效的分析手段，找到换热器早期内漏，提前做好安全检修计划，保障工厂安全平稳运行。

换热器具有较多细分门类，以冷箱为例，可能出现 6 个甚至 10 个流道。由于计算热平衡需要，换热过程通常较为复杂。管壳式换热器通常有 2 个流道，换热过程相对简单，但没有定量分析，也难以看出换热器是否出现少量内漏。换热器专家根据经验总结，认为换热器低压侧介质出口温度异常意味着可能存在内漏。但引起低压侧温度变化的因素较多，具体如下。

- 流道 1 入口压力。
- 流道 1 入口温度。

- 流道1入口流量。
- 流道1出口压力。
- 流道1出口温度。
- 流道2入口压力。
- 流道2入口温度。
- 流道2入口流量。
- 流道2出口压力。
- 流道2出口温度。
- 流道3入口压力。
- 流道3入口温度。
- 流道3入口流量。
- 流道3出口压力。
- 流道3出口温度。
- 其他流道数据。

换热器内漏分析的主要分析对象为工艺参数,大数据分析系统直接从生产管理实时数据库读取各项指标参数。

与压缩机监控类似,首先由换热器专家对数据进行初步筛选、标记,找到能够表征设备正常工作的数据。然后,由数学工程师通过核主元分析(KPCA)方法对数据进行降维优化。最后,将数据导入模型进行训练,本案例训练速度下调系数为0.8,最大训练次数为5 000次,实际训练1 300次左右,训练精度为1×10^{-5}。

大数据分析系统通过在线分析,于2018年11月下旬发现了一段明显的换热效果异常数据,并及时通知现场检修部门注意。现场检修部门经过一段时间的观察,评估认定换热器出现内漏,造成换热效果异常。换热器内漏预测模型告警具体如图3-9所示。

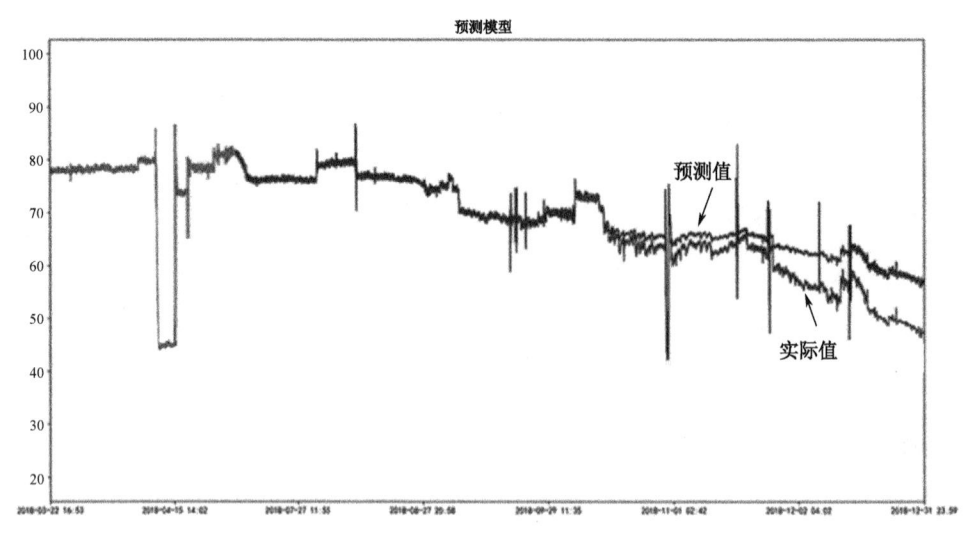

图 3-9　换热器内漏预测模型告警

3.7　总结

通过天然气开发行业中的大数据分析应用，在天然气水合物预测、关键机组故障预测方面获得了初步成功和收益。未来需要采用创新的思维方式和行动模式，使系统效率更高、生产力更强、响应更快，为气田装上"最强大脑"，建成智慧气田。大数据可以帮助建立一个更有效的组织模式。这种模式将更有效地配置人力资本，减少天然气行业面临的供需不平衡现象。

在油气田数字化、智能化建设及国产化大潮的推动下，国内气田数据服务商的业务水平及质量将实现快速提升。未来气田人工智能将在数据采集、分析场景、数据分析三方面实现飞跃式增长，尤其是大数据分析预测模型的泛化能力提升后，可以将更复杂多变的实际工业场景纳入其中，让智能分析成为触手可及的工具。

第 4 章 炼油化工行业的大数据分析

4.1 炼油化工行业信息化现状

炼油化工（简称"炼化"）是流程工业的重要组成部分，在国民经济的发展中发挥重要作用，是我国的支柱产业之一。炼化企业信息系统体系架构主要分为生产操作控制（PCS）层、生产运行管理（MES）层、企业资源计划（ERP）层，以及企业信息门户（EIP）层。

PCS 层以设备综合控制为核心，涉及控制技术、接口技术、自动化相关技术和生产、机动设备、安全等专业的基层业务系统。它提供了装置、车间的实时数据、状态信息、控制参数等底层信息，通过 OPC、DDE 等通用接口及其他数据采集方式为上层信息系统提供基础数据。炼油化工生产属于连续性生产，生产线自动化程度较高，DCS、PLC 系统已成为炼化企业的主要控制手段。

MES 层以优化管理、优化运行为核心，包括工厂基础信息管理、实时数据库、实时数据库应用、实验室信息管理系统、生产计划与排产、运行管理、物料平衡与收率计算、物料移动管理、公用工程、生产统计、生产运行信息平台等模块。从 PCS 层中提取 MES 需要的数据，形成统一的生产数据平台，通过关系型数据库实时进行生产物料统计，为 ERP 提供数据支撑，为准确决策提供依据。

MES 作为控制层与管理层之间的纽带，完成从生产命令下达到生产统计的整个生产过程的管理，并实时地将生产过程信息反馈给 ERP 及其他信息系统，从而将生产活动信息与管理活动信息有效集成。

MES 成效具体体现在以下几方面。

（1）通过生产数据的实时上传，实现了高效、透明的生产监控，保证了装置的平稳运行。

（2）运行管理和生产流程标准化，促进了生产班组按章操作，保证了生产安全可控。

（3）提高了生产管理的实时性、准确性和可视化水平，提升了生产管理效率。

（4）对生产业务流程进行梳理、统一和改进，提高了生产运行管理效率。

（5）实时监控、过程记录功能，使操作人员能更加快速、准确地识别生产中的危险情况。

（6）规范了一线人员的生产操作，帮助操作人员养成安全习惯，为员工、企业、社会带来了较大的安全效益。

（7）促进了企业的节能减排工作。

ERP 层包括财务管理、物流管理、销售管理、生产管理、工厂维护、项目管理、人事管理等模块，集成企业的关键信息和数据，建立以财务为核心、一体化、符合内部风险控制要求的经营管理平台。它以成本控制为中心，实现物流、价值流和信息流的统一，做到信息透明、资源共享。

EIP 层是以企业信息门户为代表的企业信息表现层。它集成了 PCS（如机组状态检测）、MES（如 LIMS 数据查询）、ERP 三个层面的信息系统，以及办公自动化、合同、邮件、OA、视频会议、档案等管理信息系统和生产技术管理、QHSE 等业务信息系统，为上述信息系统提供规范、安全、统一的入口。

我国炼油化工企业十分重视信息化与工业化的融合，将信息化作为企业发展的战略抓手之一，在信息基础设施、信息系统、信息化管理等方面取得了显著的成果。这些企业积累了大量的数据资源，梳理和优化了业务流程，规范了企业管理和执行体系，提高了经营决策能力。

但总体来说，我国炼化企业在信息化方面与欧美先进炼化企业相比还存在很大差距。例如，在当前的工业化阶段还没有完全做到 100%的自动化。各炼化企业均建设了非常多的系统，如集散控制系统、先进控制系统、实时优化系统、实验室信息管理系统、作业排产和调度系统及企业资源计划等。但这些信息化系统是相对独立的，大多数企业信息都缺乏统筹规划，尤其是 DCS、MES 及 LIMS 这三个生产系统，并未实现有效的数据融合，更多的还是依赖工程师（人）作为桥梁，这也导致了信息化与工业化未能充分融合，没能完全发挥出二者的整合效益。

总体而言，我国炼化行业信息化建设与先进国家相比还存在一些差距，具体表现在以下几方面。

- 产品专利方面：在流程模拟、先进控制和过程优化技术等应用领域，缺乏具有自主知识产权的产品，关键技术严重依赖国外相关厂商，未来可能存在一定的信息安全隐患。应鼓励国内厂商尽早推出具有自主知识产权的产品。
- 人才方面：缺乏高端信息技术应用人才。企业需要一批既懂业务，又懂信息技术的复合型人才。缺乏高端复合型人才，导致信息系统的建设没有达到应有的水平，投入后没有发挥应有的效益。

如今，以智能化为特征的工业 4.0 革命正在形成新的生产方式、产业形态、商业模式和经济增长点。智能工厂建设将是炼化企业转型发展的必经之路。炼化企业要善于借助先进制造与网络技术、大数据、云计算、人工智能等新一代技术，推动炼化生产经营与管理再上一个新台阶。具体来说，一是要做好管理、科研、生产、销售、物流等各环节的信息化集成，实现整个供应链的协同运行；二是要加快智能工厂建设试点示范，积累推广经验；三是要积累丰富的内外部数据资源，通过大数据挖掘，在研发、生产、销售、物流与市场动态变化之间建立快速、准确的响应机制，促进生产型制造业向服务型制造业转变。

4.2 炼油化工行业的大数据分析需求

4.2.1 油田勘探与生产制造环节

1. 油田勘探

在油田勘探领域，大数据技术可以被广泛应用于勘探开发分析、油气完整性分析、运行效率分析、生产过程监测、油气价格预测分析、地震数据分析、钻井分析、实时作业决策支持、产量预测分析、提高采收率分析、安全行为分析等。

2. 生产制造

主要有智能生产、生产流程优化、设备预测维护、生产计划与排程、能源消耗管控等应用。

1）智能生产

采集生产线和生产设备的数据,通过无线通信传送到互联网,对生产过程进行实时监控。控制数据同样经过快速处理、传递,反馈至生产过程中,将工厂升级成为可以被管理和自适应调整的智能网络,使得工业控制和管理最优化,对有限资源进行最大程度的利用,从而降低工业和资源的配置成本,使生产过程能够高效地进行。

2）生产流程优化

借助大数据技术,对工业产品的生产过程进行建模仿真。当所有流程和绩效数据都能在系统中重建时,这种透明度将有助于优化生产流程。

3）设备预测维护

建立大数据平台,从现场设备状态监测系统和实时数据库系统中获取轴承振动、温度、压力、流量等数据,然后构建基于规则的故障诊断、基于案例的故障诊断、设备状态劣化趋势预测、部件剩余寿命预测等模型,通过数据分析进行设备故障预测与诊断。例如,某石化企业通过大数据技术实现了对数据的实时分析计算,将设备故障诊断和趋势预测等功能的延迟控制在5秒之内;利用大数据分析自动生成检修维护计划,保证了设备维护更有针对性,减少了"过修"和"失修"现象,节省了成本。

如图4-1所示是基于知识的设备集成管理平台,利用大数据技术建立综合设备机械性能、工艺参数、操作规范、润滑保养、生产能力、维护成本等因素的设备可靠性及经济性评价模型,使设备管理实现科学化和经济化。

4）生产计划与排程

收集客户订单、生产线、人员等数据,通过大数据技术发现历史预测与实际的偏差概率。考虑产能约束、人员技能约束、物料可用约束、工装模具约束,通过智能优化算法,制订排产计划,并监控计划与现场实际的偏差,动态地调整排产计划。另外,石化企业工况参数的变化必然引起工艺条件调整,调整的程度甚至会偏离设计额定的控制条件,大数据技术可以帮助建立多种工况条件下满足一定优化目标的平滑且动态优化的模型系统与工艺参数体系。

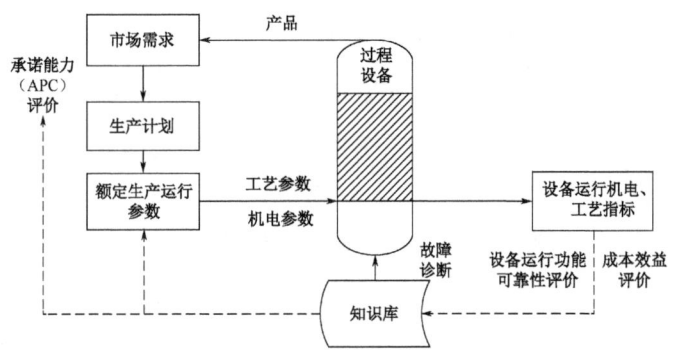

图 4-1 基于知识的设备集成管理平台

5）能源消耗管控

通过对企业生产线各关键环节能耗排放和辅助传动输配环节的实时动态监控管理，收集生产线、关键环节能耗等相关数据，建立能耗仿真模型（图 4-2），进行多维度能耗模型仿真预测分析，获得生产线各环节的节能空间数据，智能优化负荷与能耗平衡，从而实现整体生产线柔性节能降耗减排；此外，还能及时发现能耗的异常或峰值情况，实现生产过程中的能源消耗实时优化。

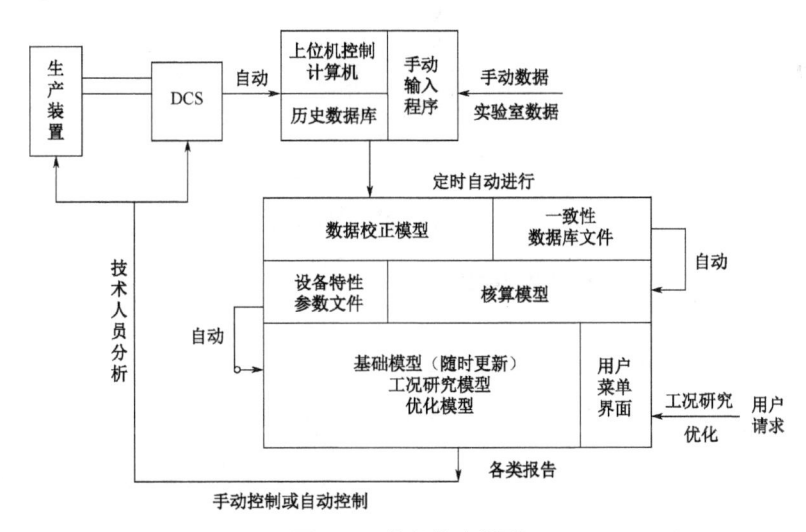

图 4-2 能耗仿真模型

4.2.2 研发设计环节

在研发设计环节，工业大数据应用主要有产品协同设计、设计仿真、工艺流程优化等。

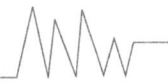

产品协同设计：利用大数据技术处理产品数据，建立企业级产品数据库，以便不同地域的组织访问相同的设计数据，从而实现多站点协同，满足工程组织的设计协同要求。

设计仿真：将大数据技术与产品仿真排程相结合，提供更好的设计工具，缩短产品交付周期。

工艺流程优化：应用大数据分析技术，深入了解历史工艺流程数据，找出工艺步骤和投入之间的模式和关系，对过去相互独立的各类数据进行汇总和分析，评估和改进当前操作工艺流程。

利用大数据技术，可以更好地规划实验方案，更科学地分析、总结实验结果，并更好地指导生产实践。图4-3是数据挖掘技术在新产品研发及工艺优化中的应用。

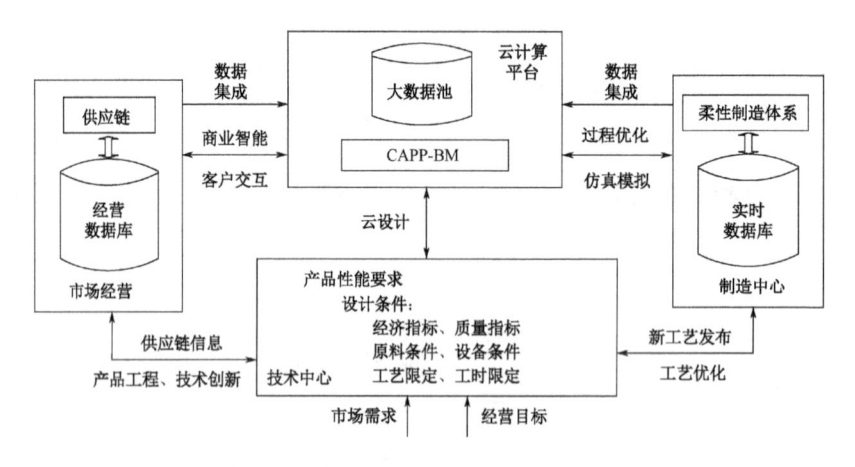

图4-3 数据挖掘技术在新产品研发及工艺优化中的应用

4.2.3 市场营销与售后服务环节

在市场营销环节，利用大数据挖掘用户需求和市场趋势，找到机会产品，进行生产指导和后期市场营销分析。建立用户对商品需求的分析体系，挖掘用户深层次的需求；建立科学的商品生产方案分析系统，结合用户需求与产品生产，形成满足消费者预期的各品类生产方案，优化用户体验。

在售后服务环节，通过搭建企业产品数据平台，采集产品数据，借助大数据技术，推动企业创新服务模式，从被动服务、定期服务发展成为主动服务、实时服务。

4.2.4 HSE 评价体系的需求

利用大数据技术建立基于 HSE 标准和企业效益最优化的评价模型和过程技术经济评价模型，在线完成生产系统运行的可靠性状态和安全等级评价，提出适当、可靠、经济的应急措施规划，形成优化控制策略。如图 4-4 所示是面向过程的危险源辨识及可操作性评价系统。

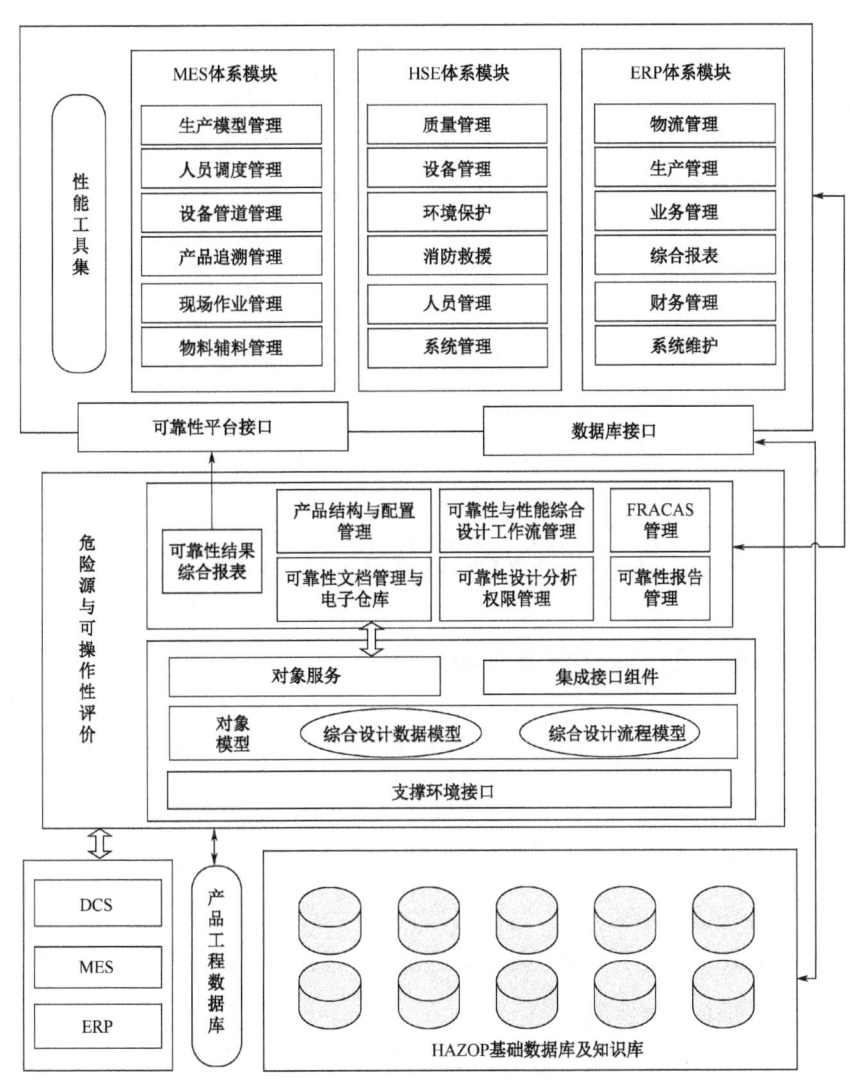

图 4-4 面向过程的危险源辨识及可操作性评价系统

炼油化工生产过程对于装置及外供条件的依赖度较高，而生产过程的稳定性、均衡性、满负荷性又是影响其经营效果的重要因素，这是一对结构性矛盾，大数据可以帮助决策者在诸多约束下实现最优化生产调度，关键是将决策者的经验与智慧模型化，如图4-5所示，是大数据条件下BI对业务的在线支持。

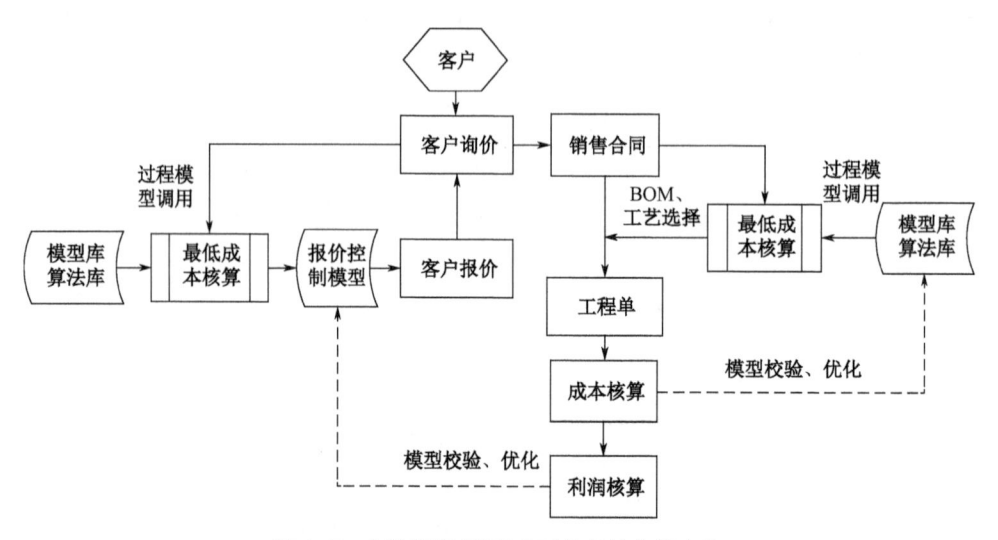

图4-5 大数据条件下BI对业务的在线支持

4.3 炼油化工行业的大数据来源与特点

4.3.1 炼油化工行业大数据来源

如前文所述，工业大数据从来源上主要分为管理系统数据、生产系统数据和外部数据。管理系统数据是指传统工业自动控制与信息系统中产生的数据。

生产系统数据是来源于工业生产线设备、机器、产品等方面的数据，多由传感器、设备仪器仪表进行采集。

外部数据是指来源于工厂外部的数据，主要包括来自互联网的市场、环境、客户、政府、供应链等外部环境的信息和数据。

炼油化工行业大数据来源与一般工业企业相比更为复杂，既有原料、中间产品、成品的物性分析数据，也有中间控制过程和生产管理过程数据。单就原料中的原油而言，每种原油的详细评价数据就多达两三百个。生产过程则更为复杂，各种不同类型的数据来自分布于炼化装置现场的各类检测仪器。如何对这些多源数据进行分析、处理和存储，成为炼油化工行业大数据应用面临的首要问题。

4.3.2 炼油化工行业大数据特点

炼油化工行业一直以来都是一个数据量快速增长、数据处理需求持续提升的行业。从上游企业的勘探开发，到下游企业的炼化销售，各类数据的采集、存储、处理和展示一直是企业生产经营过程中的重要环节。炼油化工行业大数据具有以下特点。

（1）数据体量大且分布广泛。

与汽车、高铁等离散制造业不同，炼油化工行业生产运营和自动化等各个环节持续实时产生数据，且分布于机器设备、工业产品、管理系统、互联网等领域。在炼油化工的加工过程中，从原料到中间馏分与产品，物性分析数据纷繁多样；在生产控制中，各装置单元的流量、温度、压力、液位数据每秒都在发生变化，按平均每套装置采集1 000个数据点，每10秒存储一个数据计算，即使经过数据压缩，一个大规模炼化集团每年也将产生几十TB的海量数据。

（2）数据类型多且结构复杂。

炼油化工生产过程中产生的数据种类众多，既有专业石油数据管理、井场信息传输标准语言（WITSML）等标准定义的结构化数据，又有地震解释等半结构化数据，以及工业视频、检测图像等非结构化数据，其中，非结构化数据占比较大。在炼化企业中，既有由DCS、RTDB系统产生的数据，也有由工业电视或监控系统产生的视频、音频、图像数据，还有由各个专业单元产生的大量文档资料数据，这些异构数据往往在某一个应用场景中同时被解析和利用，因此，需要按照数据治理要求对各类异构数据进行标准化处理。

（3）数据采集、处理的时效性需求多样化。

时效性需求有实时、半实时和离线三种。管理层级通常对时效性要求不高，而生产层级对时效性要求高。各类传感终端产生实时、连续的事件流，数据流处理系统必须快速对其进行响应，并及时输出结果。以钻井为例，电子数据记录仪、随钻测量仪、随钻测井仪、泥浆录井仪等设备都会高速产生实时数据流。

（4）显性和隐性知识混杂。

炼油化工行业中，大数据应用的核心是知识库。知识库中有两类知识。一类是能用启发式规则、数学模型等表达出来的显性知识；另一类是海量现场传感数据中蕴含的宝贵信息，包含了反映运行规律和运行参数之间关系的隐性知识。这两类知识都是帮助企业提高工作效率、降低生产成本、控制作业风险的关键信息。

（5）数据质量参差不齐。

在炼化企业中，由于炼油化工生产现场的环境比较苛刻，由此导致产生的各类现场数据质量参差不齐。在炼化工业大数据应用中，数据的甄别和分析往往占用了分析人员大量的时间和精力，成为影响大数据分析结果和效率的关键因素。

（6）与业务紧密结合。

不同于金融及消费类大数据，炼油化工行业由于有着特殊的行业技术门槛，大数据从业人员需要对所分析的装置或业务目标有充分的认知，才能在数据分析过程中规避各种干扰因素，发现潜在的优化路径。炼化从业人员也要充分接受大数据分析这一新型的优化工具，在确定优化方案之后认真执行，确保优化目标顺利达成。

此外，炼油化工行业大数据还有时序性、强关联性、准确性、闭环性等特征，在不同应用场景需要结合实际加以考虑。

4.4 炼油化工行业的大数据解决方案

4.4.1 炼油化工企业存在的问题

炼油化工企业信息化基础普遍薄弱，大多数企业需要从最底层的硬件设备开始进行改造提升，为后续大数据项目建设奠定基础。当前存在的典型问题如下。

（1）设备系统老旧，数据采集困难。

很多企业因各类原因存在部分老旧设备和系统，关键的生产数据无法采集。必须采用软测量技术或加装外置传感器，同时对采集到的生产数据进行实时汇集和监控，以全面感知生产。

（2）数据跨平台、跨部门整合耗时。

业务分析涉及多个数据源的整合，并且数据种类繁多、数据量大、数据质量参差不齐，甚至还涉及跨部门协调，审批流程烦琐，导致一些具有时效性的数据价值流失。必须建立持续的、类自动化的、全量的数据采集机制，以保证数据的价值被及时、有效地利用。

（3）缺乏规划导致应用系统竖井。

一般是业务驱动建设各信息系统，不重视或缺乏统一规划，容易造成应用系统竖井。数据重复采集、基础信息不一致，导致资源浪费、数据关联性差。必须全面进行大数据系统建设规划，对数据进行统一采集和管理。

4.4.2　工业大数据平台架构方案

在工业级大数据系统的建设初期，需要对系统的技术架构进行合理规划，并选择合适的技术方案。方案选择需要重点考虑数据采集和高效存储、数据计算引擎工具、系统安全性和稳定性及平台架构体系。

参照2016年工业互联网产业联盟发布的《工业互联网体系架构（版本1.0）》，图4-6给出了目前业界比较认可的工业大数据平台架构体系。

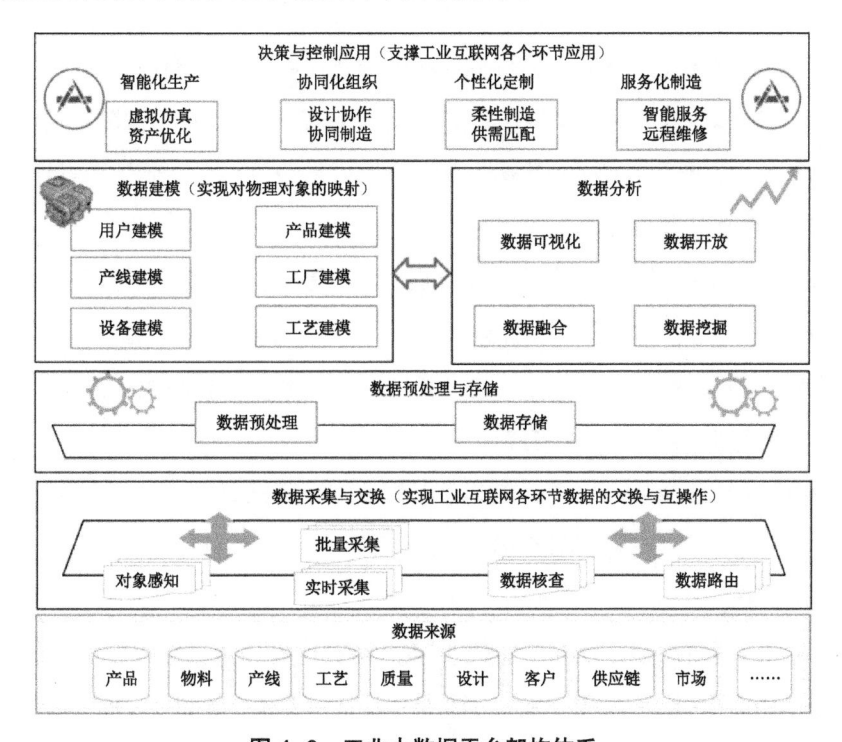

图4-6　工业大数据平台架构体系

工业大数据平台分为数据采集与交换、数据预处理与存储、数据建模与数据分析、决策与控制应用4个层次。对应的技术架构如图4-7所示。

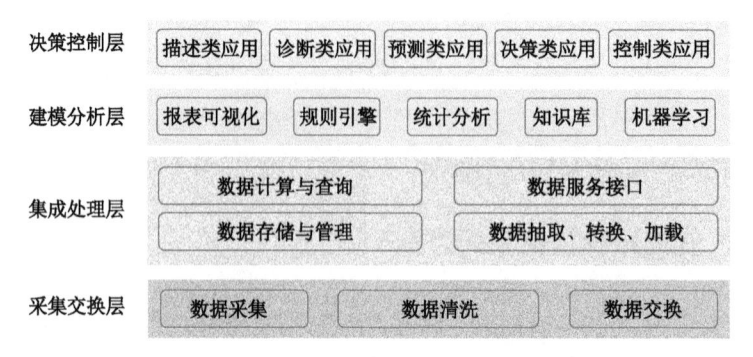

图4-7 工业大数据平台技术架构

采集交换层：从内部系统（传感器、SCADA、MES、ERP等）及企业外部获取数据，并实现系统间的交互。技术上，要提供对应的数据采集工具、数据清洗工具及数据交换工具。

集成处理层：将物理系统实体进行抽象和虚拟化，将清洗转换后的数据与虚拟制造中的产品、设备、产线等实体相互关联起来。从技术上实现原始数据的抽取、转换和存储管理，提供计算引擎服务，完成海量数据的交互查询、批量计算、流式计算等任务，并对上层建模工具提供数据访问和计算接口。

建模分析层：构建仿真测试、流程分析、运营分析等模型，为各类决策的产生提供支持。提供数据报表、可视化、知识库、机器学习、统计分析和规则引擎等数据分析工具。

决策控制层：基于数据分析结果，生成描述类、诊断类、预测类、决策类、控制类应用，形成优化决策建议或产生直接控制指令。

技术架构的实现涉及数据采集、数据存储和数据计算三类底层技术组件的选型。技术架构层与技术组件的对应关系如图4-8所示。

（1）数据采集。

企业要有统一的数据采集标准规范体系，确保数据采集的规范性、完整性、可靠性和可用性。数据采集方面需要重点关注数据接口通用性、广泛的数据源兼容性、横向扩展性、数据传输完整性和后续扩展性。管理系统数据、生产系统数据和外部数据是数据的三大来源。

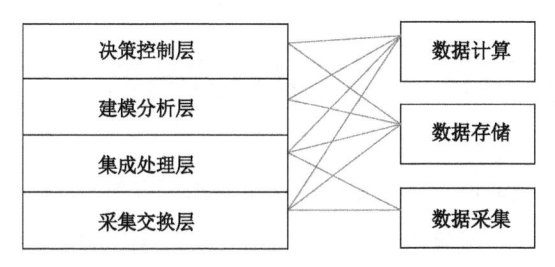

```
┌──────────┐        ┌──────────┐
│ 决策控制层 │        │ 数据计算  │
├──────────┤        └──────────┘
│ 建模分析层 │        ┌──────────┐
├──────────┤        │ 数据存储  │
│ 集成处理层 │        └──────────┘
├──────────┤        ┌──────────┐
│ 采集交换层 │        │ 数据采集  │
└──────────┘        └──────────┘
```

图 4-8　技术架构层与技术组件的对应关系

（2）数据存储。

数据源数量大、类型多，需要能适应各种数据的存储方式和场景，包括关系表、网页、文本、JSON、XML、图像等数据库。

- 实时监控数据展示。

对于这类实时性和互动性高的数据，一般采用 Redis、Ignite 等技术进行存储，可以快速响应实时的查询需求。

- 产线异常的分析与预测。

使用机器学习技术对产线数据进行深入挖掘，分析运行规律，一般选择使用 HDFS、Cassandra 等分布式存储技术。对于这类与时序强相关的分析场景，数据存储可以选择 InfluxDB 等时序数据库，以提高处理效率和节省存储空间。

- 商业智能（BI）。

如果要整合多种数据制作报表，可以采用关系型数据库，如 MySQL、Oracle 等。如果要考虑性能和及时性，可以采用 Cassandra、HBase、Redis 等数据库。

（3）数据计算。

通常要求能够支持多种任务，包括处理结构化表的 SQL 引擎、计算关系的图处理引擎和进行数据挖掘的机器学习引擎。

- 实时计算引擎，包括 Storm、Spark Streaming、Flink 等业界通用架构。
- 离线计算引擎，包括 MapReduce、Spark、Hive 等。
- 数据综合分析 OLAP，如 MPP 数据库。
- 业务交互查询 OLTP，如 MySQL、SQL Server、Oracle、PostgreSQL 等。

计算组件需要支持批量和实时类任务，同时具备精细化的任务和资源调度能力。

4.5 炼油化工行业的大数据分析方法

经过多年的发展，大数据分析商用软件与工具目前在国外很多炼油化工企业已获得广泛应用。但需要指出的是，没有适合所有企业、所有场合的分析软件。企业须结合自身业务实际，选择适合自身业务发展的分析软件或工具。有的项目可能只需要简单的电子表格，有的项目则需要多种大型软件和工具的组合。

美国大数据分析专家 Devenport 和 Harris 在他们所撰写的《分析学》一书中列举的分析工具包括：电子表格、在线分析处理、统计或定量算法、规则引擎、数据挖掘工具、文本挖掘工具、模拟工具、文本分类、遗传算法、信息提取、群智能。

总体而言，大数据分析工具通常非常复杂、程序密集，需要多种技能才能有效应用。按分析流程划分，大数据分析软件可分为查询与报告软件、在线分析处理软件、数据挖掘软件、可视化软件（包括"仪表盘"软件）。所谓数据"仪表盘"，主要指监控型信息显示。它的功能是展示"正在发生的"情况。例如，炼化企业分管生产安全的副总需要监控企业各危险源的实时状态信息，人力资源总监需要监控各个员工的 KPI 考核情况，销售总监需要监控每个业务员的绩效达标情况等。

大数据分析工具应具有磁性、灵活性和深刻性三大特征。磁性指该工具能抓取所有数据，不管其结构和质量如何；灵活性指该工具具有适应性和对不同数据的应变性；深刻性指该工具能支持传统的商业情报，以及机器学习和复杂的统计分析。Hadoop 被不少业界专家认为具有上述三大特征，从市场占有率来看，它也是目前最流行的大数据分析工具平台。

4.6 炼油化工行业的大数据分析案例

4.6.1 应用场景

炼油化工企业可将众多数据分析技术应用于战略决策、科技研发、生产经营和安全环

保等领域，从大数据资源中不断挖掘更多的财富和价值。

炼油化工行业大数据具有数据量大、类型多样、数据分散、结构复杂等特点，大数据技术在炼油化工企业的应用前景非常广阔。面对节能、新产品研发、两化融合等方面的挑战，应通过语义分析、元搜索引擎等大数据分析技术，完成信息搜索与采集、数据检索和智能分析，从数据深度关联、可视化查询、数据报告等方面，为企业实现决策智能化提供支持。

在上游的油气勘探开发领域，大数据技术可以被广泛应用到勘探开发分析、油气完整性分析、运行效率分析、生产过程监测、油气价格预测分析、地震数据分析、钻井分析、实时作业决策支持、产量预测分析、提高采收率分析、安全行为分析等科研和生产过程中。

在中游的炼油化工生产环节，大数据技术不仅在提高新产品研发水平、提升现场生产管理工作效率、节约生产成本方面具有良好的应用前景，而且对于企业安全生产、实现HSE管理目标也具有积极的意义。国内炼油化工企业安全生产隐患排查工作主要依靠人力，通过人的专业知识去发现生产中存在的安全隐患，这种方式极易受到主观因素影响，并且很难界定安全与危险状态，可靠性差；企业对于安全生产主要采取"事后管理"的方式，在事故发生后才分析事故原因、追究事故责任、制定防治措施，这种方式存在很大局限性，不能达到从源头上预防事故的目的。大型炼油化工企业建立的信息系统已经积累了海量数据，应对这些数据加以分析，对安全生产中有价值的信息进行深度挖掘，做到定时、定量分析，找出安全隐患产生的主要原因，找到内在规律，从而对症下药，预防事故发生。大数据分析将成为炼油化工企业安全生产的利器。英国石油公司（BP）就将大数据分析用于设备故障预测。根据经验模型在故障出现明显迹象前进行预测分析，在发现零件出错后进行振动监测，可监测到90%的设备故障。在采油厂安装无线传感器，通过全网数据采集，发现某些种类的原油比其他种类有更强的腐蚀性，这个发现让企业在设备和管线的使用上更加谨慎，使油品的传输过程更加安全。

在下游销售领域，大数据技术的主要应用场景包括油品损益分析、站级销售分析、营销活动分析、实时定价分析、销售市场预测分析、客户分析和关联商品分析。例如，壳牌石油公司在油罐管理上使用SIR实时数据分析（SIR是一种大数据统计分析方法，通过监测油罐内油品异常的运作波动来发现泄漏），减少潜在事故发生数量，及早发现问题，并有效减少误报所带来的损失。该项技术使每个加油站每年节约成本 4 000 美元。此外，壳牌石油公司还通过对移动设备、车联网的客户数据进行分析，向客户推送定制的服务消息；通过和阿里巴巴合作，对网上交易及社交数据进行分析，精确定位潜在客户，实现高达 70%的客户转化率；通过与银联合作，分析相关银行卡交易数据，明确公司的市场份额。

4.6.2 应用案例

1. 石化炼油技术分析及远程诊断平台

某公司利用石化炼油技术分析及远程诊断平台，实现了对企业生产过程、生产管理及 LIMS、MES 等系统产生的各种数据的综合管理，每年沉淀数据 300 多亿条，数据增量达到每年 17TB，经过十年以上的数据积累，最终构建了庞大的炼油工艺海量数据库，并由此奠定了大数据分析和应用的坚实数据基础。

该平台可实时对催化剂剩余寿命进行预估，对产品收率进行在线预测，评估装置的腐蚀风险等。该平台可实现网上巡检及远程事故诊断、炼油知识管理，并能沉淀专家知识和经验，以此来指导企业工艺生产操作，提升企业工艺技术管理水平。

2. 智能工厂大数据应用

A 公司基于大数据平台，利用 50 套催化装置约 50TB 历史数据开展装置报警分析，实现关键报警提前 1~2 分钟预警，装置报警数量减少 40%，为操作人员及时采取措施，规避生产风险争取了宝贵时间。

B 公司基于大数据平台，实现了业务信息集成共享、业务协同高效有序、生产优化动态调整，提高了资源配置优化水平，生产优化综合增效超亿元。

C 公司基于大数据平台，利用超过 11 亿条生产数据，对石脑油原料进行分析建模，建立操作样本库，指导工艺参数优化，使汽油收率提高 0.14、辛烷值提高 0.9，年增效 678 万元。

D 公司基于大数据平台，建立了能源优化模型，对全厂的蒸汽、电力等进行在线优化，综合平衡全局用能，促进了节能减排、降本增效，每年节约能源成本 700 万元以上。基于大数据平台实现覆盖全公司生产业务的调度指令在线流转体系,把计划、调度、操作由分段式管理转变为全程在线闭环式管理,生产管理效率显著提高,减少劳动工时 20 人/天,工作效率提升 15%。

E 公司利用大数据分析进行设备故障预测,每天对 27 个关键机组 216 个振动测点的约 300 万条数据进行采集和监测,实时获取机组振动、温度、压力、流量等数据,通过大数据分析,对设备状态进行评定,预测振动趋势,减少非计划停工。

3. 钻井作业中的套管卡管预测

用户:英国石油公司(BP)。

业务需求:钻井过程涉及许多复杂的大规模作业,对工程的精确性往往要求较高。以下入套管为例,当套管下入井中时,管柱在井内会受阻遇卡,这会引起钻井延迟,导致费用增加。

解决方案:基于预测模型,分析大钩负载、滑轮位置及下井深度等的关联关系,预测静摩擦事件的发生,这是卡管的前兆。IBM 开发了一个业务分析和优化策略,建立了基于数学算法的概率模型,通过分析历史数据,识别出与静摩擦事件相关的 230 个属性特征,帮助模型在作业过程中预测静摩擦事件。过去钻井公司主要依靠个人经验来操控向井内下管的作业,发现卡管时只能中止钻井作业查找问题,再修正管柱下入的角度。现在,可以利用模型精确预测卡管的发生。模型能在 5 秒内识别静摩擦事件,可以在卡管发生前校正管柱下入的角度。

效果:预测卡管准确度达到 85%,减少了卡管造成的成本浪费,陆上每口井为 50 万美元/日,海上每口井为 150 万美元/日。在阿布扎比的一组 50 口井的钻井作业中,借助大数据分析预测指导作业,节省了 5 300 万美元。

4.7 总结

炼油化工行业在我国国民经济中占有极其重要的地位,为了提高其在国际上的竞争力,很有必要引入新一代信息技术(包括大数据分析技术)。在知识经济、数字经济时代,这种

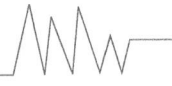

引入的意义尤为深远。

  总体而言，炼油化工企业开展大数据业务时，在统筹规划的基础上，一般可按"大数据、小场景、快见效、高回报"的策略，快速实现业务价值。在数据管理方面，要结合企业业务实际，建立大数据管理体系和架构（大数据的软硬件平台）；在数据分析方面，要研究数据挖掘、机器学习、模式识别等分析方法的应用；在数据处理方面，要研究分布式计算和存储技术、云计算技术等；在数据展现方面，要研究如何生动地展示数据和数据分析结果，如可视化、三维和虚拟现实等技术；在人才培养方面，要尽快培养能解决大数据问题的技术人才。

  随着云计算、物联网、人工智能、大数据等技术与石油石化产业的深度融合，这些新技术将不断推动传统炼油化工产业完成新旧动能的转换，实现更加全面的感知、更加快捷的反应、更加智慧的决策，塑造传统炼油化工产业的新未来。

第5章 化工行业的大数据分析

化学工业以化学反应作为主要生产活动。化学工业涉及的领域相当广泛，广义的化学工业包括化学原料及化学制品的制造、焦炭和精炼石油产品的制造、基本医药产品和医药制剂的制造、橡胶和塑料制品的制造、纸和纸制品的制造、基本金属的制造、其他非金属矿物制品的制造等，狭义的化学工业特指化学原料及化学制品的制造。

由于化工行业的生产过程经常在高温、高压、易燃、易爆、强腐蚀性的环境下进行，并且对自动化控制的要求十分高，因此，机械、电子、冶金等方面的技术在化工行业中得到了广泛应用。而化工行业的高技术特征，使得企业往往需要投入巨资购买与之相匹配的成套装置才能建成投产，因此，化工行业是典型的资金和技术密集型产业。另外，化工行业作为技术密集型产业，不仅对各种生产装置有很高的技术要求，其科研开发和技术创新能力也对该行业的发展有着重要的影响。

5.1 化工行业信息化现状

化工行业基本是连续化生产，采用自动化控制，在化工生产领域，从20世纪70年代开始就可由计算机集散控制系统采集用于过程控制与设备状态监控的传感器数据，主要是温度、压力、流量和液位信息，还有部分在线分析的物料组成信息。所以，化工行业的数据基础非常好，数据存储量高于其他行业，而且增速远高于其他行业。以一个中型化工企业

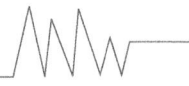

为例，每一秒都有上千个设备和工艺数据产生。

另外，化工企业普遍建设了大量企业信息系统，包括传统工业设计和制造类软件、企业资源计划、产品生命周期管理、供应链管理、客户关系管理和环境管理等系统，通过这些企业信息系统已积累大量的产品研发数据、生产性数据、经营性数据、客户信息数据、物流供应数据和环境数据。

5.2 化工行业的大数据分析需求

大数据分析是化工行业的发展趋势。2013年的诺贝尔化学奖得主就是将看似不相干的大数据信息化处理方法比较完美地运用于化学研究之中，从而摘取化学科学研究王冠的。其开发的多尺度复杂化学系统模型，翻开了化学史的"新篇章"，让传统的化学实验走上了信息化的"快车道"。如今，反映真实情况的计算机模型已经成为化学界取得新进展的关键。通过模拟，化学家能更快获得比传统实验更精准的预测结果。

化工行业大数据具有数据量大、类型多样、存储格式复杂及数据分散等特点。必须通过大数据技术的创新与应用，帮助化工行业应对节能、新能源发展、两化融合等方面的挑战。

首先，大数据为化工企业决策管理提供了手段。可通过语义分析技术和元搜索引擎，完成相关信息采集，并对数据进行存储、检索和智能分析，从数据深度关联、可视化查询、数据报告等方面，为企业实现决策和生产管理智能化提供数据支持。

其次，大数据积累和大数据分析是化工生产稳定运行的保障。对化工装置的海量历史数据进行深层分析挖掘，有望快速获取有价值的信息，形成可供推广的生产操作指导方案和风险评估技术，开创应用大数据技术解决装置生产问题的新途径。另外，可将远程在线监测及故障诊断系统升级为远程工业智能服务平台，把各类动设备、静设备、仪表、备件的参数、振动、工艺信号等数据纳入其中，应用大数据关联分析技术，预测检修，保证不发生事故、少发生事故，提高装置的在线率。

再次，大数据是化工企业取得经济效益的重要手段。通过掌握大数据的用法，寻找有效数据用于生产优化，并通过分析重点数据寻求生产规律，实现生产优化，并降低能耗。

最后，大数据是提升化工行业安全管控水平的手段。目前，我国的化工企业安全生产隐患排查工作主要依靠人力，通过人的专业知识去发现生产中存在的安全隐患，这种方式极易受到主观因素影响，且很难界定安全与危险状态，可靠性差；由于缺少有效的分析工具和对事故规律的认识，导致我国对于安全生产主要采取"事后管理"的方式，在事故发生后才分析事故原因、追究事故责任、制定防治措施，这种方式存在很大局限性，不能达到从源头上预防事故的目的。若要控制事故，减少损失，必须对安全生产中有价值的信息进行深度挖掘，找出内在规律。

5.3 化工行业的大数据来源与特点

一般来说，化工行业大数据主要有三类来源。

第一类是生产经营相关业务数据，主要来自传统企业信息化范围，一般被存储在企业信息系统中。主要涉及产品研发数据、生产性数据、经营性数据、客户信息数据、物流供应数据和环境数据。此类数据是工业领域传统资产，在移动互联网等新技术应用环境下正在逐步扩大应用范围。

第二类是设备及物联网数据，主要指工业生产设备和目标产品在物联网运行模式下，实时产生的体现设备和产品运行状态的数据。此类数据是化工行业大数据新的、增长最快的来源。狭义的化工行业大数据就是指该类数据，即工业设备和产品快速产生的存在时间序列差异的大量数据。

设备及物联网数据的特点有以下几个。

- **高维度**：在化工生产过程中，常常伴随着多种物理和化学变化，而且各参数之间高度耦合，它们共同构成了一个复杂多变的系统，对这些过程的描述是高维度的，这也决定了化工行业大数据高维度的特点。
- **强非线性**：化工生产中各类参数之间的关系都是非线性的。一个化工装置（一个主要反应对应一个装置）有 1 000~5 000 个传感器，每一个传感器都高速产生时序数据，并且大部分数据是相互关联的，甚至呈复共线性，主要是由热力学关系、流体力学关系和反应动力学关系导致的非线性，这种强烈的非线性关系给以处理线性关系为主的数据挖掘和知识表示带来了很大的挑战。

- **非正态性和多模态性**：由于化工装置为人工设计系统，基本被控制在设计指定状态下运行，数据分布非常集中；有时由于生产任务（如牌号切换）的变化、外界环境的改变（如不同原料来源）等，会导致正常工况发生改变，具有多模态特性，即数据表现为多个峰的波动。
- **低信噪比**：虽然现在的测量和传感技术已经达到了较高的水平，但由于某些客观原因，如装置测量仪表损坏、数据信号在传输过程中失真等，所采集到的数据中会存在大量的噪声。另外，测量环境也会给测量结果造成一定的影响，当测量环境突变时也会产生大量的噪声。化工大数据的低信噪比也给数据分析带来了一定的难度。

第三类是外部数据，指与工业企业生产活动和产品相关的企业外部互联网数据，如评价企业环境绩效的环境法规、预测产品市场的宏观社会经济数据等。

总之，化工大数据除具有大数据所共有的 4V 特性外，还具有高维度、强非线性、样本分布不均和低信噪比等特点。正是因为化工大数据这些独有的特点，对于化工大数据的分析和挖掘与传统的大数据分析也有一定的差异。

5.4 化工行业的大数据解决方案

化工行业大数据平台主要实现两个目标：一是汇集所有相关的数据，形成一个可反复利用的数据池，为分析建模提供数据来源；二是利用收集的数据进行训练和建模。大数据平台框架如图 5-1 所示。

就数据采集而言，大数据平台将现有生产实时数据库、相关实验室等系统连通，采集检测控制设备的数据，包括现场智能仪表和在线检测仪器等，对生产现场基础自动化控制系统产生的数据进行实时采集，实现实时数据库与关系型数据库的信息共享（大数据平台生产数据库之间的关系拓扑图参见图 5-2）。

化工行业的大数据分析 第5章

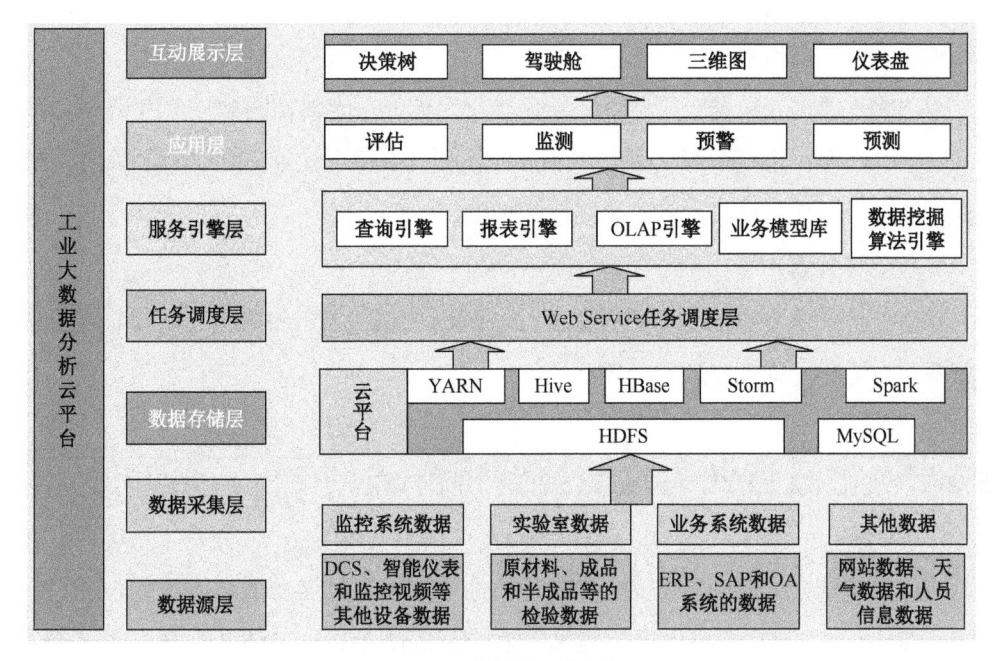

图 5-1 大数据平台框架

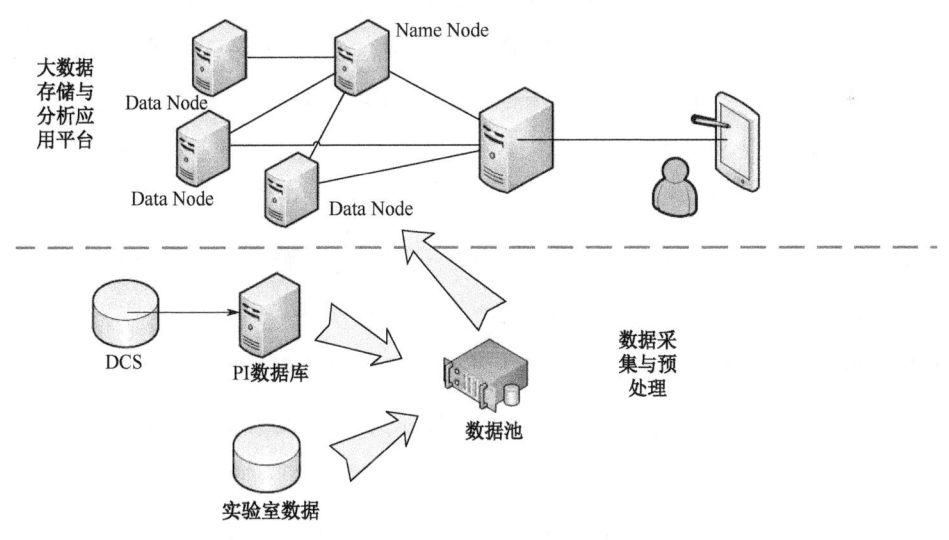

图 5-2 大数据平台与生产数据库之间的关系拓扑图

大数据平台提供统一的数据存储、清洗、分析、建模和可视化展示工具；大数据平台包括模型训练服务器和应用服务器。

（1）模型训练服务器。

主要功能是通过大数据分析软件，结合优化目标，对大量实时数据（PI 数据）和分析数据（LIMS 数据）进行分析，筛选出相关性较强的变量，然后选择合适的算法，对筛选的变量进行模型训练，最终得到符合要求的模型。

（2）应用服务器。

主要功能是采集实时数据和分析数据，为模型训练提供原始数据；运行训练好的模型；存储数据，为用户提供操作及显示界面。

5.5 化工行业的大数据分析方法

目前存在多种大数据分析方法，每种分析方法都具有其自身的特点和优势，但也存在一定的局限性，由于不同数据特点和结构存在着较大的差异，目前还没有一种普适性的方法。大数据技术在化工行业中已经有了初步应用，并且取得了较好的效果。但是，大数据分析技术在化工行业中的应用还处于起步阶段。目前，在化工行业中得到应用的实例都是将大数据分析方法中的多种功能和多种算法相结合而进行综合应用的。目前，化工行业中的大数据分析方法包括以下几种。

1. 降维

降维是将数据从高维度降到低维度的过程，可以有效地解决化工行业大数据高维度的问题和所谓的"维数灾难"。有研究学者认为，降维是聚类分析或分类分析的一种，但由于目前所需要处理的数据均为高维度的数据，常常将其作为数据的前处理过程，所以本书将降维作为单独的一种分析方法进行介绍。降维算法可以分为两大类：线性降维算法和非线性降维算法。线性降维算法主要有主成分分析、投影寻踪、局部学习投影及核特征映射法。非线性降维算法主要有多维尺度法、等距映射法、局部线性嵌入法及拉普拉斯特征映射法。

2. 相关性分析

相关性分析就是研究数据与数据之间的关联程度。该分析方法一直是统计学中的研究热点，已经在金融、心理学和气象学领域得到广泛应用。相关性主要用来表述两个变量之间的关系,是两变量之间密切程度的度量。在分析两个变量的相关性方面,最传统的方法就是使用 Pearson 相关系数,但该方法只能表示两个变量之间的线性相关程度,对于非线性的关系偏差较大。很明显,这种相关性分析方法无法对强非线性关系的化工数据进行处理和分析。目前常用的多变量相关性分析方法有 Granger 因果关系分析、典型相关分析、灰色关联分析、Copula 分析和互信息分析等。

3. 聚类与分类

聚类分析是通过一定的规则将已有的数据集合划分成新的类别,而新的类别在性质上是相似的,所以它是研究数据间物理上或逻辑上相互关系的技术。聚类分析获得的结果可以作为下一步研究的基础数据。聚类分析的划分算法包括 K-means 算法、K-medoid 算法,层次算法包括 BIRCH 算法、CURE 算法,密度算法包括 DBSCN 算法、OPTICS 算法,网格算法包括 STING 算法、WaveCluster 算法等。

分类分析指根据数据集的特点构造一个分类器,再利用这个分类器对需要分类的样本赋予类别。其与聚类分析最大的不同就是,分类分析在对数据进行归类之前已经规定了分类的规则,而聚类分析在归类之前没有任何规则,在归类之后才得到每个类别的特点。目前,分类算法也有很多种,按照各算法的技术特点可以分为决策树分类法、Bayes 分类法、基于关联规则的分类法和基于数据库技术的分类法等。

4. 基于数据的预测分析

基于数据的预测分析是一个从功能上定义的广义概念,就工业生产而言,过程工业中产品质量和产率的预测、生产操作中的优化、生产装置的故障诊断等都可以归入此范畴。常用的预测分析方法就是各种神经网络算法及其与各种优化算法的结合。目前,应用相对成熟的神经网络有 BP 神经网络、GRNN 神经网络、RBF 神经网络等。

5. 遗传算法

遗传算法是基于生物遗传、进化机制的自适应概率优化算法,具有鲁棒性强、应用范围广、简单通用等特点。遗传算法搜索最优解的方法是模拟生物进化过程中发生的复制、交叉、变异等现象,遵循"适者生存、不适者被淘汰"的进化规则,留下适应环境能力强的个体,使结果群体不断地向最优解的方向进化,最终通过解码得到满足要求的最优解。

6. 模式识别

模式识别是数据挖掘的主要方法之一。它是一种借助计算机对信息进行处理、判决分类的数学统计方法。模式识别大致可以分为统计模式识别和句法模式识别两大类。统计模式识别将每个样本用特征参数表示为多维空间中的一个点，根据"物以类聚"的原理，同类或相似样本点间的距离应较近，不同类样本点间的距离应较远。这样，就可以根据各样本点间的距离或距离的函数来判别、分类，并利用分类结果做出预测。统计模式识别是工业优化中的常用方法。

7. 支持向量机

支持向量机主要用于有限数据的分类、回归和预报建模。支持向量机的基本思想可以概括如下：首先通过非线性变换将输入空间变换到一个高维空间，然后在这个新空间中求取最优线性分类面，而这种非线性变换是通过定义适当的内积函数实现的。SLT 和 SVM 算法在很大程度上解决了模型选择与过拟合问题，小样本、非线性和维数灾难问题，以及局部最小点问题等。

5.6 化工行业的大数据分析案例

5.6.1 应用场景

1. 生产领域

化工行业的工艺分析、优化和设计主要基于机理模型和数据模型。机理模型是基本方法，数据模型是辅助方法。一般，化工装置建成并成功开车后便交给运维团队运行。运维团队必须按照设计要求操作装置。然而，一个装置的边界条件并非按照设计要求固定不变，如原料纯度、公用工程温度等；另外，运行时还有一些随机的瞬时干扰。所以，化工装置需要安装很多传感器和控制器来监控这些干扰及非设计边界条件，从而使化工装置能够安全、稳定、长期运行。

基于大数据的机器学习对化工装置的操作优化所起的作用有限，但在下面几种情形下大数据方法可以在生产操作中发挥作用。

1）软测量（Soft Sensor）

对于化工行业来说，受技术水平和成本限制，不是所有重要工艺参数都能用传感器直接测量，如浓度、纯度、密度、黏度等。如果它们是产品质量指标，那么它们必然要在实验室被离线分析，离线分析最大的问题就是控制的滞后性导致系统不稳定。这些无法直接测量的变量和其他可测的变量可以通过模型的数学方程联系在一起。用代数语言表达，如果一个系统由 n 个独立变量和 m 个独立方程组成，则该系统有 $n-m$ 个自由度，即只要知道任意 $n-m$ 个变量的值，剩下的变量都可以通过解方程计算出来。用统计语言表达，剩余的任意一个变量（某个不可测变量）与选出的 $n-m$ 个自由变量（均为可测变量）存在相关性。

如果模型已知，直接解方程即可；如果模型未知，只要运行数据足够多，就可以用一个多元方程通过数据回归获得待测变量和 $n-m$ 个可测变量之间的关系，这是一个典型的机器学习过程。实际上，由于模型不清楚，无法准确知道系统有几个独立方程，所以也不知道要选择多少个自由变量，实践中会尽量多选择几个可测变量。

2）机理不清、边界不定情况下的操作优化

如果对于单元过程的机理不完全清楚，或者运行时存在开发设计时没有考虑到的边界条件，那么可从运行数据中找到设计时未知的知识和规律。

在下面两种情况下，过程产生的数据范围比较宽，大数据和机器学习可以在操作优化中发挥作用。

- **边界条件不可控**，如天气条件、原料等。化工单元由凉水塔、空压机等组成，它们的运行状态总是随着天气在变化，数据范围足够宽，信息足够多。在原料方面，以煤的气化装置为例，不同产地的煤成分不同，装置的最优操作参数也不一样。
- **产品牌号多**，不同牌号采用不同的工艺参数，积累的运行数据也非常多。

对于这两种情况，一般很难用数学模型定量描述，人们只能靠经验操作。但是，当影响因素较多时，人们很难调整工况。这时，如何利用大数据技术从数据中找到指导生产的规律，并使生产维持在最佳状态就显得非常重要。

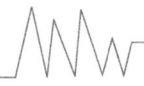

3）多变量先进控制

当装置边界条件经常发生变化时，系统控制是一个令人头疼的难题。设定的控制器参数往往是根据某种工况整定出来的，一旦边界条件发生变化，由于化工过程非线性，原先的控制器性能就会下降。若控制器能根据测量变量的时序数据，实时自学习不同操作点下系统的动态特性，那么控制器就能自己整定参数，从而提高系统控制性能。

综上所述，在生产操作中，过程机理明确时，可采用机理模型来优化操作；机理不明确时，可采用 6Sigma 方法来调优。大数据技术能发挥作用的地方是过程变量不可直接测量的软测量、边界条件不可控过程和多原料多产品过程的数据建模，以及边界条件多变过程的先进控制。

2. 设备维护领域

化工企业大部分是资产密集型企业。化工设备包含静设备和动设备。静设备故障率比较低，除机械力导致的破裂外，一般都是结垢、腐蚀等导致设备功能效率下降，如换热器传热效率下降、塔板板效降低，其破坏性不强。动设备，如泵、压缩机等，故障率要高很多，设备部件在高速运动中更容易损坏。一旦损坏，若没有备用设备，则必须停车维修，对生产破坏性极大。由于动设备的内部结构复杂，原理也比静设备复杂，在状态监测、预维护和故障诊断三方面都充满挑战，尤其在故障诊断和维修时往往需要聘请技术专家。

大数据技术在设备维护方面有很大的发挥空间。在状态监测、预维护和故障诊断三方面，设备维护模式都会因大数据技术的应用而发生革命性变化。

1）状态监测

静设备性能监测相对简单，只需实时运行在线模型，即可估算出关键性能参数，如换热器污垢系数。动设备状态监测只能使用电流、附属工艺变量这样的参数，发生重大故障时，这些参数必然发生急剧变化，但是预测的周期太短，以致无法提前采取预维护措施。要延长预测周期，第一是依靠新型传感器，以实时声波信号为例，国外 3DSignals 公司已经使用专利算法对关键动设备的声波信号进行识别，以便及早发现设备故障；第二是采用多变量信息综合判断，采用多元统计建模。

2）预维护

关键设备维护可以分成三个层次，第一个层次是最简单的，就是坏了就修；第二个层次是定期维修；第三个层次是通过状态监测进行预维护，即状态监测技术是预维护的前提。显然，预维护可以提升设备可靠性，也能减少非计划停车、降低运营成本。

3）故障诊断

故障诊断是通过监测数据时序性和模式找到故障类别和发现故障原因的起始点。故障诊断是典型的模式识别问题，需要大量故障数据来训练模型，而一般化工企业作为设备用户，无法独立收集足够多的故障数据，所以要在运营企业端做到故障诊断并不现实。只能依靠设备厂商采用工业大数据云收集所有卖出设备的监测数据，这样就变成了由设备厂商来负责设备的监测、优化、维护、诊断和维修。卖服务是大型设备制造商商业模式的必然趋势，这也是化工企业设备运行维护方面的一个重大变革。

目前一些主流的化工设备厂商都在布局工业互联网，利用工业互联网平台来实时接收所卖设备上的传感器监测数据。设备厂商利用大数据技术分析实时数据，优化设备运行和维护，即设备厂商从卖设备转变为卖服务。例如，GE、西门子、霍尼韦尔等都在建立自己的工业互联网云平台，从而提供数据获取、存储、分析、可视化、机器学习的完整服务。

3. 研发领域

传统化工相关技术已经非常成熟，在传统化工研究和技术上已经很难实现突破。化工行业目前的研究热点是一些交叉学科，即将化学工程的理论（反应、传递、热力学、系统工程）应用到其他学科。化学工程正在拓展应用领域，目前热门的方向是基因与生物技术、微电子和半导体、新材料、新能源和储能材料等。大数据技术在研发领域有以下作用。

1）辅助开展文献阅读、专利查询等工作

文献阅读和专利查询在研发工作的前期占有非常多的工作量，而效果往往并不如人意。因此，如何利用大数据技术让研究人员加快了解研究项目的技术状态和进展，避免重复性工作就显得非常重要。利用大数据技术可以收集和解读非结构化数据，优化生产流程；可帮助研究人员从海量资料中发现创新的机会，提高成功率。

例如，在轮胎行业，轮胎上的胎纹是各大轮胎巨头处心积虑要保守的商业秘密。轮胎花纹在车胎设计的四大要素中最为复杂,也是重中之重,不仅决定了车胎的使用特性,还决定了车胎的抓地力、排水性及噪声等。目前,我国已经成为世界轮胎第一生产大国,但随之而来的轮胎花纹外观专利侵权问题也日益严重。国外著名轮胎公司控告我国轮胎花纹外观专利侵权的案件已经屡见不鲜。国外轮胎大公司、跨国企业已经将外观专利作为打压竞争对手的常用手段,对我国轮胎企业频频发难。

为此,位于青岛的橡胶谷公司和国家知识产权出版社共同构建了轮胎花纹外观设计专利数据库,开启了橡胶行业大数据应用先河。这个数据库能够实现轮胎外观设计的检索,轻点鼠标,便可知企业生产的轮胎花纹是否侵权。该数据库中包含中国、日本、韩国、美国、欧盟共计 8 万件轮胎花纹方面的外观专利,有 52 万张图片,并且会定期更新,最新公开和授权的专利都体现在数据库中。该数据库利用了两项核心技术:搜索引擎和图像对比。该数据库通过后端大数据运算,能将相似度最高的图片展现在最前面的位置,还能够提供相似度的数据,从而使轮胎花纹的设计者和相应的律师能评测研发的成果在国外是否有可能构成侵权。

另外,企业也可以利用这个数据库来了解轮胎领域最新的技术进展,确定自己的研发方向。例如,通过轮胎数据库的检索,发现国外某些公司轮胎的花纹或材质已经申请了专利,那么在进行研发的时候就可以避免重复;而对于国外公司不曾涉及的领域,或者没有进行过创新的轮胎设计,则可以投入资源,加快研发。

在化学信息搜索和分析方面,李晓霞课题组开发了化学深层网检索引擎 ChemDB Portal,通过不同检索方式(包括名称检索、分子式检索、CAS 号检索、结构检索等),实时在线检索多来源网络数据库,实现了化合物数据信息的多途径集成检索和利用。利用 ChemDB Portal,用户仅需输入一次查询请求,就可自动检索网络上的多个专业数据库(包括物化性质、化合物安全数据表 MSDS、试剂供应商等),把从各数据库检索得到的结果统一返回给用户。

2)物质结构—性质的构效关系

目前对于新产品的探索,通常是改进现有产品的功能和性质,如强度、密度、黏度、挥发性、毒性、活性等,所以新分子结构的设计都是从所要求的产品性质和性能的技术指标开始的。从分子结构到物质性质的映射，便是构效关系。构效关系的研究方法有基团贡献法、分子动力学模拟法等。

基于机器学习的构效关系适用于新材料和高分子材料设计。例如，美国化学文摘服务社（Chemical Abstracts Service，CAS）收集了登记物质的分子结构和常规性质，利用这类覆盖分子结构和物质性质的数据库，就可以构建一个机器学习系统。为了方便化学家更好地交流，对化学物质名称进行统一和标准化的国际纯粹与应用化学联合会（IUPAC）推出了 InChI 及与之配套的 InChIKey。该系统取代了原来的 SMILES，成为一种标准化的、可以被索引和机器识别的化学结构表达方式，极大地方便了数字时代化学家之间的交流和研究工作。

3）有机合成和催化剂设计

理论化学在理解物质结构和性质、解释化学反应机理等方面取得了飞速发展，在结构化学、材料科学领域发挥着不可替代的作用。由于多元校正及模式识别技术的发展，近红外光谱（NIR）技术得到了广泛应用，已成为复杂体系分析、产品质量评价与控制、环境检测与控制、生命与健康等领域的关键技术之一。同时，复杂信号和高维分析化学信号的解析技术推动了分析化学的发展，大大增强了分析化学解决实际问题的能力。

随着化学计量学的深入发展，分析数据的数量级逐渐变大，许多数据分析过程均呈现出"大数据化"的特征，而相应的方法也随着数据量的增大而发展。例如，在分子模拟领域，随着图形处理单元（Graphics Processing Unit，GPU）的快速发展，其在计算能力和存储带宽方面的优势为提高分子动力学模拟法的计算能力提供了可能。GPU 作为一种具有极强运算能力的多核处理器是目前高性能计算领域的主要发展方向，大量的研究工作也随之展开。2015 年，美国加州大学伯克利分校和犹他大学的科学家团队在《科学》杂志上撰文，报告了他们通过结合现代数据分析技术与经典物理有机和计算化学，开发出一种新方法来研究利用手性阴离子催化剂生成特定对映体的机制。

4. 安全环保领域

化工行业从 20 世纪初开始一直是国家的重点经济支柱行业。然而，化工行业的生产存在高温高压、易燃易爆、腐蚀有毒等特点，极易发生安全事故。近年来，关于化工企业安

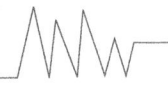

全的负面消息甚嚣尘上，事故频发、应急响应速度慢等安全管理问题突出，给企业的生产经营带来了巨大的压力。为进一步加强化工企业安全预防与安全应急，借助现代计算机技术及互联网、物联网技术的发展，全面收集企业的运行数据，同时充分运用现代知识发现（KDD）及数据挖掘技术，建立基于大数据的智慧化安全管理信息系统就显得非常重要。

目前，安全管理信息系统在化工企业的应用不断深入，系统通过各种终端仪器及设备的检测、分析与显示，积累了大量的安全管理业务数据，这些数据资源为化工企业实现系统性的安全管理与预警提供了数据源支撑。化工企业与安全相关的主要数据源见表5-1。

表5-1 化工企业与安全相关的主要数据源

数据源	数据类型						数据形式			
	MES 数据	安环数据	能耗数据	设备数据	ERP 数据	LIMS 数据	文本数据	图片数据	视频数据	实时数据

目前，化工企业安全管理信息系统以非结构化数据为主，无法用数字或统一的结构表示，其最终形式也不易被用户理解。基于当前的业务应用及管理需求，需要将多种安全管理数据源通过数据集成组合在一起，转换成适合挖掘的形式，进而对识别出的有效、新颖、潜在有用的数据进行分析、归纳、推理，实现事故规律分析、风险预测预警及事故应急处置。主要实现以下功能。

1）智慧报警

智慧报警应用内置工艺状态报警诊断推理模型，将过程数据转化为早期问题检测警报，及时提醒操作人员采取预防性措施。例如，通过对实时数据的分析处理发现异常监测点，对操作人员的安全操作给出合理的建议，减少操作失误；实时分析设备性能数据，当发生超限时，及时提醒操作人员进行预防性维护。化工企业可以基于各种类型的源数据，建立风险分析评估模型，并通过数据分析平台进行预警，向各类通信平台推送信息，实现HSE风险监控报警与闭环处置。

2）智慧作业

智慧作业可围绕生产作业实时闭环管控，规范作业规程，减少操作失误，即通过智慧化安全管理系统及其相关平台，实时对现场作业活动提供支持，监控现场环境和人员安全，增强作业协同，为现场作业提供规范化指导。这在提升工作效率和作业水平的同时，能大大降低安全事故发生率。化工企业可构建施工作业过程管理子系统，实时监测作业环境，及时发现作业环境变化，一旦出现相关指标超标，仪器就自动报警，实现对生产作业全过程的监管和报警提示。

3）智慧指挥

智慧指挥可实现对事故状态下应急指挥的辅助决策，加快应急反应，并科学调度应急资源，提升企业的应急响应能力。相比于传统应急指挥，智慧化应急指挥具有如下优势。

（1）可以动态监测与感应可能发生的事故。

（2）可以依据事故地点和事故类型，利用智能资源调配优化模型，计算出资源调配方案，并合理地利用相关人力、物资、设备等，大大提高应急资源调配能力。

（3）可以结合爆炸模型、火灾模型、泄漏模型的三维事故模拟，在地理信息系统中实现影响范围可视化，准确地判断事故地点，提高事故解决能力。

（4）可采用三维数字化技术开发虚拟空间中的灾害发生、发展过程等，模拟实际灾害开展应急演练，并根据演练效果查缺补漏，不断改进，以进一步提高应急处置能力。

4）智慧决策

智慧决策是结合大数据分析技术，引入不再受地理位置限制的移动应用技术，辅助领导决策，构建集办公、决策分析、预测预警于一体的领导驾驶舱，并在智能手机终端实现办公处理流程，为企业领导决策提供及时、准确的数据支持，为重大事件的处置提供流程和时间上的便利，进而提升决策效率。

5. 供应链优化领域

化工产品主要分为两大类。第一类是大宗液态产品，其客户数量少，对产品质量的要求比较一致，所以这类产品在供应链管理优化方面的自由度相对较小，大数据和数学模型作用不大。第二类是批次化工产品，其与离散制造产品相似，可以借鉴大数据在离散制造业供应链管理中的应用经验。主要包括以下两点。

（1）供应链配送体系优化，主要是通过 RFID 等产品电子标识技术、物联网技术及移动互联网技术，帮助工业企业获得完整的产品供应链的大数据。利用销售数据、产品的传感器数据和供应商数据库中的数据，工业制造企业可以准确地分析和预测全球不同区域的需求,从而提高配送和仓储效能。

(2)用户需求快速响应,即利用先进数据分析和预测工具,进行实时需求预测与分析,改善商业运营及用户体验。

5.6.2 应用案例

1. 数据挖掘技术在氟化工中的应用

氟橡胶(或含氟弹性体)是一类在非常苛刻的条件下(如高温或与各种化学试剂接触)仍能保持橡胶弹性的聚合物,可模压或挤出制造O形圈、密封件、隔膜、垫圈、胶片、阀片、软管、胶辊等各种橡胶制品。氟橡胶的生产过程涉及许多复杂的物理、化学变化,并且存在许多可变和干扰因素(如原料性质、设备状态、操作工况的变化、生产环境和生产系统自身的干扰等),通常很难通过化工机理来建立精确模型,用以解决实际生产中存在的问题。图5-3是门尼指数变化波动图。从图5-3中可以看出,门尼指数波动大,产品合格率低。

可以利用数据挖掘建模和优化技术,从实际工业生产数据中寻找规律和发现知识,并利用这些知识优化企业的生产过程,使企业效益最大化。结合生产数据的特点,本案例主要采用了以下数据挖掘技术。

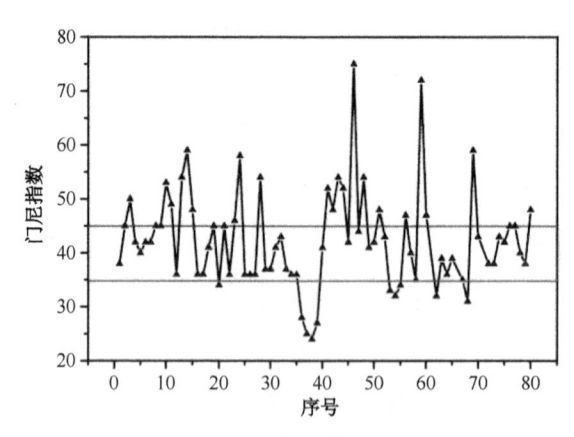

图5-3 门尼指数变化波动图

1）变量筛选技术

变量筛选是数据挖掘建模成功的关键，本案例采用超凸多面体方法，即在多维空间中直接进行坐标变换和聚类分析，进而自动生成一个超凸多面体。该超凸多面体将优类样本点（通常定义为 1 类样本点）完全包含在其中，而将其他样本点（通常定义为 2 类样本点）尽可能排除在外。用这种方法生成的超凸多面体在三维以上的抽象空间中用一系列不等式方程表示。mRMR 变量筛选方法以互信息（Mutual Information）为基础计算每个自变量的重要性，重要性打分函数保证了自变量与类别之间的相关性和自变量相互间的冗余性，使用该方法得到的优选变量集建立的数学模型预报能力不变，甚至有所改善。

2）模式识别技术

模式识别是工业优化建模的主要方法，本案例采用 Fisher 判别矢量法和最佳投影识别方法建立优化目标定性分类的判据。

3）定量预测技术

定量预测技术的难点在于模型的稳定性和可靠性，可采用"逐级投影支持向量回归"或"相关向量机方法"建立稳定可靠的定量预报模型。

结合以上技术，利用氟橡胶生产的历史数据进行挖掘，数据挖掘结果如图 5-4 所示。

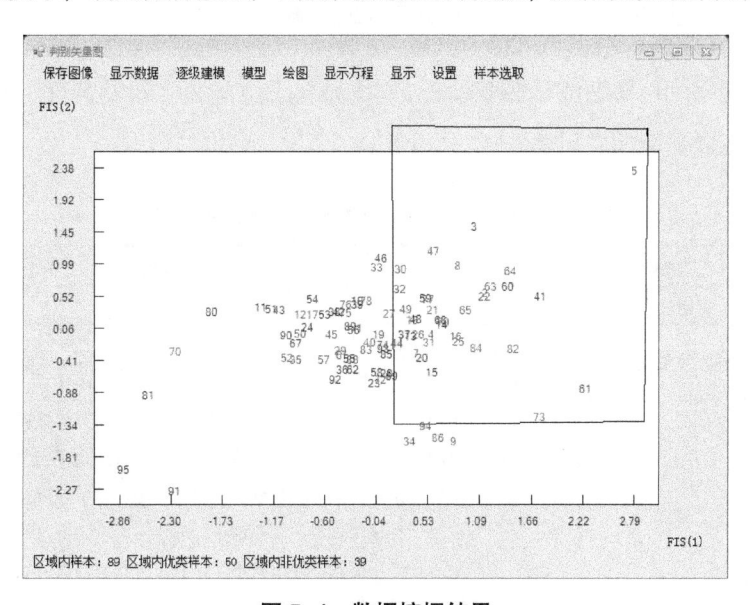

图 5-4　数据挖掘结果

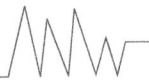

数据挖掘模型完成后，开发有关优化和检测系统，通过接口与程序读入生产过程实时数据，并根据预先导入的优化模型，显示当前工况点是否处于"优区"。当生产处于"非优区"时，软件可根据优化模型，利用模型仪表图调整工艺参数，使生产回到"优区"。优化方案如图5-5所示。

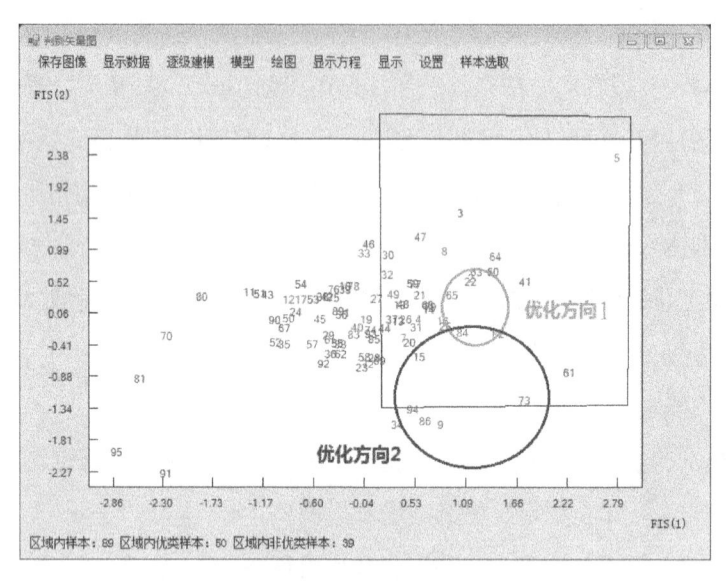

图5-5　优化方案

该软件能直接利用现有的氟橡胶设备，对于氟化工生产优化升级具有非常重要的意义。该软件包含的主要功能模块见表5-2。

表5-2　氟橡胶优化软件包含的主要功能模块

序号	名称	模块功能简要说明
1	模型导入	导入已建立的模型
2	实时监控工况诊断	实时生产操作参数通过接口与本软件连接，或者将生产数据直接输入软件，数据挖掘将根据输入的生产数据，对装置进行在线实时工况监测
2.1	在线趋势图	在线趋势图中的每个点代表当时的生产状态，由若干点构成的折线代表某段时间生产状态变化的过程。随着时间的推移，新的生产状态点不断将折线刷新，在特征平面上就会出现一条不断蠕动的折线。在线趋势图显示了生产过程变化的轨迹，图中的矩形方框表示优化区域或生产控制区。观察生产状态点是否处于方框内，就可以推断生产是否处于所要求的控制状态。一旦生产状态点离开优区，就说明生产偏离了优化工况，需要对生产操作参数进行调整

续表

序号	名称	模块功能简要说明
2.2	模拟仪表图	模拟仪表图通过基于优化模型的计算机仿真模拟,直观、形象地考察各个变量与优化目标之间错综复杂的关系。模拟仪表图中,右边的矩形区域为在特征图中得到的优化区,左边为相关变量的条形按钮,改变各个变量的大小,模拟仪表图中的小球将在矩形区内外移动
2.3	SPE 图	SPE 图用于反映所建模型的误差,一旦由于某种原因使模型发生较大偏差,在该图上就可以显示这种变化,提示有关人员及时排查。例如,现场某个测量重要工艺参数的仪表发生故障,由于测量值的异常而表现为模型的误差,在该图上将很快反映出来。SPE 图是一种一维图形,横坐标为时间,纵坐标为 SPE 值。图中的一条水平横线,表示与置信水平 95% 相对应的上控制限
3	优化提示	优化提示用于告诉生产技术人员如何调节当前变量,从而将生产调整到优化区
4	操作指导	为用户提供生产操作指导
4.1	载荷图	载荷图是一个二维图,横坐标为第一特征向量,纵坐标为第二特征向量。图中的每一个点代表原始变量在两个特征变量中的"载荷","载荷"绝对值越大,该变量在载荷图中离原点的距离就越大,表明该变量使生产状态点在特征向量上产生移动的作用越大。"载荷"的正负表示使状态点在特征空间中移动的方向
4.2	权重图	权重图的纵坐标为相应特征向量中各个原始变量的权重系数,横坐标为所有的原始变量。权重图是一种一维图形,权重图有两幅,分别对应第一特征向量和第二特征向量。它是由二维的载荷图演变而成的
4.3	贡献图 1	贡献图是与某个生产状态(某个样本点)相关联的,贡献图表示样本点处于特征空间某个位置时,各个变量所作出的"贡献"。所谓"贡献"是指该点在特征空间中投影后,在某个特征向量的坐标值中各个变量所占的分量值。贡献的大小用棒状图形表示。对应于特征向量 1 和特征向量 2 各有一幅贡献图。贡献图 1 又称绝对贡献
5	系统管理	提供各种管理功能
5.1	模型管理	本软件提供多模型优化策略,用户可选择特定的生产优化模型
5.2	用户管理	提供管理员用户与操作工用户的相互切换。管理员用户可使用本软件的所有功能,操作工用户不能对模型进行更换操作
5.3	密码管理	管理员用户密码管理
5.4	实时数据采集配置	设置在线状态图、在线趋势图、在线控制图、在线 T 平方图、在线 SPE 图显示的点数和刷新周期
5.5	启动数据挖掘-OPC	启动数据挖掘-OPC 程序,将 DCS 实时数据导入数据挖掘实时数据库
6	生成报表	生产技术人员可以导出数据库中某一时段的生产数据

利用数据挖掘得到的优化方案,通过现场实施取得了非常好的优化效果,明显降低了门尼指数的波动幅度,使合格率大幅度提高,如图 5-6 所示。

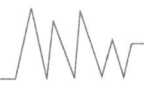

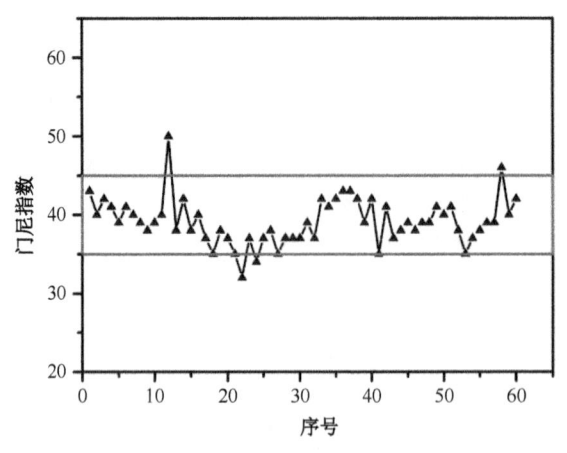

图 5-6　优化后的门尼指数变化波动图

2. 大数据在水煤浆气化生产中的应用

在水煤浆的气化生产中，气化炉的炉膛温度是表征气化炉运行状况、影响相关控制操作、关系到合成效率和生产安全稳定性的重要指标。目前，炉温的实时监控测量主要依赖高温热电偶。然而，在现场高温高压、强腐蚀强气流的作用下，热电偶的工作寿命很短。受限于生产现场复杂的工况与环境，热电偶在损耗后难以频繁更换，仅在大修期间有更换的机会。在实际生产中，炉膛温度一般保持在煤渣熔融温度以上 50~100℃ 范围内。若温度低于该范围，将直接影响气化炉的排渣容畅度，可能出现堵塞现象；若温度高于该范围，则会导致耐火砖寿命下降，合成气体中有效气比率下降。综上所述，生产中气化炉的炉膛温度必须保持在一定范围内，这就对炉膛温度的实时监测提出了较高要求。

根据实际生产经验，安装的热电偶读数仅在气化炉开车初期是有效的，一般只有一周左右时间，而在热电偶读数失效后，需要使用软件模型代替传统意义上的传感器。选取相关的辅助变量建立模型，根据模型变量的样本和观测数据求出样本估计式，进而根据该式推算出该变量的值，这是炉温软测量的基本思想。因不同的气化炉机理存在差异，需要针对具体的气化炉建立相应的软测量模型。一般认为炉膛内壁的温度分布较均匀。建立炉温软测量模型的具体步骤包括数据采集与预处理、模型拟合与模型验证。

1）数据采集与预处理

炉膛温度为模型的因变量，所以要采集热电偶运行较为可靠稳定的时间范围内的数据。

本案例以某化工企业的多喷嘴水煤浆气化炉 2017 年 9 月的分钟级数据为取值范围，采集处理与炉膛温度有关的数据。与炉膛温度相关的数据有很多，包括煤浆浓度、氧气流量、氢气含量、甲烷含量、一氧化碳含量等几十个自变量参数，涉及水煤浆制备、气化反应等多个环节。在取值后，需要将这几十个参数进行筛选降维，以提高模型的可靠性。

相关系数法是变量选择较为常用的方法，该方法通过相关系数计算获得两个变量之间的相关性，从而得出与目标变量相关性较大的操作变量。相关系数可以分为弱相关性、显著相关性、高强度相关性三个等级。在实际生产中，采集工业装置历史操作数据如煤浆浓度、氧气流量等作为操作变量，炉膛温度历史数据作为目标变量，分别计算它们的相关系数，然后以设定的阈值初步筛选出操作变量；考虑到自变量之间存在的自相关问题，结合业务逻辑，将自相关系数较高的几套系数降维，仅保留其中最具代表性的特征参数。

2）模型拟合

模型的目标变量为气化炉在正常测温期间的高温热电偶数据，模型的自变量为同一期间经上一步骤筛选后的数个相关变量。以时间为标准，将采集数据的中前部（约 80%）作为训练集，以拟合炉温软测量模型。将采集数据中剩余的部分（约 20%）作为验证集，对拟合出的炉温软测量模型进行验证。若精度满足预定标准要求，则说明模型有较高的指导意义。经过不同的算法模型（如回归分析、神经网络等）测试，并比较其精度，最终选取多元线性回归算法进行炉温软测量模型的建模工作。多元线性回归模型利用多个影响因素作为自变量来线性地解释因变量的变化。设 Y 为因变量，$X_1, X_2, \cdots, X_n$ 为自变量，则多元线性回归模型为

$$Y = c + b_1 X_1 + b_2 X_2 + \cdots + b_n X_n$$

其中，c 为常数项，$b_1, b_2, \cdots, b_n$ 为回归系数。

运用训练集中的数据，通过回归模型拟合，计算出炉温软测量模型的常数项与回归系数。

3）模型验证

将上一步骤所获得的回归模型应用于验证集中的数据，通过比较热电偶实际读数与炉温软测量模型的预测值（图 5-7），可对软测量模型的效果进行评价。

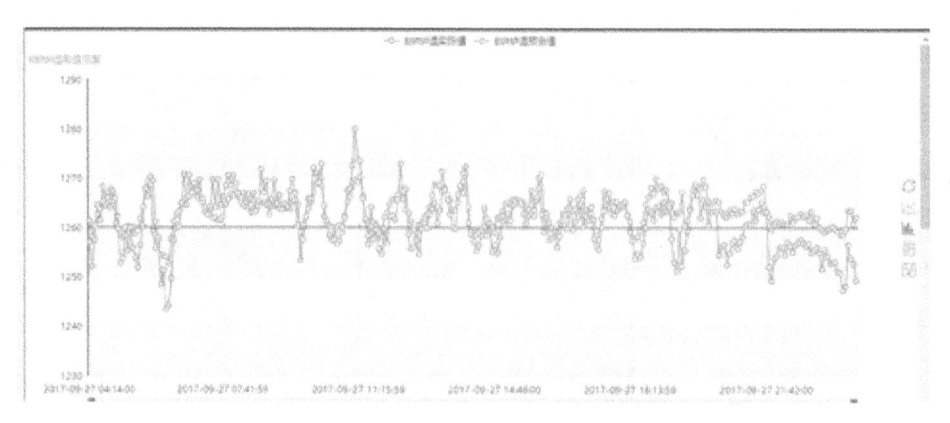

图 5-7　热电偶实际读数与炉温软测量模型预测值的对比

由图 5-7 可知，基于多元线性回归方法的气化炉炉温软测量模型拟合精度较高，其输出值与热电偶实际读数之间的相对误差较小，趋势跟踪较为吻合，基本能够满足实际工业生产需求。

完成上述工作后，建立气化大数据平台。气化大数据平台主要实现汇集所有与气化相关的数据，形成一个可反复利用的数据池，为气化分析建模提供数据来源。气化大数据平台可为下一步建设更大规模的大数据应用提供基础和经验。

3. 大数据在设备健康预测和备件补货中的应用

如何科学预测设备健康状况和相关备件消耗需求，在尽量减少维修成本和库存资金占用的情况下保障生产的安全运行，对于化工行业而言是一个具有重要现实意义的研究课题。

本案例提出了一种基于深度学习的设备健康预测模型，采用自编码器提取监测信号特征，基于提取到的特征设计 RNN 与 DNN 相结合的深度神经网络模型对其进行时序预测，并综合各预测结果构建设备健康度指标（HPI）对设备健康状况进行描述。针对库存优化问题，本案例提出了一种基于统计分布判定和参数拟合的库存预测方法，并根据消耗量的分布计算出未来的消耗量、安全库存的设置点、重订货点及重订货量。通过构建主动预警平台将设备健康预测与库存优化进行结合，将设备健康预测系统的输出作为备品备件优化系统的输入，进一步降低了维修成本，减少了库存资金积压，改善了服务保障水平，并通过在某石化企业进行的应用评估，验证了所提方法的有效性。

首先，进行基于大数据分析的设备健康预测模型和库存优化模型的搭建。其次，选择某石化企业的泵设备作为模型评估的对象，利用 2013—2017 年各传感器所监测到的该设备运行数据（包括设备的转速、温度、油压、振动等信息）进行实验。其中，2013 年、2014 年的数据为模型的训练数据，2015—2017 年的数据为模型的测试数据。最后，根据设备的维修记录对模型性能进行评价。

1）设备健康预测模型

如图 5-8 所示为采用本案例方法预测的该泵设备 2017 年 5 月的健康度曲线。从图 5-8 可以看出，自 5 月 10 日起，设备的运行状态发生大幅波动。该设备在 5 月 10 日发生第一次预警后，于 5 月 11 日再次预警，并且预警时间持续增加，5 月 13 日后设备健康度一直低于基准线。设备在 5 月 15 日进行检修，发现轴承已经有较大磨损，局部组件断裂，并发生了电机缺相。这说明通过本案例所设计的模型可以实现对设备运行故障的精确预警。

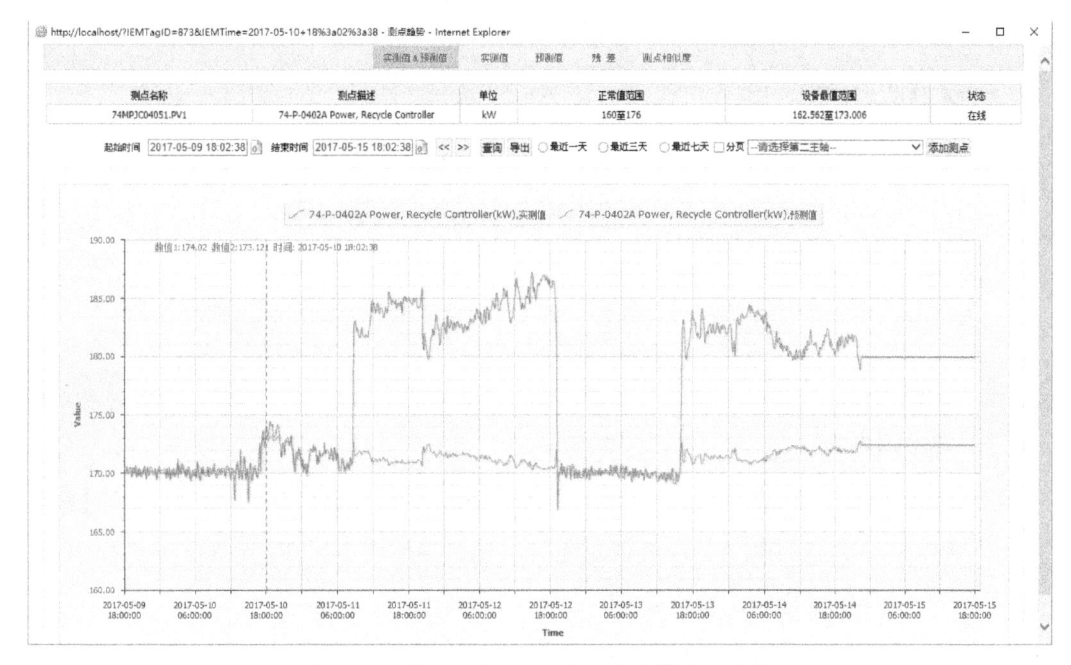

图 5-8　某泵设备 2017 年 5 月的健康度曲线

表 5-3 为模型的典型预测输出。其中，维修日期为该设备实际发生维修的日期，预警时间为模型输出的设备发生故障的时间。从表 5-3 可以看出，此模型输出的预警时间与设备故障时间相吻合，因此，本模型可以对设备健康状况进行准确预测。

表 5-3　模型的典型预测输出

维修日期	预警时间
2015-10-11	2015/9/30 22:22:56
2015-11-02	2015/10/22 0:55:18
2016-01-19	2015/12/24 19:47:18
2016-06-16	2016/6/1 23:20:00
2016-11-09	2016/11/9 10:52:00
2017-01-03	2017/1/1 11:50:00
2017-05-15	2017/5/13 15:57:36

将本案例算法和 LSTM 算法在不同序列长度下的模型预测性能进行比较（详见表 5-4）。采用均方误差对二者的设备健康度指标预测结果进行对比。从表 5-4 可以看到，序列长度相同时，本案例所提算法在预测精度上显著高于 LSTM 算法，训练时间则比 LSTM 算法短得多。因此，本案例所提算法在某石化企业的数据集上取得了比现有标杆算法——LSTM 算法更好的效果。

表 5-4　两种算法的比较

序列长度	模型	设备健康度指标（10^{-4}）	训练时间
5	本案例算法	4.017 6	17s
	LSTM 算法	5.236 7	5min29s
10	本案例算法	3.631 0	17s
	LSTM 算法	4.237 0	40min8s

2）库存优化模型

本案例以 2007 年 1 月～2016 年 12 月某石化企业的备品备件消耗数据作为训练数据，对 2017 年 1～10 月备品备件的消耗情况进行预测，并通过与 2017 年 1～10 月的实际消耗数据进行比对来判断模型的优劣程度。

每个备件的属性和消耗量不同，需求量也会相差很大。为了更全面、准确地测试模型效果，根据"建议的安全库存是否为零"这一条件把所有 5 473 个备件分为两类，然后计算并比较重订货点检验指标 α 与安全库存检验指标 β 的值来检验模型的结果，如图 5-9 所示。

模型计算结果表明，1.1% 的物料库存储备数量偏多，8.5% 的物料库存储备数量偏少，剩余 90.4% 的物料库存储备数量符合 2017 年 1～10 月的实际消耗情况。

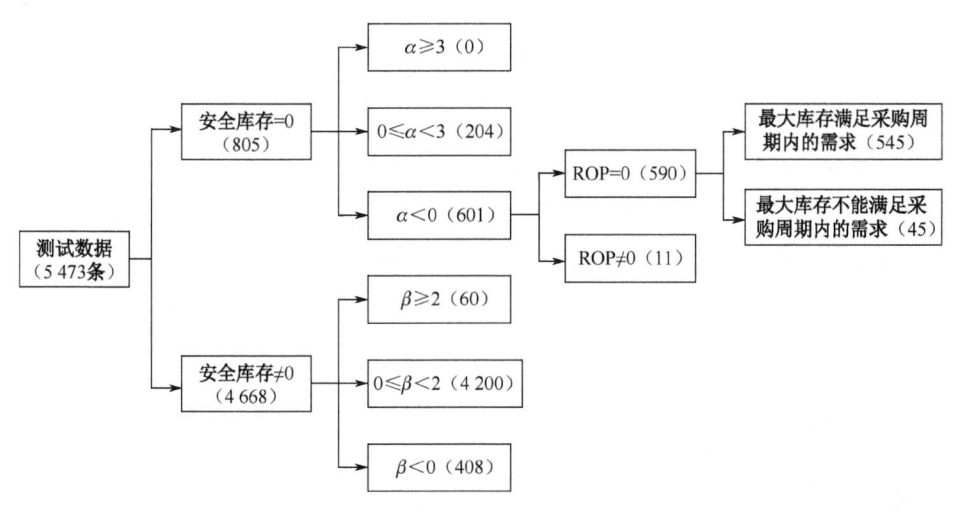

图 5-9　库存优化模型结果评估方法

库存优化模型可以输出建议的每种备件的安全库存数量、重订货点及重订货量，并进一步输出备件库存采购总额与备件服务水平最优"包线"，如图 5-10 所示。最佳方案取决于对备件成本和备件服务水平的权衡和决策。与 2017 年的实际消耗量对比，库存优化模型的可靠性达到 90.4%，并且随着数据准确性和完善性的提高，模型的可靠性还有进一步提升的空间。

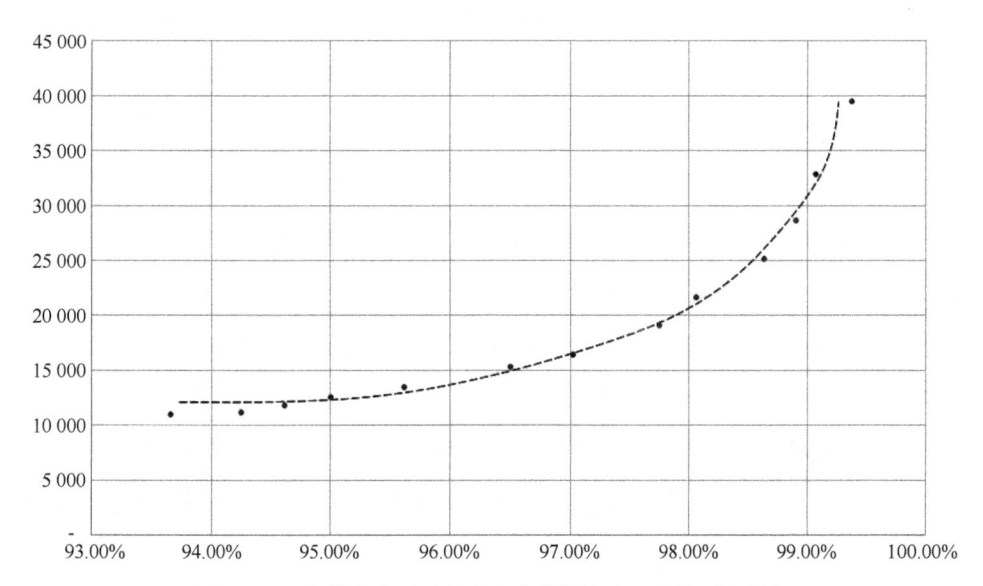

图 5-10　备件库存采购总额与备件服务水平最优"包线"

3）主动预警平台

设备健康预测模型与库存优化模型都投入使用后，将设备健康度的预测结果作为库存优化模型的输入，在此基础上，某石化企业开发了一个综合备件主动预警平台。平台界面可同时显示预测的失效时间，以及现有的库存量。这样就可以根据备件失效的预计时间和采购的提前期，综合考虑采购计划，在减少库存的同时，降低保供缺货的风险。平台的应用使某石化企业的备件库存理论降幅达到2 792万件，同时备件的服务水平也从74%提高到95%。

下一步石化生产工业大数据的应用研究方向如下。

（1）在对单个设备自身健康状况进行预测的基础上，自动识别与自身工况模式相似的同类设备，并对同类设备的健康状况进行判断。

（2）根据石化设备健康状态预测结果进一步生成健康风险系数，判断设备的健康风险等级，更好地对设备的维修维护进行指导。

5.7 总结

大数据应用已经是整个化工行业的发展趋势所在。化工行业是我国国民经济的重要支柱产业，经济总量大，产业关联度高，与经济发展、人民生活和国防军工密切相关，在我国工业经济体系中占有重要地位。改革开放以来，我国化学工业经济总量和发展质量都有较大的进步，但与发达国家相比仍有差距。目前化工行业发展面临的环境严峻复杂，有利条件和制约因素相互交织，增长潜力和下行压力并存，存在结构性矛盾较为突出、行业创新能力不足、安全环保压力较大、产业布局不尽合理等问题。在行业经济下行压力不断增大的形势下，"互联网+"浪潮对于传统行业的冲击，既是挑战，也是机会。

近年来，随着大数据深入到我国经济建设的方方面面，利用大数据来解决行业发展过程中遇到的种种难题，已成为各个行业改革的新常态。面对化工产业结构调整、节能环保、安全监管、两化融合、科技创新等问题，化工行业必须积极进行大数据技术创新与应用。

首先，针对化工行业结构性矛盾较为突出等问题，利用大数据技术，针对开放数据进行分析研判，可以帮助行业进行结构趋势预测，及时调整行业发展、生产方向，进一步推动行业向信息化迈进，实现两化融合，完成行业转型。可以利用大数据分析技术，构建化工行业数据库，提升行业预测预警功能，引导行业健康发展。

其次，大数据本身就是创造力的体现，行业的商业模式也在发生变化，主要体现在企业从生产型向服务型转变。过去企业单纯从事大众化生产为客户提供产品的方式，已经无法满足市场的需求，随着从短缺经济向过剩经济转变，深入挖掘增值服务，提供从卖产品到卖服务等一揽子解决方案，成为企业新的发展方向。利用大数据可以充分挖掘全新的化工产业商业模式，建立行业生态产业链园区，完善产业布局，拉动生产力。而对于企业来讲，通过大数据技术，可以从数据深度关联、可视化查询、数据报告等多个方面，为化工产业实现企业决策、生产管理智能化提供数据支持。此外，通过与行业之外的数据融合，可实现化工行业跨界发展，如与农业、电子商务等相结合，实现行业创新发展。

再次，在安全环保方面，大数据技术可以从海量数据中提取有价值的数据，为事故预警预测提供有效分析工具，对生产过程中的多个参数进行分析比对，及时准确地发现事故隐患，提升排查治理能力。在节能方面，大数据可以支撑装置生产优化，提升装置在线率，调整行业电耗、能耗，实现节能开源，提高生产效益。

最后，在人们较为关注的政府监管方面，大数据可以全面提高政府对于化工行业的监管服务水平。利用大数据，可以挖掘事故发生的季节性、周期性、关联性等规律，找出事故根源，制定监管预防方案，提升源头治理能力，降低安全生产事故发生的可能性。

第 6 章 钢铁行业的大数据分析

钢铁行业是国民经济的重要基础产业，是实现工业化的支撑产业，是技术、资金、资源、能源密集型产业，在整个国民经济中，占有举足轻重的地位，钢产量或人均钢产量是衡量各国经济实力的一项重要指标。同样，钢铁行业也是流程型生产行业。钢铁行业的系统是层级式的，每一层都具有连续性，很好地匹配生产特征。钢铁行业的生产流程主要包括铁前、炼铁、炼钢和轧钢。

典型的钢铁生产过程如图 6-1 所示。

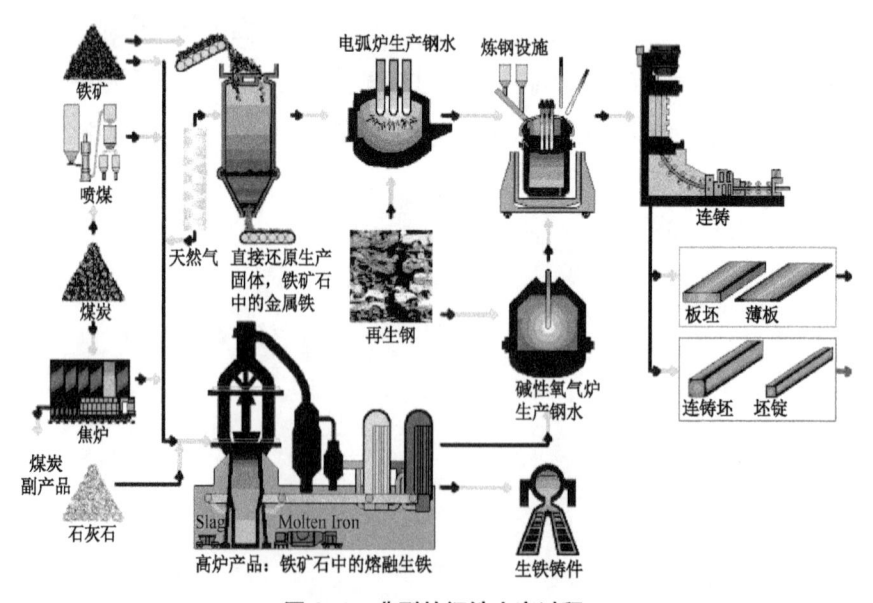

图 6-1 典型的钢铁生产过程

6.1 钢铁行业信息化现状

钢铁行业的发展势必经历如下几个阶段：模拟化、自动化、信息化、数字化和智能化。

当前，绝大部分钢铁生产企业已完成了自动化、信息化和部分数字化工厂的建设，即实现了自动控制、PLC 和 DCS 系统的配置，仪器仪表实现数字化，人机交互得到长足发展。除此之外，在产品的设计研发、排产、生产、质量控制、设备检维修、能耗管理、原料采购、库存管理、客户管理、成本控制、安全环保等方面，信息技术几乎可以覆盖钢铁行业的全流程和全周期。在上述生产控制系统之外，现在的钢铁生产企业还大力发展了 MES 系统和 ERP 系统。

随着钢铁生产企业逐渐完善各类信息系统，钢铁行业已具备了构建大数据智慧工厂的信息系统基础，即具备了利用大数据技术，统筹收集业务数据、生产数据、工艺数据、财务数据及用户行为数据，帮助企业挖掘数据资产价值，打造智慧钢厂的数据基础。

目前，钢铁生产企业基本配置了相应的信息化系统，实现了生产线之间的信息共享和上下游工序衔接；但与此同时，信息化系统之间相互独立，信息流存在沟通壁垒，与业务流的协同程度也不够，这是信息化建设的主要难点。建设智慧钢厂，需要实现工业 AI 的具体应用，完成生产全过程的信息协同及优化，构建完整的信息物理系统，实现实时感知、动态控制和相关信息服务。通过配置自动化控制系统，构建大数据分析模型，钢铁生产企业可以实现完备的多级控制系统，使各个信息系统、控制系统实现自感知、自适应，同时能提供全自动的决策和执行功能。

6.2 钢铁行业的大数据分析需求

综合来说，钢铁行业对大数据应用的需求包括以下几方面。

6.2.1 经营管理与生产管理的需求

对于钢铁企业来讲，生产线数量众多且繁杂，要想优化管理效果，提升管理水平，配置 ERP、MES 等系统是很不错的选择。这些管理系统可以协助企业开展管理工作，帮助企业实现价值提升。

当前，大部分钢铁企业已经配置了相关管理系统。钢铁行业信息化系统主要是各个层级的管理信息化系统。而在实际应用中，由于缺少相应的大数据技术，上述系统中大量的运行数据及历史数据未得到进一步的分析和利用，使得这些数据蕴含的价值远没有被挖掘出来，这也是企业信息化融合的技术瓶颈所在。

此外，在众多系统及应用之间往往需要独立的硬件资源，数据之间也无法实现有机互联，硬件成本出现重复投资的情况，给信息化运维带来额外的工作量。如果引入大数据技术作为支撑，企业便有机会将这些原本互相独立的数据进行整合，并利用运行数据和历史数据对企业生产状态、设备运行状态进行有效的计算分析，在打通"信息孤岛"的同时，充分挖掘企业的数据资产价值。

从生产管理的角度来讲，通过建立大数据应用平台，可实时获取工厂生产运行数据，根据历史数据建立模型，并根据当前生产运行情况进行实时分析，帮助工厂提高生产效率、降低设备能耗、避免设备意外停机等。同时，还能根据大数据的分析结果，优化生产排产计划、设备定期检维修策略，从而为企业节约生产运行成本、创造更多效益。

以传统的钢包监控系统为例，其主要依靠人工监控的方式进行管理，不但工作量巨大、运行效率低下，而且由于钢铁生产时的实际工况条件，给获取钢包的状态及位置信息带来了很大的困难。随着生产需求不断增长，对这些传统方法必须加以改进和优化。而基于大数据及物联网技术的钢包管理系统，则利用 RFID 和无线通信技术，并通过大数据分析、数据挖掘等方法将钢包管理系统与数据库充分结合，分别采用钢包自动跟踪模块、配包模块、温度监测补偿模块，实现了钢包的智能化识别、监控、跟踪等功能，有效提升了人员效率，增强了控制系统实时性，加快了工厂的周转节奏。

6.2.2 技术进步与发展的需求

对于钢铁行业来讲，企业规模普遍较为庞大，其配置的各种系统纷繁复杂。要想实现大数据技术的具体应用，对企业的信息技术能力、相关技术人员的技能都有较高的要求。

而在高速发展的时代背景下，逆水行舟、不进则退，上述挑战恰恰也是钢铁行业乃至传统制造业向智能制造转型的强大驱动力。

在钢铁行业向中国"智"造转型的过程中，大数据技术及相关应用将扮演重要的角色。因为未来，大数据应用和信息化能力将是钢铁企业竞争力的重要体现。钢铁行业作为重点制造业，对实现智能制造转型升级的需求是显而易见的。

在这个过程中，首先要推进我国钢铁行业各类企业的技术发展，在推行实施智能制造的过程中，强化技术改革，根据不同企业实际情况，研究解决技术落地方案，同时促进企业在技术人才培养方面的机制改革和反思，完善企业人才管理、人才梯队建设的方法思路。其次，要激活我国在智能制造相关技术领域的基础研究能力，推动实际行业应用中物联网和云计算技术的落地。再次，在引进国外技术的同时，要加快发展自主创新能力，逐渐形成我国自主知识体系，推进钢铁行业前沿领域的研究发展。最后，要大力促进国产智能设备的研制开发，打破当下许多智能制造设备只能依靠国外进口的尴尬局面，重点突破自主可控硬件的技术研发，逐渐满足国内行业需求。

近年来，大数据技术已经在网络运营商、IT服务提供商及众多传统企业中落地实践，在日常生活及社会管理等领域的应用取得了巨大的成功。大数据生态系统首先在互联网企业和IT企业中快速发展并产生了价值。随后，诸多钢铁行业传统企业也开始了相关研究。

目前，我国的钢铁行业已经实现了较高程度的自动化和信息化，处于大数据、人工智能发展的前期。诸多模型也被应用在生产和决策中，不过更多的还是专家系统，针对大数据的应用还处于探索中。国内已有一些拥有自主知识产权的大数据服务供应商，如北京中瑞泰科技公司。钢铁企业在开展转型升级的过程中，可以适当借助这些公司的力量，同时逐渐培养自身的信息建设能力，加强人才梯队建设，循序渐进、步步为营，逐步实现企业数据资产的价值挖掘，发展成为技术落地、应用切实可行的智慧工厂。

6.3 钢铁行业的大数据来源与特点

钢铁行业中产生的大数据属于工业大数据，是一种海量、高增长率和多样化的信息资产，符合 IBM 提出的大数据 5V 特性，即 Volume（大量）、Velocity（高速）、Variety（多样）、Value（低价值密度）、Veracity（真实性）。钢铁行业大数据贯穿于钢铁工业的整个流程，包括设计、工艺、生产、管理、服务等环节。而在上述环节的运行过程中，信息化系统及应用中产生的全部数据信息，构成了钢铁行业大数据。

钢铁行业发展几十年，大数据来源包括设备数据、生产数据、产品数据、管理数据、环境数据等。这些数据分布在广泛建立的多级计算机管理与控制系统中，具有分层布置和有限连通的特点，能基本满足现有生产、管理需求。

钢铁行业大数据按数据来源可以大致分为以下几类：信息管理系统数据、机器设备数据和外部数据。其中，在企业信息化系统和自动控制系统中生成的数据，属于信息管理系统数据；由设备仪器仪表及各种传感器从钢铁生产线中采集的机器设备或产品的各方面数据，属于机器设备数据；而从互联网获取的包括市场、客户、供应链、环境、政府等方面的信息和数据，属于外部数据。

钢铁行业的数据有以下几个鲜明的特点。

（1）数据收集以设备仪器收集为主，管理数据以人为记录为主。钢铁行业生产和传统工业生产一样，底层设备自动产生数据，现场检测记录仪器自动采集数据，经由开放通信协议和接口汇聚起来，构成钢铁行业数据的主体。管理系统中的数据多由人工录入，是钢铁行业数据的重要组成部分。

（2）数据存储以数值型数据为主，主要包括设备自身产生的运行数据和参数、生产过程中的控制及观测数据、产品生产及检测过程中的外观及成分数据、管理过程中的各类量化数据、环境监控传感器数据等，辅以视频数据（环境监控摄像头数据）、文本数据（管理过程中的各类记录数据）、语音数据（管理过程中的各类人员对话数据）等。

（3）数据管理以分层管理为主，如 ERP、MES、DCS 等，各系统之间根据业务需要建立联系，未能构成融合系统，数据也主要固化在各系统中。各分层系统中逻辑性、因果性、条理性强，但更多的是任务导向性整理和记录。整体上有海量数据，但细化到单任务线的数据量并不够多。

（4）数据分析以传统模型分析和简单表格分析为主，反映设备作业、生产的机理模型更多地被使用。数据模型集中在设备层、生产层、产品层使用。管理层数据分析更多以表格方式展现。视频、语音、文本数据更多作为记录，满足工作需求，并未被分析。深度学习、神经网络等建模方法在钢铁行业尚处于起步阶段。

（5）数据决策以统计数据辅助人为决策为主。钢铁行业建立在机械化、自动化基础上，由底层汇集上来的自动化数据，常常被作为重要的生产决策数据。管理数据经由人工整理和历史沉淀，具有阶段稳定性和长期可变性。因此，统计数据应用较多，深层次数据挖掘和数据分析应用较少。

随着计算机、自动控制系统越来越多地介入生产过程，以及外部数据的接入，存储数据的量级或将达到 EB 级，数据量极大。钢铁行业的数据被存储在诸多系统中，有企业管理系统，也有生产工艺控制系统，其业务归属分散，分布范围广，缺少统筹管理的方法。生产工艺方面的数据具有波动性，牵扯到生产效率、效益及安全等诸多问题，并且对传输速率有着较高的要求，具有实时性。

钢铁企业的数据看似纷繁复杂，实则信息关联性强。钢铁行业数据价值的分布具有很强的"二八定律"特征。加工工艺、数据分析、图纸设计等方面的数据，量少价值高，而其余的巨量数据，如历史运行数据、工况数据等，则需要充分发掘才能获取其蕴含的价值，而这个特点也恰恰是大数据分析在钢铁行业中的价值体现。

6.4 钢铁行业的大数据解决方案

钢铁行业大数据解决方案属于工业大数据解决方案，这里以上海叔本华智能科技有限公司整理的大数据解决方案为例进行介绍，如图 6-2 所示。

数据源层：数据来自生产执行系统、设备系统、在线和离线监测系统、数据仓库、生产网中心数据库等多个生产核心系统和数据库。

数据采集层：对以上数据进行处理并存储，包括典型的系统文件存储、HBase、消息缓存。

工业大数据分析在流程制造行业的应用

图 6-2 大数据解决方案示例

数据计算层：数据一方面被及时交由实时计算框架进行处理，另一方面被定期同步至离线计算框架，工具包括 MR、Hive、Storm、Spark 等。

数据服务层：主要提供对外服务，可以按需定制、自定义模型算法等。

1. 数据采集

1）结构化数据

现场数据主要来自生产执行系统、设备系统、在线和离线监测系统、数据仓库、生产网中心数据库等多个生产核心系统和数据库，可以采用 ETL 工具 Kettle 采集结构化数据。ETL 工具是大数据分析平台的重要组成部分，它按数据仓库建立的方法，每天或定期从各个业务系统中采集详尽的业务数据，并根据各自的需求进行数据调整，数据迁移过程中会将原始数据进行抽取、清洗、合并和装载。在此过程中，必须保证数据的完备性和一致性。

2）非结构化数据

随着信息化建设的发展，电话会议、视频会议、影音文件、传感器采集的设备数据、移动端收集的数据及其他流数据等非结构化数据，可以通过传感器接口、视频接入设备、网络爬虫工具和流处理程序等方式分别进行采集，并存储到 HDFS 和 HBase 中。

2. 数据存储

现在企业使用的主流数据库分为关系型数据库和非关系型数据库。

关系型数据库有 MySQL、SQL Server、Oracle 等。特点包括：擅长少量数据的读写存储、擅长复杂的 SQL 操作、支持事务机制等。

非关系型数据库有列存储数据库（BigTable、HBase 等）、键值数据库（Redis、SimpleDB 等）、文档数据库（MongoDB）、图形数据库（Neo4j、InfoGrid 等）。特点包括：高性能、高可用、易扩展、大容量等。

为方便现有数据管理和满足未来的性能要求，可综合利用多种数据库，借助关系型和非关系型数据库的优点，使整个系统性能达到最优。

大数据分析平台集成了很多功能组件。例如，HDFS 是 Hadoop 中的分布式文件系统，用于分布式存储大数据文件；HBase 是 Hadoop 中的可扩展分布式列存储 NoSQL 数据库，用于存储结构化和非结构化数据等。这些组件共同构成大数据分析平台，存储来自网络的海量数据，并实现高效的查询和管理。

3. 数据实时处理

数据实时处理流程：数据生成→实时采集→实时缓存→（准）实时计算→实时落地→实时展示→实时分析。处理数据的速度在秒级甚至毫秒级。

数据采集：目前采集数据的主流控件包括 Flume、Fluentd、Logstash、Chukwa 等。

数据缓存：分布式消息队列选用 Kafka、RabbitMQ、ActiveMQ、ZeroMQ 等。

数据实时计算：实时计算框架可选用 Apache Storm、Spark Streaming、Apache Flink 等。

数据存储位置：分布式数据存储 Elasticsearch、MySQL、HBase 等。Elasticsearch 是一个开放源代码的高扩展性全文搜索与分析引擎。它可以实时与快速地存储、搜索和分析大量的数据，通常被用作底层引擎/技术。

4. 数据集成

把不同来源、格式、特点、性质的数据在逻辑上或物理上有机地集成，为企业提供全面的数据共享。

5. 数据变换

通常用多维数据立方（Data Cube）组织数据，采用数据仓库中的切换、旋转和投影技术，把数据空间按照不同的层次、粒度和维度进行抽象和聚集（数据泛化)，从而生成在不同抽象级别上的数据集。

6. 数据清洗

真实数据中可能包含大量的缺失值和噪声，也可能因为人工录入错误而存在异常点，所以需要采用一些方法来提高数据的质量。例如，通过滤波器去掉噪声。

7. 数据相关性分析

数据相关性分析是数据探索的重要步骤，了解数据分布可为模型选型打下基础。

图表分析（折线图及散点图）：绘制图表，展现数据趋势和联系。

协方差及协方差矩阵：用于判断两组数据是正相关，还是负相关。

8. 数据降维

从高维数据中筛选出有用的变量，降低计算复杂度，并提高模型训练效率和准确率，这就是降维。几种常用的降维方法介绍如下。

PCA：主成分分析，目的是找到数据中的主成分，利用这些主成分表征原始数据，从而达到降维的目的。PCA 的目标是最大化投影方差，即使数据在主轴上投影的方差最大（找到一个投影方向，使其方差最大）。

LDA：线性判别分析，即找到一个投影方向，使得投影后的样本尽可能按照原始类别分开。

SVD：奇异值分解，用来简化数据，奇异值分解只保留三个比较小的矩阵，就能表示原矩阵。

9. 大数据分析建模

大数据分析模型按照输入输出的形式分为关联规则分析模型、分类分析模型、回归分析模型和聚类分析模型，这些分析模型及它们的组合被应用于多种实际工业场景的分析任务中，如工艺参数优化、产量预测、故障检测和诊断、客户需求分析和服务类型识别等。

6.5 钢铁行业的大数据分析方法

经过近些年的发展，大数据分析的一些模型和算法已经较为成熟。在钢铁行业，大数据分析中应用的模型主要有超球分析模型、关联规则分析模型、回归分析模型、分类分析模型和聚类分析模型。具体到算法，常见的有决策树、神经网络、支持向量机、多元线性回归、贝叶斯网络等。这些模型和算法有的适合挖掘数据之间的关联关系，有的适合进行趋势和行为预测，有的适合进行归类判断。各种模型之间不存在绝对意义上的优劣性，需要根据不同的场景选择合适的模型和算法进行大数据分析。

关联规则分析模型通过挖掘钢铁大数据中频繁项集的方法，找出数据之间的隐含关联。例如，在钢铁领域，可以分析钢铁制造过程中合金成分的含量、出钢温度、轧钢速率等因素对成品机械性能的影响，帮助钢铁企业优化制造工艺；可以从历史能耗数据中寻找影响能耗表现的相关生产工艺参数，指导工厂进行参数优化，降低能耗；还可以通过关联规则分析客户关系管理信息，对客户行为及偏好进行预测。

神经网络模型通常用来表达相对复杂的非线性函数，通过用钢铁大数据对其进行训练，确定神经元网络之间合适的权重和参数，可以在分类和回归计算中得到比较准确的输出。例如，在钢铁行业中，可通过前馈神经网络模型，预测企业能耗情况；可结合故障机理理论，通过神经网络模型定位机械故障，辅助开展故障排查；可基于有动量的 BP 神经网络模型，根据某市当年的 GDP、生铁产量、焦炭产量预测该市炼钢厂下一年的钢产量；可利用神经网络模型排查实时数据库中的数据，寻找设备潜在故障。

另外，针对钢铁大数据，也可以利用聚类分析算法对复杂参数之间的关系进行分析。例如，通过分析炼钢厂脱硫相关数据，以及对应的脱硫剂用量，可以预测在不同工况条件下哪种脱硫剂脱硫效果最好；可以利用算法对炼钢厂的海量历史数据进行挖掘分析，帮助工厂优化生产参数及能耗监测；可以对生产运行数据进行聚类分析，帮助钢铁企业找出生产过程中的异常点，根据"正确"簇中的数据，为下一步进行差异分析提供数据基础；可以采用灰色聚类分析算法，对库存进行重要性聚类分析，帮助工厂调整库存，优化成本控制。

上海叔本华智能科技有限公司对目前应用于钢铁行业的主要大数据分析方法进行了整理，说明如下。

1. 机理分析

钢铁行业系统运行产生的大数据来源于设计、制造和生产等环节，涉及各类型软硬件设备，这些数据信息资源之间存在极大的关联关系，如简单关联关系、时序关联关系、设备—软件关联关系、日志操作关联关系等。

钢铁生产网络安全监测，可以发现数据集中的离群点或异常数据，包括分类中的反常实例、例外模式、观测结果对期望值存在的偏离，以及量值可以随时间的变化而变化。偏差检测包括寻找观察结果、参照之间的有意义差别，偏差分析的一个非常重要的特征是可以有效地过滤掉大量人们不感兴趣的信息。以机理为基础，建立关联性，检测和分析偏差，可以反映现场情况。

2. 时序性预测分析

时间序列（Time Series，TS）是按时间顺序记录的一组数据，其中观察的时间可以是任何时间形式。简单来说，一列按时间先后顺序排列的数据就是一个时间序列。

时间序列的成分主要有4种：趋势（T）、季节（S）、周期（C）、不规则波动（I）。趋势和不规则波动都很好理解，季节和周期的区别在于季节成分的时长是固定的，如一年内的波动在每一年里都是类似的，而周期成分则没有固定的时间长度，但又是在长时间尺度上循环出现的，通常对于较短的时序由于数据量不足以体现周期成分，所以不考虑周期的影响。

针对不同的数据量级、数据关联程度及数据准确性等信息，选择合适的模型进行预测，并结合数据的关联性、延迟、重要程度等信息进行参数调整，最终实现模型的高准确性和高可靠性。例如，钢铁行业设备种类和数量多，设备购置、维修、更换等运行记录保存日期、位置、版本较多，容易产生不一致。上海叔本华智能科技有限公司引入贝叶斯分类算法，挖掘数据中相同类别的信息，这些类别可以是维修记录、购置记录，也可以是时间内容等，并且可以利用预测管理功能预测现场设备的运行趋势。

3. 聚类算法

钢铁行业大数据多是设备运行自动产生的数据，相关子数据集缺乏详细的描述信息。上海叔本华智能科技有限公司采用聚类分析方法，将数据划分为多个簇，簇内保持高度的相似性、同构性，簇间保持较大的差异性，这样就可以把相同类别的数据划分到一个簇，把不同类别的数据划分到多个簇。该公司按照此方法整理了上亿条数据。

4. 挖掘算法

当不知道期望目标，并且无法获取更多的数据应用背景知识时，可以利用 K 均值算法构建一个自动聚类分析的大数据模式。例如，可以自动将企业设计数据划分为高、中、低三个档次，把高档设计案例推荐给企业，提高企业设计能力。通过 BP 神经网络，可以学习获取相关的风险关键特征，然后将待评估的设备运行状态数据输入系统，自动分析设备维护次数、更新次数、使用周期，判断大数据的运行维护记录、设备日常运行趋势，提高工业设备的运行维护效率。

5. 基于机器学习的模式识别

这类学习系统主要考虑的是如何索引存储的知识并加以利用。系统的学习方法是直接通过事先编好的程序来学习，学习者不做任何工作；或者通过直接接收既定的事实和数据进行学习，对输入信息不做任何推理。

上海叔本华智能科技有限公司运用基于机器学习的模式识别方法，从上亿条记录中提取整理出钢铁行业设备运行模态几百类，建立相关学习模型，用以指导设备管理和维护。

6. 超球分析

北京中瑞泰科技公司的超球分析模型适用于设备与生产过程的预警和异动侦测，利用操作运行或设备的海量历史数据，以"超球"数据建模技术，建立生产或设备的数据模型，用模型生成的 HPI 健康度监测设备故障早期预警或运行操作条件的偏移，当发生异常时，将相关测点列出供用户确认。若是设备故障，则将此次故障条件记录下来，未来可累积成设备/运行的规则库和维修策略；若是设备老化现象或测点传感器漂移，则进行模型微调或对测点传感器进行维修。

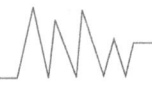

7. 专家系统

应用人工智能技术和计算机技术，根据某领域一个或多个专家提供的知识和经验进行推理和判断，模拟人类专家的决策过程，以便解决那些需要人类专家处理的复杂问题。在设备生产分析中，可结合传感器、现场记录、视频信息、寿命曲线、专家经验等提高大数据处理的可靠性。

6.6 钢铁行业的大数据分析案例

6.6.1 应用场景

随着钢铁企业逐渐完善 MES 和 ERP 系统，钢铁行业已具备了构建大数据智慧工厂的信息系统基础。具体到钢铁行业的实际应用中，需要利用大数据技术，统筹收集业务数据、生产数据、工艺数据、财务数据及用户行为数据，帮助企业挖掘数据资产价值，打造智慧钢厂。

当前，钢铁行业市场竞争正不断加剧，客户对于产品的需求也变得多样化。总体来讲，客户需求呈现出了小批量、多样化的特征。钢铁企业可以通过网络平台收集客户的个性化需求，并利用行业内不同产品的交易数据，优化工厂的排产策略，通过深层次的需求分析和个性化的产品设计，实现定制化生产。此外，在钢铁行业中，无论是炼铁、炼钢，还是轧钢，对生产过程中各个环节的温度、压力、流量、振动等参数都需要进行实时监测和收集。为了监测和收集这些数据，除配备大量的传感器之外，工厂还应配置相应的数据库对运行数据进行收集和管理。

在大数据技术得到具体应用之前，这些数据往往只能静静地躺在硬盘中，而现在，通过对这些历史运行数据的分析和利用，将帮助工厂形成多样多元的分析和结果，如设备故障预警、事故诊断分析、用能安全、能耗优化、智能库存管理等，让工厂的数字资产价值得到充分激活，扩大已有投资产生的效益。

另外，借助钢铁大数据开展模拟仿真，可以节约成本、优化能耗，使工厂焕发全新生产力。在传统的生产过程中，设计、测试、验证等环节均需要先进行试生产，再对实物进行相关的试验和测试。实物的生产周期较长，反复测试则将耗费越来越多的物料成本、人力成本。而利用大数据技术，能综合考虑更多的因素，在模拟仿真的过程中尽早地暴露更多问题，对每一个生产环节都可以进行模拟、评估、验证，从而改善流程和设计方案，极大地减少工作量，帮助钢铁企业在优化生产工艺的同时节约成本、降低能耗。

经上海叔本华智能科技有限公司整理，大数据在钢铁行业的应用场景如下。

1. 生产制造过程

钢铁企业在生产制造过程中主要解决安全、质量、环保、效率之间的矛盾。例如，改善质量缺陷识别手段，分析设备和生产状态、原材料和质量之间的关系。加强成本分析与材料、生产、设备、现场关联分析。提升钢铁企业能源管理技术水平，提高生产过程数据分析、处理能力，实现生产安全、稳定、持续运行，达到节能、降耗、环保的目标。

要达到以上目标，采集现场设备、工艺、操作、质量、排放、能耗等信息是基础，之后通过数据处理形成高质量数据湖；按照规则整合数据，形成大数据平台；在大数据积累的基础上通过模型分析提炼规律，根据规律反馈优化设备管理、工艺生产、操作规制、质量指标等。

2. 供应链营销过程

传统的钢铁行业上下游数据未打通，无法获得准确的市场信息，导致生产效率不高；物流运输也存在不匹配问题，导致物流、信息流、资金流运营低效。

大数据分析可以提高钢材销售、采购、加工、运输、金融融资的效率，让货物交收安全便捷，贸易融资方便快捷。钢铁电商平台通过大数据技术，可以整合钢铁行业的加工配送、资讯服务、客户信息和在线金融，将整个产业链通过数据连接起来。通过大数据风控，可保障货物安全、资金安全、交易安全，有效分配和调节钢铁市场供需。电商平台能将钢铁企业中的研发、销售、服务业务集中起来，成为新的商业龙头。电商平台还能促进传统钢铁企业的专业化分工，使钢铁企业专注于少量钢种的精耕细作，而不再追求万能的生产线。例如，宝钢集团就有自己的宝钢欧冶采购电子商务平台，通过设置采购组织与物料、在线交易、服务中心和网上超市板块，不仅可以密切关注产品的交易情况，还可以收集用户浏览网页的信息。另外，钢铁企业可以将网上客户行为数据与线下购买数据打通，实现线上与线下营销的协同。例如，根据线上咨询线索，服务人员进行电话回访，从而推动线下交易。

3. 研发服务过程

钢铁产品研发过程主要是把用户需求转化为产品质量设计，再进一步转化为成分工艺设计，并形成生产控制标准的过程。服务过程主要是将用户需求转化为钢种和加工工艺的过程。围绕两个过程的信息、数据、知识和工具的集成，包括产品数据管理、计算机辅助设计、计算机辅助工艺设计。研发和服务的数字化、流程化、模型化能从根本上促进钢铁行业转型。

6.6.2 应用案例

1. 大数据治理

某钢铁企业正在逐步向数据化转型，然而在数据采集、处理，以及将实时数据处理结果嵌入生产流程等方面仍然存在种种问题与障碍，具体表现如下。

（1）数据采集受限。以往用于传统的分析预测的数据源非常有限，无法有效地支持更复杂的分析方法与技术。原有的集成系统并不能很好地支持实际需求。

（2）要求实时处理的数据结果无法嵌入生产流程，导致质检仍然只能靠人工抽检，效率低，成本高。在钢卷生产过程中需要在钢板成卷前完成质量检测，原有质检系统为半自动化，需要大量人工参与检测，而且只能对单个采集点进行缺陷判断，不能判断整卷钢材是否合格。

针对以上数据问题，该企业从以下几方面来改进。

（1）扩充基础数据源。除原来业务系统中包含的生产数据（如生产任务数据、内部质量检测报告和实时生产设备监控数据等）、出货管理数据、销售数据外，还增加了下游汽车销售数据、宏观经济数据、网络数据。聚合内外部多元数据作为数据分析的输入，通过数据管理将新增数据源纳入整体数据管控体系中。

（2）建设大数据平台，实现不同来源和不同结构数据的采集与集成。

（3）数据处理：对采集的数据进行处理，包括数据检查、数据清洗与过滤规则+人工智能化处理。

（4）数据模型的建设：基于整合的数据，通过缺陷聚类与合格专家模型建设，能支持多种型材的合格预测。

（5）数据模型的智能管理与优化：实现数据模型动态管理，利用机器学习进行模型优化。通过数据补充与检测结果反馈不断进行优化，形成管理闭环。将数据质量优化过程嵌入数据消费流程，提升模型精度。

2. 设备检修智能分析优化

某钢铁企业设备日常维护涉及点检、检修、备件等多方面内容。该企业积累了数十年的设备状态记录，从中可以挖掘出诸如设备状态变化、点检员文本记录习惯、检修项目和费用的变化趋势等信息。这些信息对于点检、检修项目的修订有着很好的指导作用。但是，手工整理和比对很难对海量数据进行有效的挖掘和提取。

针对以上管理优化问题，该企业主要通过基于人工智能的文本分析和基于模型的数据整理、状态预测，自动快捷地提取数据中隐藏的信息。所整理的信息可以通过更便于查询的可视化形式来展现，方便管理人员操作和使用。

设备检修智能分析优化包括：

- 对设备进行分析（设备类型、设备状态关联、备件、检修内容）；
- 监控工具（异常设备描述信息、点检项目、匹配关联系统）；
- 设备状态预测系统；
- 比对历史数据信息，查找设备故障、异常变化趋势和不规范的操作（通过自然语言处理技术查看是否有记录违规、记录异常等操作）；
- 通过历史实绩数据分析，聚焦、抓取检修频率异常高、费用投入大的项目；
- 通过检修实绩数据分析，提高日定年修项目立项的准确性和命中率。

以同类设备分析优化为例，对于在相似工况下使用的同类设备中采集的传感器数据、设备状态日志数据、图像监测数据进行综合比对。通过统计分析得出同类设备发生异常或故障的一般规律，当某一设备出现与一般规律不同的异常或故障频率时，自动将异常情况反馈给用户。

该系统主要包含三个模块：同类设备展示、同类设备管理、同类设备分析。同类设备展示主要用于查询已建立的同类设备档案，以及同类设备所包含的设备数、分类编号、正常运行时间均值及标准差、是否有周期性等信息。同类设备管理主要用于对同类设备类型及同类设备内所含设备的增加、删除、更改等操作。同类设备分析则是以报告的形式导出同类设备中存在异常的设备，方便管理人员查看（参见图6-3）。

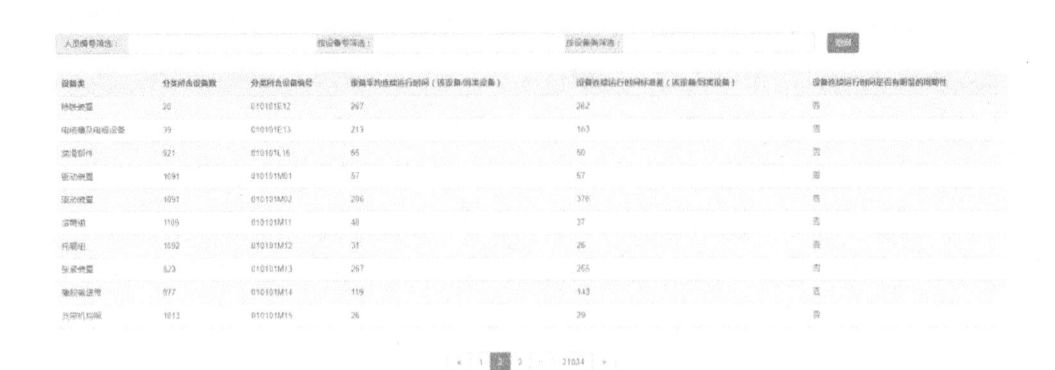

（a）同类设备展示

（b）同类设备管理

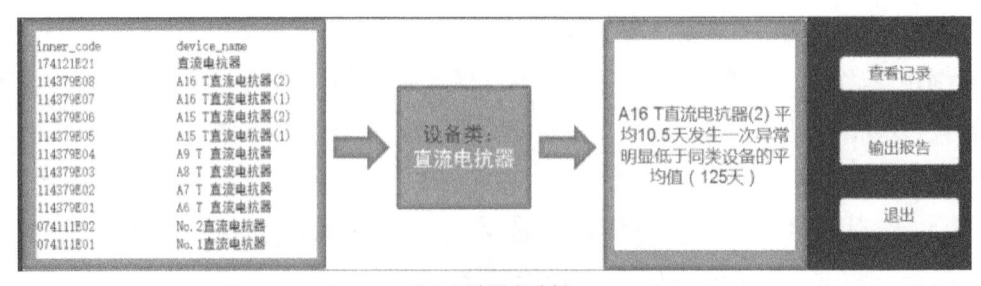

（c）同类设备分析

图6-3 同类设备分析优化系统

3. 设备状态分析预测

某钢铁企业希望实现设备管理智能化。该企业集中研发力量，进行产学研合作，从ERP、MES、DCS等系统中收集历史数据，对历史维护数据（包括点检、异常、故障、检修）进行挖掘与分析，提取设备状态变化规律，并对以后的设备状态变化进行预测，提醒点检人员关注，优化点检工作。

具体包括：

- 根据业务要求对海量数据进行唯一性、规范性、完整性的实时审核处理；
- 根据标准化、归一化后的文本，对设备状态时间序列进行算法建模，预测后续状态变化；
- 根据设备状态变化规律，预测当月、下月及第三个月所有设备发生故障、异常的时间，并与EQMS、App、小程序等应用对接，及时提醒点检员和车间长关注；
- 绘制设备历史故障、异常、检修状态图，可视化设备状态记录和规律；
- 绘制设备分特征的历史故障、异常、检修状态图，可视化设备分特征的状态记录和规律；
- 绘制设备故障、异常、故障加异常、严重异常、故障加严重异常的预测图，可视化历史状态记录和预测时间；
- 绘制设备故障、异常、故障加异常、严重异常、故障加严重异常的分特征预测图，可视化历史状态分特征记录和预测时间。

相关示例如图6-4和图6-5所示。

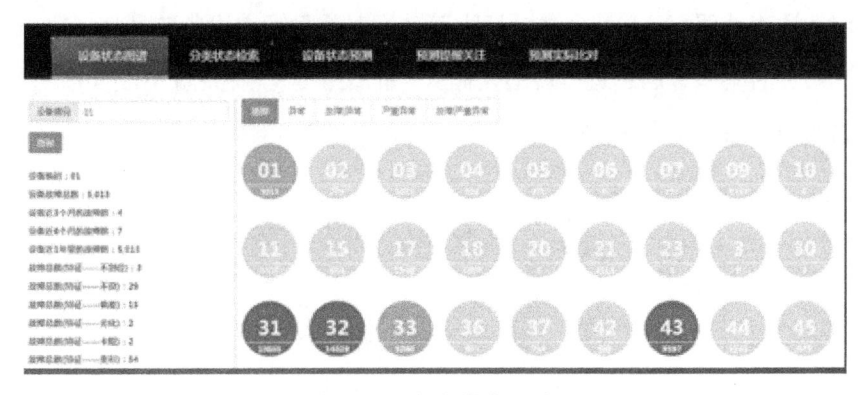

图6-4 设备状态图谱

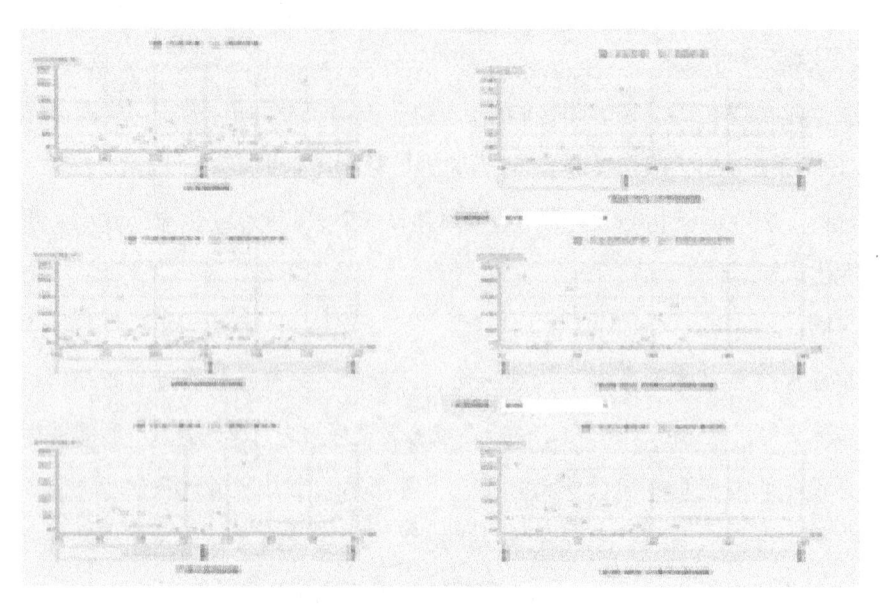

图 6-5　设备状态预测图

4. 某典型装备远程诊断与预防性维护系统

钢铁企业某典型装备远程诊断与预防性维护系统包括：设备状态日志子系统、基于传感器的设备状态监测子系统、基于寿命分析的设备状态预测子系统、基于图像识别的设备状态监测子系统。

1）设备状态日志子系统

利用自然语言处理（NLP）、多数据匹配等技术对重型锻造设备的品牌型号、故障记录、维修维护记录、时间戳等信息进行规范化输入，把设备管理人员输入的异常、故障等数据存储到数据库中（图 6-6 和图 6-7）。

图 6-6　设备管理人员录入界面

id	error_code	ten_code	device_name	start_time	end_time	content	middle_time
8	AE8AY1112009	700101M06	提升液压缸	2011-12-06 00:00	2011-12-09 00:00	油缸活塞杆动作异	2011-12-08 00:00
9	AE8AY1112068	700101M06	提升液压缸	2011-12-22 00:00	2011-12-26 00:00	油缸活塞杆动作异	2011-12-24 00:00
10	AE8AY1204044	700101M06	提升液压缸	2012-04-16 00:00	2012-04-25 00:00	油缸泄漏	2012-04-21 00:00
11	AEPAY1102044	700101M06	提升液压缸	2011-02-28 00:00	2011-03-31 00:00	步进梁提升销磨损	2011-03-16 00:00
12	BGTAAE8AY1306	700101M06	提升液压缸	2013-06-08 00:00	2013-06-13 00:00	液压缸 端盖	2013-06-11 00:00
13	BGTAAE8AY1311	700101M06	提升液压缸	2013-11-04 00:00	2013-11-07 00:00	液压缸 端盖	2013-11-06 00:00
14	BGTAAE8AY1311	700101M06	提升液压缸	2013-11-27 00:00	2013-12-03 00:00	液压缸 动作	2013-11-30 00:00
15	BGTAAE8AY1311	700101M06	提升液压缸	2013-11-28 00:00	2013-12-12 00:00	液压缸 端盖	2013-12-05 00:00
16	BGTAAE8AY1502	700101M06	提升液压缸	2015-02-25 00:00	2015-02-26 00:00	液压缸 端盖	2015-02-26 00:00
17	BGTAAE8AY1503	700101M06	提升液压缸	2015-03-16 00:00	2015-03-26 00:00	液压缸 端盖	2015-03-21 00:00
18	BGTAAE8AY1511	700101M06	提升液压缸	2015-11-17 00:00	2015-12-02 00:00	液压缸 端盖	2015-11-25 00:00

图 6-7 数据库示意图

2）基于传感器的设备状态监测子系统

对装备上加装的压力、温度、电压、电流等传感器的数据进行实时采集、存储。对采集到的传感器信息进行分析，采用机理模型、经验阈值判断与机器学习相结合的方式建立故障模式识别模型，以实现实时设备状态评估与故障报警。

设备状态以图表的形式进行展示，并且可以进行历史状态查询。对于一些瞬发的异常，如电压失稳，可以采用阈值判断的方式。对于一些进展缓慢的故障，如缸体中密封圈泄漏导致的压力下降，则可以采用信号趋势分析的方式在压力刚开始发生下降时就进行预警。对于比较复杂的异常，则需要结合多个传感器进行故障模式识别（机理模型、经验模型或数据驱动的人工智能模型）。传感器故障特征判断示意图如图 6-8 所示。

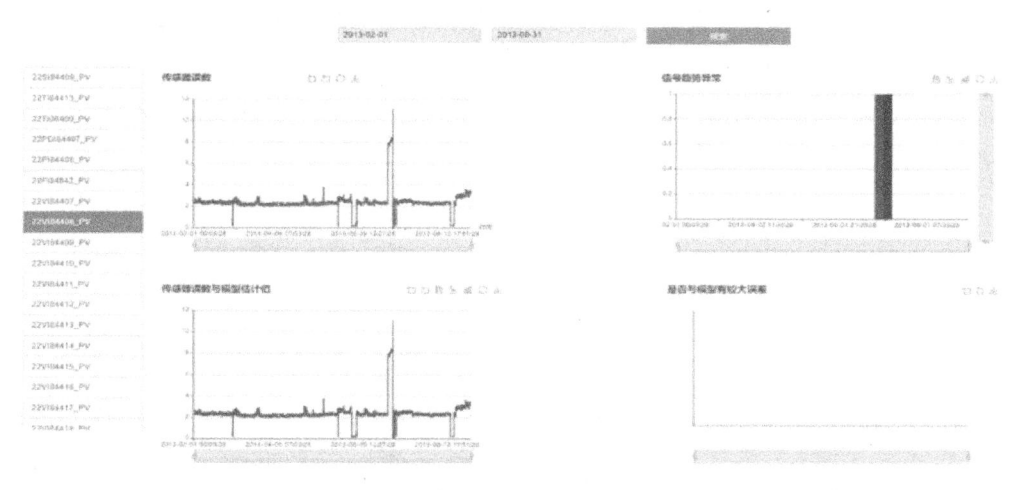

图 6-8 传感器故障特征判断示意图

3）基于寿命分析的设备状态预测子系统

根据专家经验、部件设计寿命及设备状态日志子系统中的信息，绘制装备中关键部件的寿命分布曲线。寿命分布曲线将用于评估每一个设备、部件的健康度。并且，把需要进行维护的设备或部件生成一个设备重点关注清单（图6-9）。设备维护人员可以根据基于寿命分析的设备状态预测子系统提供的设备重点关注清单，有针对性地安排点巡检计划。

图6-9 设备重点关注清单

每当有新的数据录入系统时，模型可以根据新的数据实时更新，使模型的预测结果更贴近设备的真实状态。设备重点关注清单定期更新，设备维护人员可以根据设备名称、编码和时间来筛选所需查看的内容。同时，可以用图表的形式显示设备维护历史，如图6-10所示。

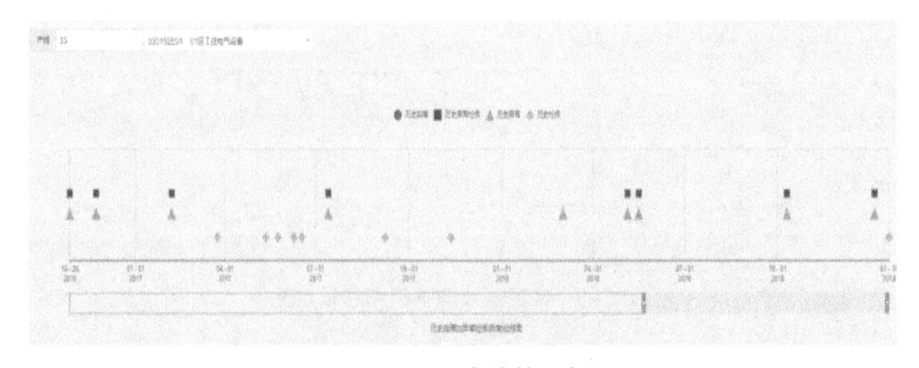

图6-10 设备维护历史

4）基于图像识别的设备状态监测子系统

典型装备中有很多常见故障都可以用图像识别的方式来监测。例如，比较常见的表面划痕问题，由于润滑等问题导致的曲轴轴承发热、退料板不工作、打料碰头位置不对等问题，都可以通过可见光摄像头或红外摄像头对设备进行连续性拍摄，结合人工智能的图像识别算法来实现实时监控、实时报警。

通过现场架设的摄像头，将现场设备的图像实时传输至后台，然后基于人工智能的图像分割和模式识别算法对设备状态进行判断，如发现异常状态，现场图片和异常报警将及时显示在用户界面（UI）中，便于设备管理者及时发现、处理设备存在的问题。

基于图像识别的设备状态监测子系统的 UI 示意图如图 6-11 所示。

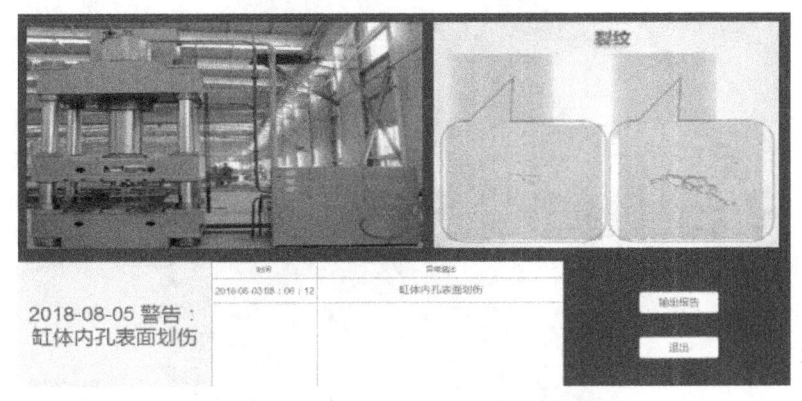

图 6-11 基于图像识别的设备状态监测子系统的 UI 示意图

5. 高炉 AI 化生产

日本 JFE 钢铁公司是世界大型钢铁企业集团之一，是日本第二大钢铁集团，也是全世界为数不多的生产轿车外板的企业，其多项技术均代表世界钢铁行业的最高水平。JFE 公司依靠其热轧技术为钢铁企业提供热轧产品，以保持与钢铁企业的紧密合作。

JFE 公司近期宣布，千叶、京滨、仓敷、福山地区钢厂的 8 座高炉全部实现了 AI 化生产，如图 6-12 所示。通过在难以观察到的高炉中部署大量传感器，采集内部超过 10 000 个点（每个高炉）的数据，如温度、压力、振动、流速（水分和风），使用 AI 进行分析，并根据数据进行操作，从而实现提前 12 小时预测结果。通过这一方式掌握炉内状况，对故障进行预测，使上述 4 个地区的高炉作业标准化。

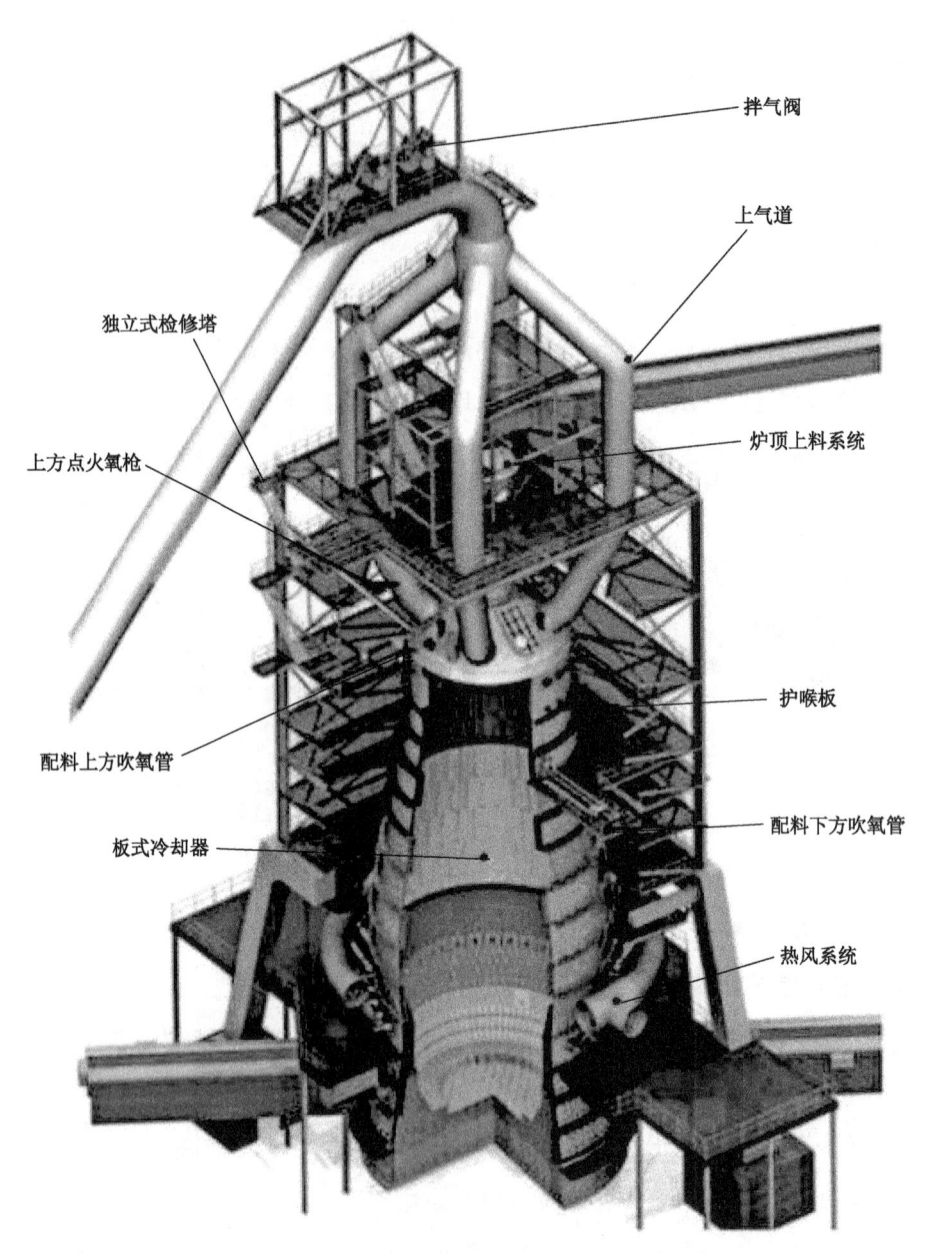

图 6-12　高炉 AI 化生产示意图

6. 攀钢集团冷轧车间大数据应用

攀钢集团旗下的全资子公司攀枝花钢钒有限公司（以下简称"攀钢钒"）现已配置了 5 级信息化系统，构建了相对完整的信息化体系。通过信息化建设，积累了海量的生产运行数据，为进一步进行大数据分析奠定了数据基础。在生产方面，攀钢钒完成了分区域、分工序的数据分析，辅助工厂进行生产工艺优化。此外，对来自采购营销系统、客户管理系统的数据进行采购分析、财务分析及产供销分析，以工厂的钢铁生产业务为主线，利用大数据分析技术为经营决策提供辅助支撑。

在实际生产中，攀钢钒冷轧车间的产品凸包率曾达到 0.16%，超过了 0.1% 的规定指标。针对此问题，攀钢钒开展了大量工作，却始终没有找到确切原因，工厂被此问题持续困扰多年。后来在大数据分析方法的帮助下，技术人员通过查看关联分析结果，发现凸包率与精轧轧辊冷却水喷嘴的堵塞情况相关。喷嘴堵塞一旦超过 5 小时，凸包率便开始明显上升。而在这之前，喷嘴堵塞的情况其实早已被发现，但是如果没有大数据的关联分析，两个部门的工作人员无论如何也不会想到这两个故障之间竟然产生了内在联系。随着大数据技术的应用，困扰工厂多年的顽疾迎刃而解，目前相关产品的凸包率已成功降至 0.08%。

7. 宝武集团智慧企业应用

1）宝钢股份热轧智能工厂

宝武集团下属的宝钢股份热轧智能工厂运用工业大数据集成方法，采用混合模型数据分析技术，进行多目标及数据源的交互，实现了无人化板坯库、智能巡点检、全过程质量控制等应用，在热轧车间开展了智能化探索与实践。热轧智能工厂的建成，让工厂在生产工艺、能源管理、人力效率等多个方面得到了提升，增强了生产灵活性，降低了生产运行成本。

2）韶钢智慧中心

宝武集团下属的韶钢智慧中心，其生产控制系统囊括铁区、烧结、焦化、炼钢、运输、环保 6 个工序的 24 个子系统，以及煤气、蒸汽、发电、鼓风等 8 个系统的 38 个子单元。韶钢智慧中心通过大数据技术，整合了厂区控制系统与决策辅助系统，成功实现了跨工序、跨区域的远距离集中控制，将大数据智能分析、预测预警、决策辅助等功能落实到生产运

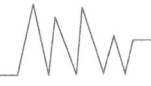

行中，同时为安全生产提供了坚实保障。

3）宝钢股份高炉控制中心

宝钢股份高炉控制中心包含统筹管理、智能检维修、故障远程诊断支持等功能，通过一体化操作平台，高度标准化操作规范，加强4座高炉的协作互补，极大地提高了生产效率和工艺水平。控制室的故障远程诊断支持系统，可实现专家远程指导服务，帮助车间完成在线诊断和技术共享，提高了检修效率和时效性。

8. 首钢硅钢—冷轧智能工厂

首钢硅钢—冷轧智能工厂综合运用工业大数据、工业AI、物联网、数据互联等技术，提升设备及信息系统的智能化程度，辅助开展工艺优化，提高工厂全过程各环节的稳定性及生产效率。同时，根据客户的个性化需求，工厂构建了柔性化制造机制，辅助开展市场营销，全面提升服务质量。

9. 南钢C2M（客户对工厂）智能制造体系

南钢C2M（客户对工厂）智能制造体系以互联网思维为导向，主攻客户个性化定制服务。利用工业大数据、工业AI、物联网、云计算等技术，将钢铁大数据信息技术与生产进行高度融合。改变传统的商业和业务模式，梳理生产制造流程，以客户需求为导向，为用户提供个性化服务。提取经营、销售、物流、生产、能源等环节和模块中的大数据，整合到大数据分析模型中进行计算，为企业发展决策提供辅助支撑，打造智能工厂。

6.7 总结

作为传统大型制造业，我国钢铁行业在不断引进先进装备、技术及工艺的背景下发展迅速。而随着科技进步，技术更新迭代的速度日益加快，与工业生产息息相关的计算机控制、传感器、数据传输等技术也日益成熟，这些技术的全面应用已为整个行业带来了翻天覆地的变化。经过几代钢铁人的不懈努力，中国已经从最初的钢铁弱国成为世界钢铁生产第一大国，钢铁行业也在国家富强、民族振兴、造福人民等方面作出了不可替代的贡献。

目前，大数据技术和方法已经在钢铁行业龙头企业中开始应用，但还不够成熟。未来需要做好以下几方面工作。

（1）夯实数据基础。做好数据源、数据标准、数据全流程运行规则的规范性管理，这是大数据应用的基础。

（2）完善数据方法。在现有各种数据分析方法的基础上，构建具有钢铁行业特色的系统性、可溯性、可证性、扩展性、完备性分析框架。

（3）搭建数据平台。建立稳定、灵活、高效、可扩展的存储、计算、调用、推理平台。

（4）推广数据应用。在全行业推广大数据应用，理论结合实践，实践完善理论，向大数据应用要价值。

第 7 章 电力输电线路运维的大数据分析

7.1 电力输电线路运维信息化现状

电力工业是支撑国民经济和社会发展的基础性产业,并能促进公用事业经济体工业化、城镇化、市场化、国际化的快速发展。随着现代社会的高速发展,电力工业不可替代的重要作用日益凸显。电力工业的发展状况不仅影响一个国家的国民物质文化生活,更体现一个国家的综合国力,甚至直接带动整个人类社会的进步。在整个电力运维系统中,输电线路作为其中的一个重要环节,将发电厂、变电站、供配电设备和电力用户连接成一个有机整体。因此,输电线路的运行状况直接关系到电力系统的运行,影响广大用户的用电安全和质量。由此可见,保证输电线路正常可靠运行,对提高电力系统的可靠性、安全性、稳定性具有至关重要的作用,是电力系统正常运行的根本保障。

在产业结构调整、科技进步和管理结构优化的影响下,电力运维行业信息化建设进入飞速发展阶段。电力信息化是一个覆盖面极广的概念,涵盖发电、输电、变电、配电及售电等环节。各个环节都涉及与信息技术紧密相关的众多智能设备和双向通信系统,这就导致在操作与监控工作中会产生相当庞大的数据流。

国内外众多大学、相关研究机构、电力公司和 IT 公司先后加入了电力大数据背景下的电力运维信息化系统研究和工程应用的行列。国际上,IBM 公司在智能自动化方面成果颇丰,有帮助电力企业合理优化各种建设改造投资计划的"智能电网评估与投资优化决策系统",有能管理并优化企业停电处理计划的"智能停电管理系统",还有可智能获取电网实时运行状态并辅助监管人员决策的"电网状态智能感知与报警系统"等;甲骨文公司提出了智能电网大数据下的公共数据模型;美国电力科学研究院等研究机构启动了多项智能电网大数据研究项目;加拿大的 BC Hydro 公司和美国的太平洋电力公司根据用户的历史用电数据,进行了大数据技术的应用研究。

然而,目前的电力运维信息化还存在待完善的地方,主要的挑战与困难如下。

(1)随着服务器的不断增多,运维数据中心的规模越来越大。

(2)现行的服务器系统一般需要大量的技术员进行手工操作,不仅人力成本高、容易出错,而且很难保证整个系统的稳定性和高可用性。

(3)对于中间件、数据库、服务器、存储器等基础架构资源缺乏统一、有效的监控和管理手段,资源利用率普遍较低。

(4)重点关注高效的数据处理方法,而很少考虑数据的隐私和安全性问题。

针对这些问题,业界提出了改变信息系统的建设集成方式、利用虚拟化的 IT 资源池及建立统一的运维管理平台等办法,拟通过自动化、虚拟化、标准化的方式实现大数据背景下的电力数据处理平台。

7.2 电力输电线路运维的大数据分析需求

大数据开启了一次重大的时代转型,无论是商业思维,还是管理,无时无刻不受到数据的影响和改变。有了大数据,才能够从大量的数据中洞察到世界各行各业及人类的行为规律。输电线路的日常运营与维护必然要面对大数据的采集、管理和信息处理的挑战,将全面影响输电网络规划、技术变革、设备升级、电网改造,以及设计规范、技术标准、运行规程,乃至市场营销政策的统一等方方面面,它支撑的正是整个未来新结构的精细化能量管理的输电网络系统。

大数据作为一个划时代的技术概念逐渐得到各行各业战略管理和信息化人士的认可,大数据和输电网络的融合是当前的一个热点话题,但目前大多是从大数据和输电网络整体特征上所进行的概念融合。输电网络运行与维护为大数据提供了完整可靠的数据来源，大数据为输电网络的精益化运维奠定了坚实的技术基础。

当前对于输电线路的大数据分析研究大多是从一个侧重点出发，借助相关的评价指标体系，对输电线路的健康状况进行评估，基于相关的智能算法对输电线路进行预测研究，系统的输电线路应急预警模式研究并不多见。

基于大数据的处理方式，各行各业都在结合自身的发展需求，改变企业战略。电力公司的输电线路运维管理也面临同样的转型需求，针对每天产生的海量输电线路数据，应通过高性能的数据库管理软件进行数据处理，挖掘潜在的价值，发现输电线路的隐患，做好前期的预测和隐患的预处理，将风险控制在萌芽状态，提高输电线路精益化运维水平。

按照国家电网公司《标准化线路建设要求》和《输电专业精益化管理考核评价规范》的要求，全面开展输电线路精益化运维工作，提升输电线路运维技术水平，是国家电网公司输电线路专业近年来的重点工作。输电网的快速发展伴随着特殊时段的保电任务的增多、恶劣天气下的应急抢修、日益增多的外损源管控等，给输电线路专业运维水平的提升带来了新的难题。应做好对线路本体的专业运维、与兄弟供电公司的属地化协同运维、对环境和固定点巡视外包业务的质量管控，展现输电线路精益化运维特点，从而提升输电线路专业的运维水平。

处于不同环节的电力信息系统对数据有着不同的要求，但它们均要求在加强对资源消耗的控制与预测的同时，保持与数据源之间交互的连续性。这类问题需要用大数据方案来解决。随之而来的问题便是如何将智能电网信息系统中的数据融入分布式云计算架构中来完成大数据的处理。

7.3 电力输电线路运维的大数据来源与特点

7.3.1 电力输电线路运维的大数据来源

电力输电线路运维大数据在行业内部主要涉及电力生产和电力服务运维各环节的数据，从发电、输电、变电、配电、用电到调度，每个环节都会产生海量数据，如电厂发电过程中的电能生产、运行监控和设备检修等数据，电力企业运行中的用户资料、电力市场等信息，配电公司管理中的人才物资、协同办公、资本运作等数据，它们一起构成了多源、异构、多维、多形式的电力数据资源。

通过使用智能电表、巡检设备等智能终端设备，可采集整个电力系统的运维数据，再对采集的电力运维数据进行系统的处理和分析，从而实现对电网的实时监控，进一步结合大数据分析与电力系统模型对电网运行进行诊断、优化和预测，为电网实现安全、可靠、经济、高效运行提供保障。

7.3.2 电力输电线路运维的大数据特点

电力系统在运行过程中会产生海量多源异构数据，也就是大数据，保证现代电网安全运行的前提是能够及时处理这些数据。其中，绝大部分是输变电设备状态监测数据。输变电设备状态监测数据既包含设备的基本信息，也包含设备运行中的在线状况监测信息，数据量十分巨大，这对数据处理的可靠性和实时性要求很高。输变电系统中的数据具备以下特点。

1. 规模大（Volume）

输变电设备状态数据规模很大，一般在 TB 级和 PB 级。例如，数据采集与监视控制 SCADA 系统，按 10 000 个遥测点，采样间隔为 3～4s 计算，每年将会产生 1.03TB 数据。

2. 类型多（Variety）

输变电设备状态数据呈现类型多样化的特点，包括历史数据、实时数据、文本数据、多媒体数据等结构化、半结构化及非结构化数据。对于不同类型数据的处理方式及处理要求也是不一样的。例如，输电线路的台账信息通常是以文本数据的形式被记录的，而线路的运行状况则往往是以图片或视频的形式被记录的。

3. 价值密度低（Value）

输变电设备状态数据具有价值密度低的特点。输变电设备运行过程中记录了海量数据，其中绝大多数属于正常数据，仅有非常稀少的故障数据，而这些极其少量的故障数据比正常数据更有价值，能够帮助操作者了解设备的真实状况。例如，输变电设备连续 24h 的状态监测数据中，真正有价值的可能只有 1~2s。

4. 要求数据处理速度快（Velocity）

由于电力系统的特殊性，操作者往往需要在极短的时间内做出正确的操作，这就要求系统能在极短的时间内对海量数据进行有效分析，以辅助操作者做出决策。

7.4 电力输电线路运维的大数据解决方案

对于电力输电线路运维而言，设备多处于满负荷状态，易造成突发事故损失；对于发电企业而言，设备实际使用状态可能尚未达到需要"保养"的条件，但是根据统一的定期检修计划进行检修，设备往往处于过修状态，零部件及人力维护成本高。

应用大数据技术对输电线路实时数据进行分析，发现早期故障指征，可以做到按需巡检。进一步而言，通过模式识别与传统专家系统的结合，可实现故障的预测性自诊断，提前获知将要发生的故障类型，进行相应准备。还可以根据故障可能带来的危害、影响范围、可能发生的时段等，自动给出检修维护建议，从而实现电力运维自主运行、自主监测。

整个电力系统的可靠性不再由依靠经验制定的检修周期来保证，而是基于设备的实时状态及对设备未来状态的科学预测，提升电力系统的可靠性，同时避免过修、欠修，降低相关检修成本和人力成本。

7.5 电力输电线路运维的大数据分析方法

电力输电线路的大数据分析就是从大量、不完全、有噪声、模糊、随机的实际应用数据中，提取隐含在其中的、人们事先不知道的、但又潜在有用的信息和知识的过程，即数据存储与挖掘的过程。数据挖掘是一门交叉学科，它把人们对数据的应用从低层次的简单查询，提升到从数据中挖掘知识，提供决策支持。不同领域的研究者，尤其是数据库技术、人工智能技术、数理统计、可视化技术、并行计算等方面的学者和工程技术人员已投身到数据挖掘这一新兴的研究领域，形成了新的技术热点。

7.5.1 面向设备状态大数据的分布式存储和处理技术

1. 数据高效存储技术

传统的设备状态数据存储多采用关系型数据库,或以关系型数据库为基础的并行数据库,其面对海量数据加载及查询时性能下降明显,不能很好地适应设备状态大数据分析的应用需求。面向电力运维大数据的存储系统需要满足结构化和非结构化结合、可靠性高、容量大、存储速度快等要求,一般采用主流的分布式文件存储和分布式 NoSQL 列存储数据库(HBase 或 HDFS)。为了提高访问性能,需要针对电力运维数据的特点优化存储策略,加快数据处理速度。例如,考虑电力运维数据相关性和时空属性的分布式存储算法,按照设备主属性、时间戳和相关系数使具有相关性的数据在集群中聚集;对 Hadoop 平台的数据划分策略、集群网络拓扑规划进行优化等。

2. 数据快速检索技术

大数据分布式存储并没有完全解决数据高效检索问题,尤其是单一行键查询难以满足电力运维数据灵活多条件时空查询的需求。为提高电力运维数据检索和分析的效率,针对设备状态数据查询业务虽然频繁发生,但其类型相对固定的特点,可采用多数据源并行连接的查询方法和二级索引技术,设计复合行键结构,在查询的性能及业务的灵活性之间进行平衡。该技术基于增量索引和动态索引的数据检索方法,资源利用率高、稳定性高、容错性高,能够较好地满足设备状态大数据快速、灵活查询的需要。

3. 数据实时与并行处理技术

电力运维计算处理技术主要包括实时流处理技术和并行批处理技术。实时流处理技术的特点是处理速度快,可以简单、高效、可靠地处理大量的数据流,但是无法精确反映数据的全貌。并行批处理技术可以实现数据自动分隔、任务均衡、并行处理和结果融合。电力运维大数据分析可以根据业务特点和对处理时间的要求,综合应用不同的处理技术。例如,故障诊断分析等需要处理数据库中海量历史数据的应用场景,可采用并行批处理技术;输电设备隐患快速检测及视频监控图像识别等需要实时处理传感网络监测数据的应用场景,可采用实时流处理技术和内存计算技术。

7.5.2 电力运维行业的数据 ETL 技术

电力运维行业的数据体量大、种类多，这给数据分析工作造成了麻烦。ETL 的全称为 Extract-Transform-Load。其中，Extract 是数据抽取，即把需要的信息从数据源中抽取出来。Transform 是数据转换，即根据一定的要求对抽取出来的数据进行转换，在这个过程中，需要对数据进行加工处理，使其具有一定的可读性。Load 是数据加载，即将处理好的数据添加到目的数据源中。ETL 技术是电力运维行业数据集成的核心技术，合理地运用 ETL 技术能使电力运维数据处理更加高效。

1. ETL 数据交换方法

ETL 技术彻底解决了 Oracle 存储过程复杂化和不可维护等问题。以输电线路智能化反外损监控系统为例，通过数据抽取从海量监控数据中获取异常数据，再将异常数据回传到后台服务器，而不需要将所有数据回传，这样可以提高预警的反应速度，并且大大降低无线通信流量，使该系统大规模推广成为可能。

2. ETL 数据转码方法

在数据转码的过程中，引入 ETL 转换模板，把源数据文件按照模板转换成目标数据库需要的格式，模板的编写简单明了。

7.5.3 电力输电线路的数据挖掘分析技术

电力运维行业数据挖掘分析技术的核心是将信号转化为数据进行分析和处理，基于深度学习，从海量数据中寻找潜在的规律，并提取出关键信息，帮助管理者制定科学的决策，全面提升电力运维水平。

1. 数据关联分析方法

电力运维数据挖掘分析的研究方式不同于基于数学模型的传统研究方式，大量数据可以不依赖模型和假设，只要数据间存在关联性，经过分析计算就可以获得传统方法发现不了的新模式、新知识，甚至新规律。这就是数据关联分析方法。

2. 数据深度学习分析方法

深度学习是一种基于深层网络模型，面向低层数据对象，采用逐层抽象机制，最终形成高层概念的机器学习方法。深度学习区别于传统机器学习的关键点在于其能够模拟人脑神经系统的深层结构，以及人脑认知过程的逐层抽象、逐次迭代机制。

以电力输电线路监控图像识别为例，其前提是图像分割，即将原始图像分割为若干个互不相交的区域，其目的是将目标区域与背景区域分离，以减少背景干扰，并提升目标图像处理速度。基于无监督聚类算法的分割技术是将图像中具有信息特征的像素点映射至多维特征空间，并通过多维特征空间中点的聚类分析实现图像的多层分割。深度学习能够直接作用于像素级的原始数据，并自动逐层地进行特征学习，具备强大的自动特征提取、复杂模型构建能力及高效的特征表达能力，在结合卷积神经网络的基础上，对其网络拓扑结构等方面进行改进，相较于传统算法，显著提升了巡检图像的识别准确率。

电力输电线路运维大数据分析的核心是利用输电线路巡检、设备状态、电网运行和环境等方面的多源、海量数据进行深度融合分析和机器学习，提高故障诊断和预测的实时性和准确性。根据应用场景，可以构建3类分析模型。

（1）通过多维统计分析、聚类、关联分析、回归分析、时间序列分析等大数据挖掘手段，分析各类状态数据的关联关系及变化规律，构建历史知识图谱模型。

（2）通过大量数据的多维统计和挖掘分析，建立基于数据驱动的状态评价、故障诊断和预测模型。

（3）利用大量样本数据进行智能学习，对现有状态评价和故障诊断物理与数学模型进行修正、补充和完善。

7.6 电力输电线路运维的大数据分析案例

7.6.1 输电线路智能化反外损监控系统

1. 概述

以上海市为例，其用电负荷高，对供电可靠性的要求也在不断提高，电网运营面临巨大挑战。由于城市建设、农业生产、居民活动等因素的影响，近年来，输电线路事故逐年增加，但人工巡检很难及时对出现在线路保护区及铁塔上的危险做出预警。因此，需要采用新技术提高输电线路反外损管理的工作效率。

目前，在上海地区，输电线路中最主要的外力破坏隐患有两种：一是大型机械车辆在线路保护区内违章操作，导致跳闸事故；二是风筝、雨布、彩色塑料布等悬挂物，悬挂在输电线路上，在雨雪天气下导致线路间绝缘下降，产生跳闸事故。

输电线路智能化反外损监控系统采用前置图像智能识别处理硬件平台及相应的智能识别算法来实现对视频信号的前置智能识别与分析，使无线通信流量降低90%。该技术解决了已有系统"实时视频采集、压缩无线传输、后台集中处理"中的无线通信成本高、带宽小、视频数据精度受限的问题，创新性地将图像智能识别前置，就地进行图像处理，再报警回传，目前的工作方式是"实时视频采集、就地图像处理、数据就地存储、报警回传后台"，这使该技术具备了产品化推广的条件。

输电线路智能化反外损监控系统还进一步对国内大型城市输电网络连锁故障突发事件应急管理进行了研究，主要是分析输电网络在应急情况下的管理策略问题。首先，以上海市输电网络演化为例，基于近50年的上海输电网络演化数据，提出了灵活的加权复杂网络演化模型算法，深入剖析上海输电网络的特点，为后续研究奠定基础；其次，构建了输电网络连锁故障传播模型，探讨输电网络危机事件动态演化特征，并基于动态控制思想，探讨输电网络故障应对策略；再次，借鉴动态权变的思想，构建了输电网络线路健康状态动态评估的权变层次分析法，提出了输电网络线路风险评估策略的完整思路和适用于输电网络状态检修的新评价、评估及分析算法；最后，基于实际输电网络的加权网络图，探讨了输电网络巡视数学问题，并利用 MATLAB 仿真计算输电网络巡航机最优巡航方案。

2. 系统架构

输电线路智能化反外损监控系统架构如图 7-1 所示。

系统采用前置视频识别与处理技术，对输电线路保护区内出现的外力损坏危险源，主要是大型机械车辆和风筝、雨布等悬挂物，进行自动的实时运动检测与跟踪，并对危险源可能对输电线路造成的潜在危险进行多级预警。

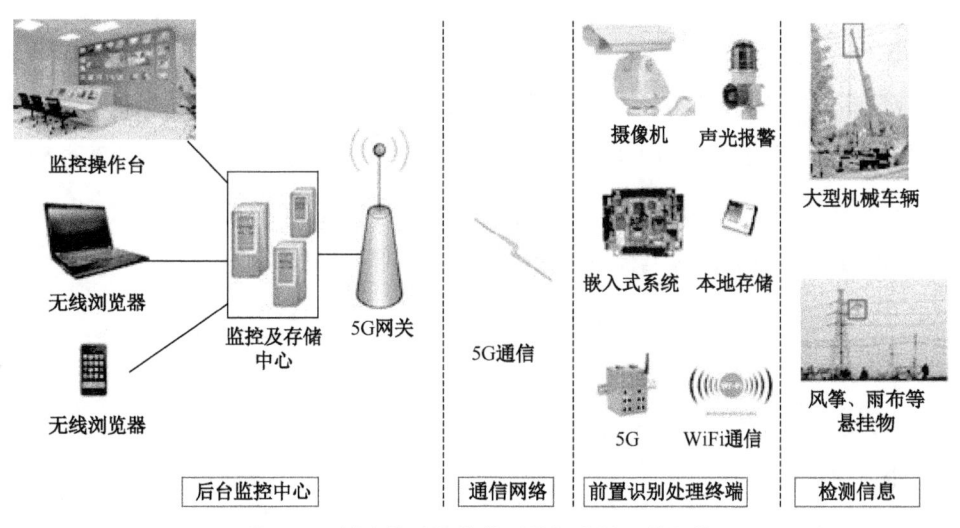

图 7-1 输电线路智能化反外损监控系统架构

在需要监测的输电线路保护区内，在每个高压杆塔上安装一套基于嵌入式处理器的前置识别处理终端，实时采集输电线路保护区内的视频数据。通过嵌入式处理器对实时采集的视频图像进行识别处理，并将识别处理的结果回传给后台监控中心。后台监控中心也可以根据需求，通过 5G 无线通信来实时查看线路保护区内的状态，以及存储在前置识别处理终端的历史视频数据。

3. 技术优势

相对于传统的利用无线通信技术将视频信号传送到监控中心，在监控中心进行智能识别，当发现外力破坏隐患时发出预警信号，并将信号传回现场实现就地声光报警的方式，该系统具有如下技术优势。

（1）无线通信流量降低 90%以上，极大地节省了无线通信费用，使智能化反外损监控系统具备了大规模推广的条件。

（2）就地实现智能化识别，缩短了就地声光报警的反应时间，有利于更早地阻止外力破坏。

4. 系统组成

输电线路智能化反外损监控系统组成如图 7-2 所示。其中，前置识别处理终端（200）包括：视频解码模块（101）、嵌入式视频识别与处理模块（102）、背景建模模块（103）、

工业大数据分析在流程制造行业的应用

目标检测模块（104）、目标跟踪模块（105）、危险源识别模块（106）、本地声光报警模块（107）、Wi-Fi 通信模块（108）、历史视频数据存储模块（109）、5G 无线通信模块（110）、报警联动和视频编码输出模块（111）。数码摄像机（100）对输电线路保护区进行视频采样，以有线以太网方式接入前置识别处理终端（200），通过视频解码模块（101）实现视频解码，将采集的视频数据解码为嵌入式视频识别与处理模块（102）需要的视频数据类型。

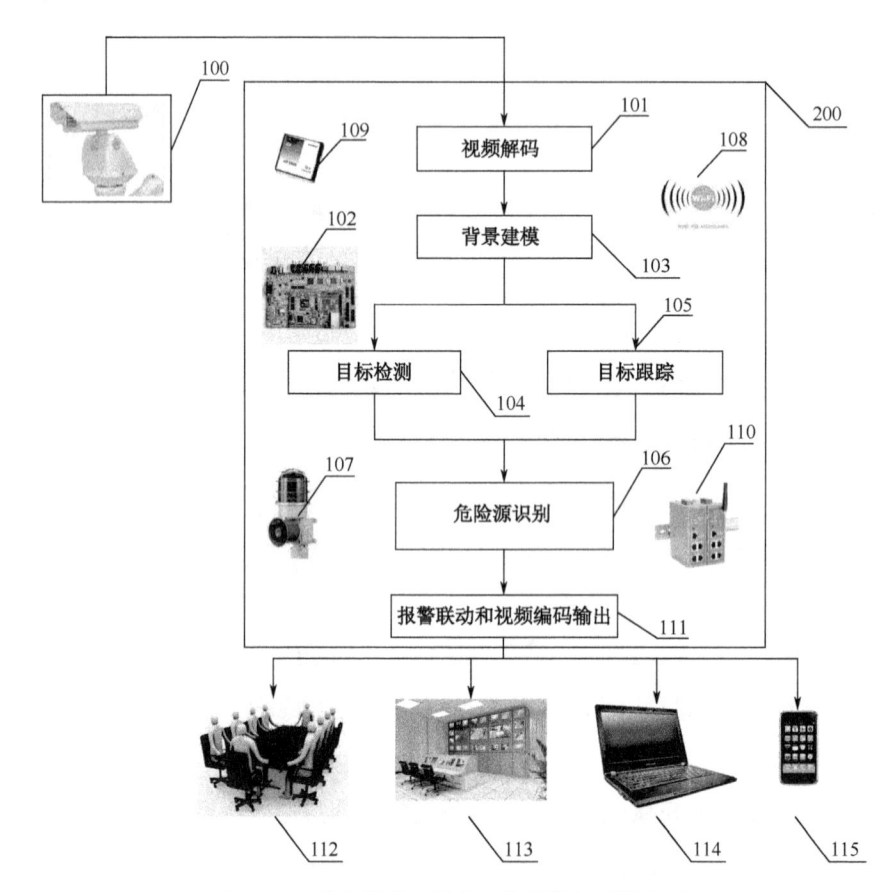

图 7-2 输电线路智能化反外损监控系统组成

背景建模可采用经典的 MOG 方法或 Codebook 方法。当背景成功建模后，任何进入警戒区域的危险源都可以通过当前帧与背景模型的对比被检测出来。

嵌入式视频识别与处理模块（102）是前置识别处理终端（200）的核心，它既对采集的视频信息进行实时识别处理，也对前置识别处理终端内的其他设备进行协调管理。

背景建模模块（103）、目标检测模块（104）、目标跟踪模块（105）、危险源识别模块（106）都是 DSP 中的功能模块，其功能是对比前景区域与受监控危险源模型，如果它们之间的相似度满足预先设定的条件，则认为此前景区域为应受监控的危险源。

前置识别处理终端（200）中存储的视频图像数据，可在本地通过 Wi-Fi 通信方式下载到监控用编程器中。而且，通过 Wi-Fi 通信模块（108），维护人员可在高压铁塔下对前置识别处理终端（200）及数码摄像机进行调试和系统升级。

历史视频数据存储模块（109）可将视频图像存储 60 小时，通过嵌入式视频识别与处理模块（102）对存储的视频图像标记时间，将发生外力损坏隐患时间段的视频图像设置为不可删除。

5G 无线通信模块（110）用于实现前置识别处理终端（200）与无线移动监控客户端（114 和 115）、后台监控中心（113）、输电线路高层管理人员（112）之间的通信。

报警联动和视频编码输出模块（111）可向后台监控中心发出报警联动信号，并将视频数据压缩编码后，借助 5G 无线通信模块（110）向后台监控中心传输。

当前置识别处理终端（200）发出预警信号后，通过安装在现场的声光设备实现现场声光报警，提示危险源离开受监控保护区域。同时，根据预警级别与系统设置，可向无线移动监控客户端（114 和 115）、后台监控中心（113）、输电线路高层管理人员（112）发送预警信号。

5. 系统算法

视频图像智能识别算法是该系统非常重要的部分。采用先进的人工智能和模式识别技术对视频图像进行分析，并将算法放到前置的嵌入式系统中，实现本地自动检测外力破坏隐患，这样可以提高预警的反应速度，并且可以大大降低无线通信流量，使该系统大规模推广成为可能。具体算法及处理过程如图 7-3 和图 7-4 所示。

6. 系统功能

1）检测大型机械入侵

开发大型机械运动跟踪及检测算法功能模块。当大型机械驶入线路保护区范围内时，利用目标跟踪算法，对该机械进行跟踪定位。如果大型机械行驶到高压线下方并停留超过一定时间，则进行现场声光报警，提醒大型机械不能停留在警戒区域内。如果该机械继续停留在高压线下方，并且有进一步动作，如伸展吊车臂，则会对吊车臂的运动进行跟踪，估计出吊车臂与其最近的高压线之间的距离，并提高预警级别，将警报信息逐级传送到最高主管领导处。

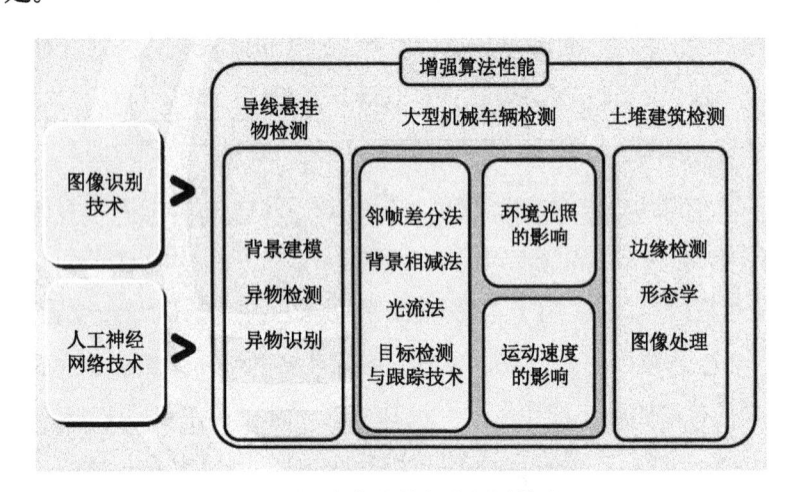

图 7-3 视频图像智能识别算法

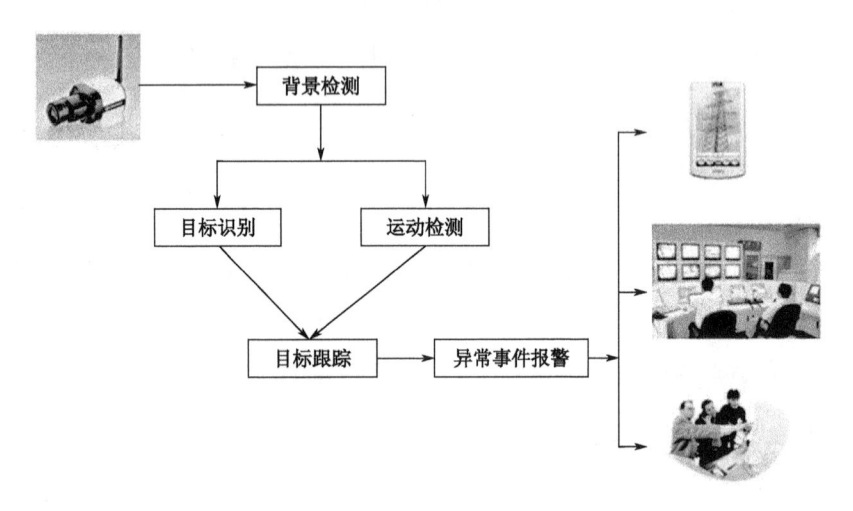

图 7-4 视频图像智能识别算法处理过程

2）检测违章建筑

输电线路保护区范围内是禁止搭建房屋等建筑的，这会危害线路走廊的安全，容易造成跳闸事故。开发违章建筑检测算法功能模块,从违章建筑在高压线下方开始搭建,到其具有一定高度,都能发出预警信号,并逐渐提高警报级别,直至将警报信息送达最高主管领导处。

3)检测违章堆土

在输电线路及铁塔下方或周围违章倾倒垃圾或堆土,会威胁塔基的稳固和安全。开发堆土检测算法功能模块,当发现违章堆土情况时,会对铁塔下方出现的堆土进行检测并发出预警。

4)检测高压线下方树木

夏季树木生长快,而输电线路因用电负荷很高而大幅下垂,因距离不够,输电线路可能会对树枝放电而造成跳闸。应用图像特征的融合技术和机器学习技术,提取树木的颜色信息和纹理特征(如共生矩阵特征、灰度互信息特征),开发出对高压线附近的树木进行自动检测的模块。该模块可以根据摄像机的拍摄角度、历史信息等,对检测到的树木高度自动进行估计和预测,当树木生长过快,与高压线之间的距离小于警戒距离时,会发出预警信号,并能根据具体情况提高预警级别,直至将警报信息传达到最高主管领导处。

7.6.2 基于位置信息大数据驱动的输电线路智能巡检系统

1. 概述

输电线路是电力系统的重要组成部分,由于长期暴露在自然环境中,不仅要承受正常机械载荷和电力负荷,还要经受野蛮施工、树木灾害、线路保护区内的"三违"、导线悬挂异物等外界因素的危害,如不及时发现和消除这些潜在隐患,则可能由量变发展到质变,并最终发展成各种严重故障,对电力系统的安全运行构成严重威胁。

线路巡检管理是有效保证输电线路及其设备安全的一项基础工作,通过巡视检查能掌握线路运行状况及周围环境的变化,及时发现设备缺陷和危及线路安全的隐患,提出具体检修意见,以便及时消除缺陷,预防事故发生或将事故限制在最小范围内,从而保证输电线路安全和稳定运行。

传统输电线路巡检方式存在人为因素多、管理成本高、无法监督巡检人员工作状态等缺点。为了提高输电线路巡检工作的科学管理水平，有效监督巡检人员的工作，杜绝巡视不到位情况的发生，并对巡检数据进行数字化统一管理和统计分析，实现巡检工作的电子化、信息化和智能化，有必要开发一种高效、实时的智能巡检系统。

2. 系统架构

该系统是一种基于二维码和 GNSS（全球导航卫星系统）差分定位的输电线路智能巡检系统，系统架构如图 7-5 所示。

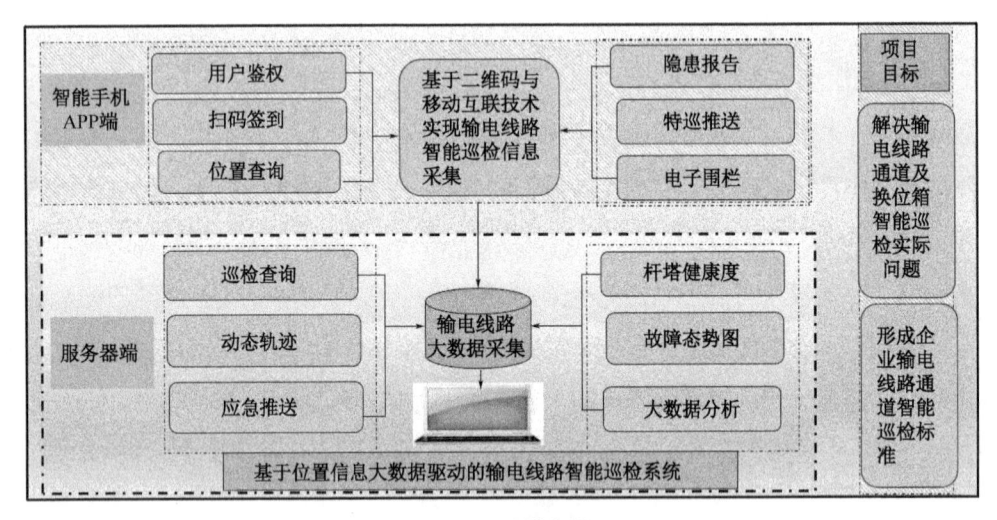

图 7-5 系统架构

巡检人员利用智能手机进行巡检作业时，基于二维码铭牌加密的精确 GNSS 位置坐标，通过空间计算模型，应用百度地图的位置信息大数据接口应用软件，使用智能手机扫码录入巡检信息，并把检查结果直接提交到服务器，利用相关大数据分析技术进行数据处理。系统构成如图 7-6 所示。

巡检手持终端通过扫描方式读取线路本体设备的二维码信息，通过内置的 GNSS 接收模块接收 GNSS 和 SBAS 的卫星信号进行差分定位；巡检手持终端通过广域网与数据中心进行双向数据通信，经广域网将线路本体设备的二维码信息、巡检终端的位置及巡检记录发送到数据中心；数据中心对收到的信息进行分析、存储和管理，并与数据中心服务器中存储的线路 GIS 信息相结合，为用户终端提供线路及本体设备的分类统计数据及巡检记录查询。

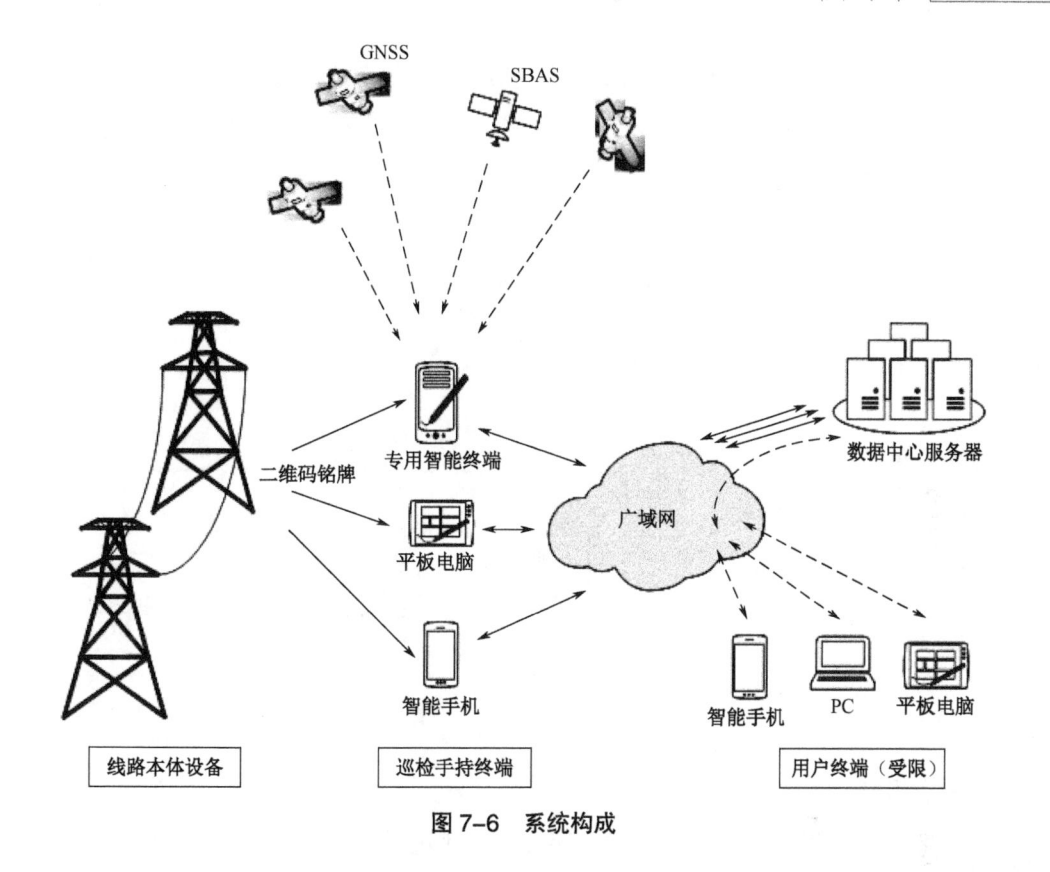

电力输电线路运维的大数据分析 第7章

图 7-6　系统构成

巡检手持终端可以是专用智能终端、平板电脑、智能手机中的任何一种。用户终端是受限的智能手机、个人计算机（PC）、平板电脑等具备查询和 Web 浏览功能的设备，巡检手持终端也可被认为是受限用户终端中的一种。

该系统需要考虑二维码铭牌、巡检手持终端和数据中心服务器之间的信息交互过程和交互内容。三方之间的信息交互过程如图 7-7 所示。

巡检手持终端通过专用的设备本体巡检应用软件（终端 App），扫描杆塔二维码铭牌，读取二维码信息并进行解密，得到杆塔基本参数信息、杆塔准确位置坐标。

巡检手持终端通过内置的 GNSS 接收模块，接收 GNSS 信号进行卫星导航单点定位；在 GNSS 信号遮挡严重的巡检环境下，GNSS 接收模块会同时接收 GNSS 卫星的导航定位信号和 SBAS 卫星的差分校正信号，进行精密单点定位解算。

巡检手持终端将杆塔基本参数信息、杆塔位置坐标、巡检备忘和巡检人员位置等信息进行编码和打包，通过广域网发送到数据中心服务器。数据中心服务器针对不同的巡检人员，下发巡检任务；同时，根据巡检手持终端提交的查询请求，返回当前杆塔的巡检历史记录、杆塔维护和维修记录，以及告警、帮助或提示等信息。

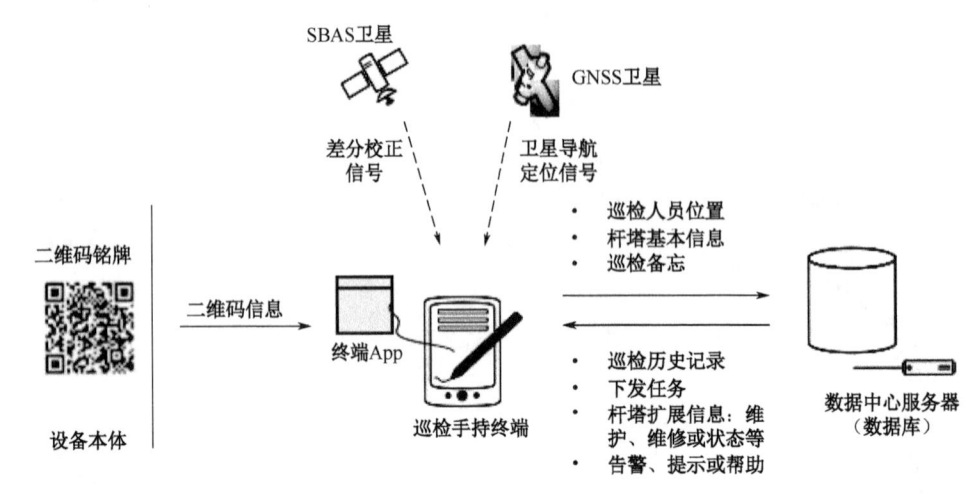

图 7-7　信息交互过程

3. 系统功能

该系统的基本功能包括巡检、信息查询、管理和信息处理，实现这 4 项基本功能的详细工作流程如图 7-8 所示。

1）巡检

巡检员通过巡检终端上的软件登录系统，在领取巡检任务之后，开始巡检工作。

巡检员利用巡检终端的二维码扫描功能，扫描杆塔二维码，读取杆塔二维码的信息并解码，获得杆塔基本信息和准确位置坐标。

扫描杆塔二维码的同时，巡检终端读取 GNSS 接收模块中的定位结果，得到巡检员的位置信息和当前时间。

巡检员通过巡检终端录入线路及本体的巡检备忘。

巡检终端将杆塔基本信息、杆塔准确位置坐标、巡检备忘、巡检员位置和巡检时间等数据进行编码和打包，发送至数据中心，完成单一杆塔的巡检任务。

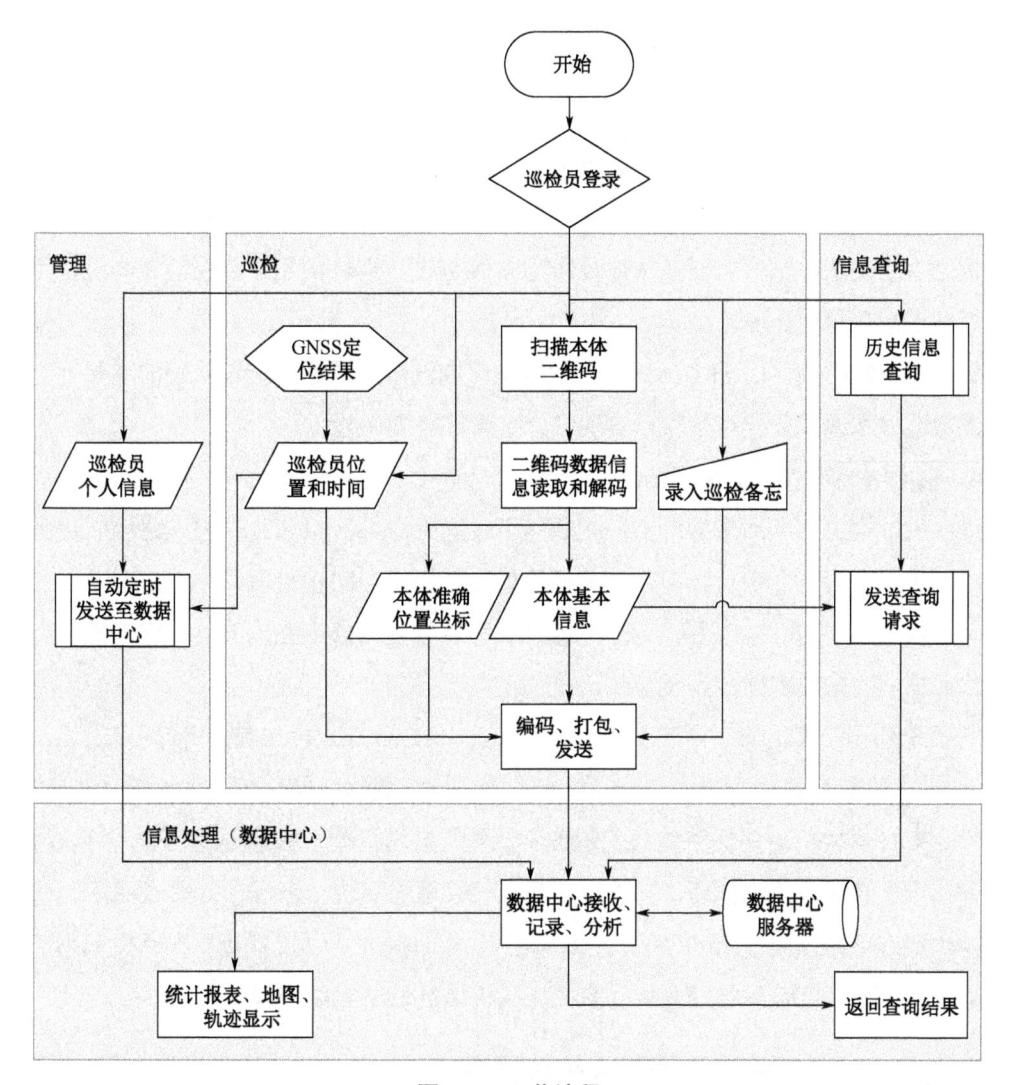

图 7-8　工作流程

2）管理

巡检员通过巡检终端上的软件登录系统之后，巡检员的个人信息、当前位置坐标和时间会自动定时发送至数据中心，由数据中心实现核心管理和地图显示等功能。

3）信息查询

巡检员或其他授权用户使用巡检终端或用户终端，向数据中心提出查询请求。

数据中心根据查询请求及杆塔基本信息等输入参数，返回杆塔的历史巡检记录、维护和维修记录,以及告警、帮助或提示等信息。

4)信息处理

数据中心接收巡检数据和记录、查询请求、巡检员位置等信息。

数据中心对接收到的数据进行解码、分析、处理和统计。

数据中心使用数据库对设备本体及线路 GIS 数据、巡检数据、待巡检本体设备和线路历史信息进行存储和管理。

数据中心使用 Web 服务器提供历史数据查询显示、巡检员行走轨迹地图显示,生成线路或待巡检本体设备统计报表,实现统计结果的可视化显示。

4. 输电线路精益化运维平台

该系统根据上海电网的实际情况,研制开发了上海地区特高压输电线路精益化运维平台,建立了一个大数据中心,对收到的信息进行分析、存储和管理,并与数据中心服务器中存储的输电线路 GIS 信息相结合,为包括各种移动手持终端在内的用户终端提供高压输电线路和杆塔的分类统计数据及签到记录查询。

该系统基于 HTML5、CSS3、JavaScript、Java、Android 等多种开发工具,采用 jQuery、Ajax 的富客户端技术进行前后台数据访问。数据存储和管理采用 Oracle 和轻型数据库 JSON 文件。输电线路精益化运维平台包含杆塔管理、杆塔地图管理、杆塔线路地图管理、用户管理、角色管理、功能管理及菜单管理等模块,运行在 B/S 模式下。输电线路精益化运维平台采用最新的 Web 技术和手机 App 技术,通过计算机和手机无须下载插件就可以轻松地实现跨浏览器播放、查阅相关杆塔及输电线路资料。

7.6.3 特高压输电通道无人机巡检系统

1. 概述

电力是现代工业发展的根本,也是我国的重要资源。电力线路覆盖范围广,穿越区域地形复杂,存在各种设备缺陷和通道安全隐患,如不及时发现并处理,可能会导致严重事故,甚至会威胁电力系统的安全和稳定。电力部门每年都要花费巨大的人力和物力资源开展巡检工作,以便掌握线路的运行状况,及时排除线路中的安全隐患。

电力线路巡检目前主要分为人工巡检、机器人巡检、直升机巡检和无人机巡检。传统的人工巡检不仅要求巡检人员具有相关的专业知识,而且极大地依赖于巡检人员的工作态度,特别是对山区及跨越大江大河的输电线路的巡检,所花时间长、人力成本高、困难大、风险高,对人工巡检提出了极大的挑战。机器人巡检是针对架空高压输电线路的一种自动化巡检方式,主要巡检输电导线故障、绝缘子破损、防振锤松动等。巡检机器人能带电工作,不仅可以替代人工巡检,而且可以极大地提高巡检精度。然而,机器人行进速度慢、巡线距离短、跨越障碍困难等不足限制了它的应用。直升机巡检方式通过直升机搭载可见光和红外成像设备对输电线路拍摄图像,相比于人工巡检和机器人巡检,提高了电力维护和检修的效率。美国、法国、澳大利亚等国家都建立了用于巡检的直升机机队,国内的南方电网、华中电网、福建省电力公司等也陆续开展了直升机载人巡检。但建立直升机机队投入大,开发专项技术也需要投入大量的人力资源,管理及技术准备都十分复杂,这限制了直升机巡检在国内的推广应用。近年来,利用无人机进行输电线路巡检的方式渐渐兴起。相比于直升机巡检,无人机巡检不需要搭载拍摄人员,而且无人机体积小、载重轻、成本低,操作也较为简单。目前贵州、青海等省份已尝试开展针对高海拔、复杂地形的无人机巡检。相比于人工巡检,其他 3 种巡检方式不仅提高了检修效率,而且人力成本低、风险小。

2. 系统架构

该系统采用大疆无人机进行电力线路巡检。无人机巡检软件需要实现在手机中显示实时视频,而大疆无人机自带的软件不能连接后台服务器,所以需要开发自己的无人机软件。无人机软件及其运维后台的功能需求如下。

(1)实现用户注册与登录。

(2)连接无人机,使用无人机拍照。

(3)实时显示无人机拍摄的视频。

(4)实现无人机照片上传至专用服务器。

(5)实现无人机照片的拼接。

(6)实现照片和用户数据的保密。

(7)实现无人机照片分类,以及多终端浏览。

（8）实现视频实时传送。

通过开发整个系统，实现巡检软件和大疆无人机的连接，以获得照片和视频，并保证数据的安全和可控。通过自主开发的软件可以对获得的图片和视频资料进行更有效的管理和存储，能达到实时拼接、实时播放的目的，为后续更进一步的研究提供了数据基础。

3. 输电线路外界环境状态监测平台

基于以往 30 年输电线路停电的历史原因和分布状况数据，结合当前输电线路运维信息及可能存在的间接影响输电线路的数据，利用大数据的信息推荐算法，构建输电线路外界环境状态监测平台。基于输电线路外界环境状态监测平台，预测输电线路可能存在的隐患故障趋势，以及停电潜在危机区域，动态显示输电线路可能存在的隐患信息地图。

输电线路外界环境状态监测平台需要建立专门的输电网络数据库，收录输电网络以往 30 年输电线路停电的历史原因和分布状况数据、日常运维数据及影响输电网络安全的运维数据。基于精确的 LBS 技术，借鉴天翼导航思想，全面收集输电线路杆塔本身属性信息（修建时间、承建单位、杆塔的地理位置坐标、高度、体积、质量等）、输电线路信息（故障、损毁、维修历史记录、巡更/巡检记录、停电的历史记录信息）、输电线路周边环境及跨越情况等信息，并将信息嵌入输电线路杆塔的二维码铭牌之中，采用二维码对必要信息进行编码、加密和记录。

输电线路外界环境状态监测平台要求输电网络运维管理部门在每一个巡视周期收集完整的输电网络日常运维数据，借助 FoxPro 等大众化软件建立输电线路状况数据库，对日常巡视数据进行分析汇编。

为了快捷、高效地传输信息，可以将网络接口延伸到每个输电网络运维管理小组，随时可以接收输电网络日常巡视数据。制定输电线路精益化信息快速采集指导方案和操作细节，利用单人数据采集装置，克服无人机和有人机的限制（天气、空管、费用），为快速、便捷地完成现场信息采集、集成提供支撑。

当巡视人员提交输电网络巡视状况数据时，他必须按照电网规定的输电网络舆情报告的标准对数据进行分类，然后使用经授权的密码将数据输入在线申请表，供输电网络运维管理者查看。输电网络运维管理者（如巡视组长）能第一时间掌握输电线路本身的健康状况及周边环境变化情况。

在输电线路管理部门内应设立专门的数据监控组，数据监控组由输电线路管理部门负责人直接领导，负责进行全市范围内有关输电网络线路的健康状态评级，基于三维街景地图生成输电网络线路健康状况地图，为管理者安排巡视计划和危机处理决策提供依据。

由于数据最终要被输入计算机以生成输电线路状况报告，因此，良好的数据基础对于输电线路外界环境状态监测平台的成功运维至关重要。输电线路外界环境状态监测平台并非简单地建立一个数据库，而是要通过数据来生成产品，提供地图分析、停电事故潜在危机预测等信息，以使管理者获悉发生了什么、应该对哪些输电线路优先巡视、采取何种措施来预防潜在停电事故的发生。例如，在输电线路日常运维过程中，提供合理的巡线安排和资源调度；在风雨天气下重点巡视蔬菜棚区，避免由于刮风引起塑料薄膜缠绕线路，导致停电事故的发生；在天气晴朗时，重点关注空地区域，避免由于风筝线引起停电故障；在春天重点关注苗圃区域，避免由于栽种树木引起停电故障；在重要政治活动期间，重点关注跨越重点路段的输电线路等。

有了良好的数据基础，就能实现对于重点输电线路及周边环境变化的深入洞悉。由计算机绘制而成的地图不仅要展示当前的输电线路健康状态信息，还要展示前几个巡视周期的输电网络运行与维护信息，这样可以使管理者较为直观地评估停电事故的影响力和效能。基于输电线路大数据信息推荐算法、情景分析理论，在不同的情景下分析输电线路危险等级，为在特殊时段、特殊路线、特殊区域采取特定的运维策略提供技术支撑，并通过基于位置信息的输电线路二维地图，为输电线路日常运维及特巡管控提供信息推荐。

7.6.4 空、塔、地协同的输电线路智能巡检系统

1. 概述

在无人机巡检技术方面，目前国内关于无人机巡线的研究还处于起步阶段，主要集中于硬件开发层面，而发达国家已经开始进行后续的图像数据处理方面的研究，甚至技术要求更高的激光雷达巡线技术也已被应用于无人机上。

西班牙马德里理工大学致力于将计算机视觉技术应用于无人机巡线导航的研究，即利

用图像数据处理算法和跟踪技术。日本关西电力公司联合千叶大学共同开发了无人直升机输电线路巡线系统，能检测出由雷击、焊接裂缝、导线断线等引发的线路故障。CSIRO（澳大利亚联邦科学与工业研究组织）开发了具备完善的自动探测障碍物和自动寻路避开障碍物功能的无人直升机。但上述研究内容在特高压交直流线路的缺陷隐患识别和无人机辅助检修作业等方面也还存在较多空白。

在塔上智能监控技术方面，国家电网上海市电力公司从 2010 年起开始了通道环境外力破坏隐患的智能识别和预警技术的研究与应用，在大型机械、风筝等隐患的智能识别算法方面已有较高的准确度和鲁棒性。相关研究成果《输电线路反外损综合技术及预警系统的研发》和《输电网络智能化反外损技术深入研究》先后获得第 25 届和第 27 届上海市优秀发明选拔赛金奖，以及 2014 年度国家电网公司科技进步奖三等奖。综合成果《输电网络智能化监控技术》获得了 2015 年上海市科技进步奖三等奖。但上述成果在对通道环境的全过程管控方面，还缺乏有效的"非结构化图像数据的标准化存储、处理和分析"技术手段。

在地面巡检技术方面，国家电网上海市电力公司自 2013 年起开始了基于位置信息大数据驱动的智能巡检技术研究工作，采用具有 GPS 定位功能的智能手机进行输电线路巡检，利用巡检设备轨迹记录功能，实现输电线路巡视路径和巡检内容的可视化；通过移动设备与后台服务器之间的数据交换，对巡检数据进行可视化分析、处理，有效提升了输电线路巡检的效率和质量。研究成果《提升上海地区超特高压输电线路可靠性智能化运维关键技术研究与应用》获得了 2015 年上海市科技进步奖三等奖和第 7 届全国电力职工技术成果奖三等奖。但是，上述地面巡检技术缺乏高空无人机抵近巡检和杆塔智能监控装置的全过程通道管控协同配合。

随着经济社会的发展和人民生活水平的提高，全社会对供电可靠性的要求越来越高，电网安全压力进一步加大。目前，上海电网作为特高压交直流混合大电网，正处于建设过渡时期，具有"强直弱交"的电网运行特性，并且电网外部运行环境更加复杂多变，在送受端都给电网安全稳定运行带来巨大的威胁。与传统电网相比，上海电网的运行风险大增。

以特高压线路为代表的跨区电网输电通道和城市中心区域的超高压电缆是城市发展的命脉，保障这些特高压输电线缆的安全稳定运行是电网企业日常运维工作的重中之重。

以互联网技术为核心、以工业 4.0 为代表的新一轮科技革命和产业变革正在深刻影响传统产业,"互联网+"被写入政府工作报告并上升为国家战略,这为当前电网巡检技术变革升级提供了历史机遇。针对电网运行安全提出的新要求,需要借助先进的"大、云、物、移"技术,协同无人机、杆塔监控和地面巡检,构建协同巡检资源共享、巡检过程一体化调配和巡检策略最优化的巡检新模式,以确保电网输电设备安全可靠运行、降低线路非计划停运率为目标,全面提升输电设备本体状态管控能力,实时掌握线路通道状况,降低输电线路停电次数,实现输电设备状态管理由事后应对向事前防范转变,为用户提供更为安全、可靠的优质电力。

2. 系统架构

该系统基于人工智能深度学习、云计算、大数据分析及移动互联技术,通过"空"(无人机巡检技术)、"塔"(塔上监控非结构化图像数据的标准化存储、处理和分析技术)和"地"(三位一体协同的大数据巡检技术),构建"信息多元化、诊断智能化、运维高效化"的输电线路通道巡检体系,实现协同巡检资源共享、巡检过程一体化调配、巡检策略最优化。从人员角度上实现巡检人员由从事单一巡检业务向从事验收检测、分析诊断为主的复合型、专家型人才转变,从运维模式上构建"监测—评估—预警—预控"的输电线路智能巡检技术,从而进一步提高城市电网的运行可靠性,全面提升输电线路智能精益化运维水平。

系统技术架构如图 7-9 所示。

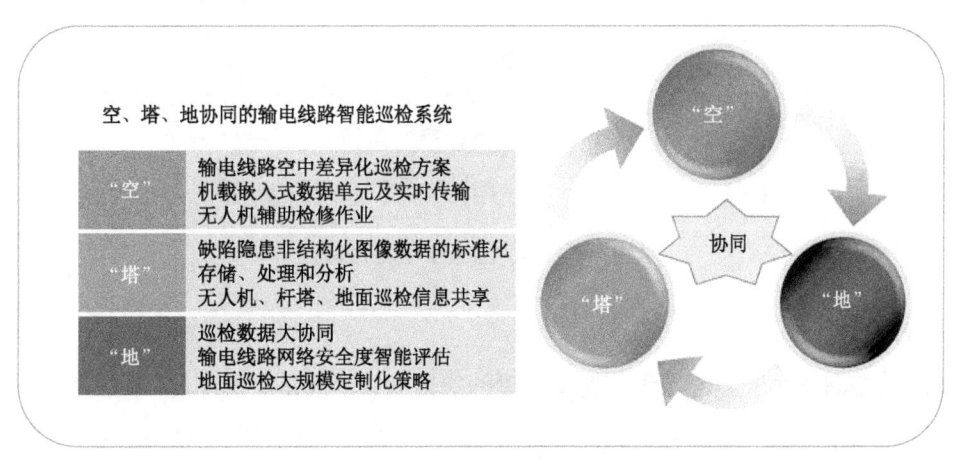

图 7-9 系统技术架构

1）空中巡检智能化

打通无人机与地面工作站之间的数据通道，差分比对输电线路杆塔 GPS 坐标和无人机机载 GPS 坐标，一旦数据偏差为 10m，就自动提示地面工作站无人机已经进入某个输电线路杆塔拍摄范围，请求拍摄指令；地面工作站会自动发布输电线路杆塔及其通道的拍摄任务，并建立对应的文档信息，将拍摄任务指令发送给地面无人机操控手，无人机操控手按照拍摄指令在固定点拍摄杆塔本体设备图片和视频，分为上相、中相和下相采集本体设备图像。

对于输电线路走廊无人机数据采集，每隔 30m 从规定高度进行航拍。所有采集的高清图片和视频自动存入机载嵌入式数据单元，将压缩的图片和视频实时回传到地面工作站。地面巡检人员通过访问地面工作站的服务器可以实时查阅输电线路本体设备图片和视频数据，以及输电线路走廊图片和视频数据。

无人机数据采集工作流程如图 7-10 所示。

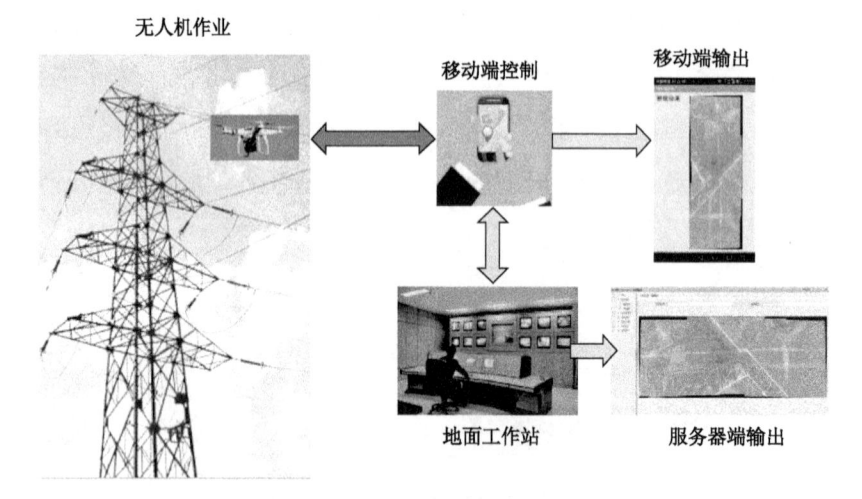

图 7-10 无人机数据采集工作流程

2）杆塔智能化监控

传统的高斯混合模型能处理非抖动视频的前景提取，但是对抖动视频适应性不强。本案例提出了基于矩的块运动估计高斯混合模型，用于抖动视频的前景精确提取。算法采用块的矩来估计块的运动矢量，通过运动补偿使帧图像保持稳定。

为了提高城市安保的质量和水平，摄像设备已被应用到几乎所有的公共场所，但对大量的摄像设备所获取的视频目前还无法全面、智能、精确地进行分析。利用人力来查看监控视频，既不实际，也不经济。而且研究发现，人在观看监控录像 20 分钟后注意力便会下降到无法接受的程度。而一个能够适应复杂场景的视频前景提取算法，能够自动地对视频中的前景进行提取，也能够将提取的前景作为模式识别和运动分析系统的输入，对视频进行智能分析。因此，视频前景提取技术的发展有利于社会安保系统的完善和公共安全水平的提升。

在许多其他领域的研究中，也不乏视频前景提取技术的身影。例如，病人服下某些药物后，医生可以使用视频前景提取技术来追踪药物在病人体内的踪迹，验证药物是否准确地到达病灶并发生作用；动物行为研究学者可以不必长时间观察目标个体的行为，而是利用智能视频分析系统来代替；在军事领域，视频前景提取与目标追踪技术可被用于捕捉关键目标的行为，以加强防御、辅助进攻。

综上所述，视频前景提取技术在公共安全、科学研究和日常生活中都具有广阔的应用前景，它的使用可以提高各方面工作的效率和质量。但是，视频前景提取仍旧面临着许多难题，需要学者们继续研究。

3）地面智能化巡检

对可能导致供电故障的因素进行归纳后，确定导致设备故障的关键因素。针对这些因素，基于数据挖掘和网络爬虫技术，在互联网上收集相关信息。对于收集到的信息采取进一步的数据清洗和分析处理，提取关键信息，并建立"潜在故障事件"模型。根据输电线路的自身属性，建立"设备地图"模型，此模型包含输电线路的地理信息、运维信息等。

对"潜在故障事件"和"设备地图"模型进行数据分析，最终生成对未来上海各个区域的输电线路发生故障的风险评分。当危险性达到一定数值时，相关人员可提前对输电线路进行检修，防止出现经济甚至生命损失。该方案可对故障风险进行估计，对故障的发生进行预测，将损失降到最低。

7.7 电力输电线路运维大数据技术展望

随着电力基础设施的建设日益完善，输电线路日趋增多。输电线路所处地理位置和环境条件非常特殊，异物挂线（主要指气球、风筝线、塑料薄膜在下雨天气造成线路短路，出现停电事故）、自然灾害（主要指台风、暴雨及高温等自然灾害）、人为损害（主要指输电线路附近的违章建筑、大型器械如吊车在输电线路周围的违规操作等）、设备故障（主要指配电变压器、电缆线路、架空线路及附属设备等老化、绝缘不良等）及不明原因的其他状况（如鸟害等原因），导致线路被迫停电事故的发生概率呈上升趋势。因此，研究电力基础设施的反外损对策，是确保电网安全运行亟待解决的重要问题。

2019 年，国家电网公司提出，建设世界一流的能源互联网企业的重要物质基础是要建设运营"坚强智能电网"和"泛在电力物联网"。2019 年 1 月 13 日发布的国家电网公司 2019 年 1 号文件中提出，推动电网与互联网深度融合，着力构建能源互联网。具体内容包括："充分应用移动互联、人工智能等现代信息技术和先进通信技术，实现电力系统各个环节万物互联、人机交互，打造状态全面感知、信息高效处理、应用便捷灵活的泛在电力物联网，为电网安全经济运行、提高经营绩效、改善服务质量，以及培育发展战略性新兴产业，提供强有力的数据资源支撑。承载电力流的坚强智能电网与承载数据流的泛在电力物联网，相辅相成、融合发展，形成强大的价值创造平台，共同构成能源流、业务流、数据流'三流合一'的能源互联网。"

7.7.1 基于区块链技术的输电线路反外损运维系统

区块链技术本质上是一个分布式的账簿，在反外损中，其主要用于输电线路铁塔维护记录与业务积分激励。对于社会人员提供反外损信息，电力公司可以通过积分兑换等方式来实现激励。而区块链技术的不可修改和可追溯性质，提供了公开、透明、公平的系统，社会人员获得的积分奖励受智能合约的约束，可查询的记录可以通过社交网络影响其他未参与或可能参与反外损的受众群体，具有一定的示范效应。同时，电网企业可以通过可追溯的记录，清晰地了解各个输电线路铁塔和线路的维护保养情况，有利于精准运营管理。

7.7.2 基于社交网络用户激励的系统运营模式

根据社交动员与人员激励的前期研究，提出了一种激励系统框架，其中设计了3种反外损的运营机制。

（1）社交网络激励。通过激励输电线路铁塔附近社会人员主动上传照片，发现隐患，并通过App提示附近的居民。提供有效信息的居民和确认信息的人员，都可获得积分奖励。

（2）社会设备主人激励。将巡检责任落实到分管员。分管员认领输电线路铁塔，作为社会设备主人，负责地区网格化管理范围内的输电线路铁塔基础巡视工作。设立分管员积分制度，用于年终考核。

（3）抢单激励。通过App发布抢单通知，调动巡检员和社会力量参与反外损的积极性。

1. 社交网络激励

社交网络激励的目的在于让输电线路铁塔和线路附近的社会人员主动发现故障隐患，上传照片（图7-11）。为此，需要在系统中嵌入一个社交网络平台。用户可以主动发起一个事件，以图片+文字描述的形式提供隐患信息，该事件在社交网络上全网可见。

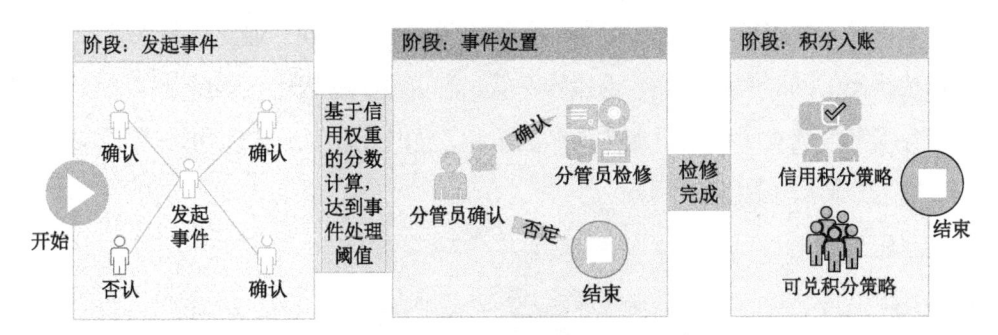

图7-11 社交网络激励

用户发起事件后，用户的朋友可以通过点赞、评论、转发等行为，对该隐患信息进行确认。用户一个人的观察可能具有一定的主观性，如施工车辆在输电线路附近施工，误认为破坏了输电线路。因此，引入了否认机制，如果用户的朋友或附近的居民发现并没有产生损坏，可以否认该用户的这条信息，并上传现场照片。于是，每一起事件都有正面与负面评分。

另外，激励设计还考虑到了用户本身的信用，如果一个用户经常提供无效信息（被分管员否定的信息）或虚假信息（被其他社交网络用户否定的信息），那么该用户的信用积分较低，而成功发布被采纳信息的用户信用积分较高。于是，结合用户的信用积分和正面、负面评分，合理设置权重，就可以得到该事件的总得分。进一步，设置一个总得分的阈值，当总得分超过阈值时，该信息进入事件处置阶段。在事件处置阶段，分管员首先根据用户上传的图片，以及用户好友的评论与图片信息，确认是否存在隐患。如无隐患，则结束该事件；如确认有隐患，则出勤巡查检修，完成检修后，将积分奖励给用户及其好友。

积分奖励包括信用积分与可兑积分。其中，信用积分的设置参考以下 3 个维度。

（1）用户的日常电费缴费评分。

（2）用户的好友数评分。

（3）用户成功提交反外损信息的比例评分。

基于这 3 个维度产生信用积分，将信用积分作为计算可兑积分的权重。可兑积分可以用来抵扣电费、兑换企业允许范围内的其他货币或实物。

2. 社会设备主人激励

目前电网输电线路铁塔的数量远远大于巡检员的数量，而且输电线路铁塔的分布地域广泛，巡检员出勤的时间成本高，巡检效率低。为了全面覆盖输电线路铁塔的日常检查与维护，避免遗漏，建立了社会设备主人激励机制，即让巡检员认领其能力范围内的输电线路铁塔，成为分管员（图 7-12）。

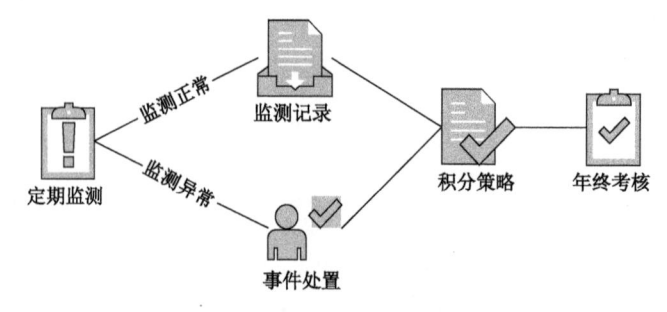

图 7-12 社会设备主人激励

对地区进行网格化处理，每个分管员负责一个网格中所有的电力设备。分管员在每一个设定周期内（每日、每周、每月）对网格中的设备进行"打卡"，确认该设备已经得到巡检或检修。通过"打卡"机制，还能够设定积分奖励，并在年终对分管员的绩效进行考评。

3. 抢单激励

抢单激励由分管员发起，目的在于补充巡检无法覆盖到的区域上报信息。单纯采用社交网络激励机制，会导致上报信息区域不平衡的问题，因为由社会人员自发上报信息具有随机性和偶然性。而抢单激励机制的提出，解决了覆盖不全的问题，由分管员主动派单，社会人员抢单，完成检查任务（图7-13）。

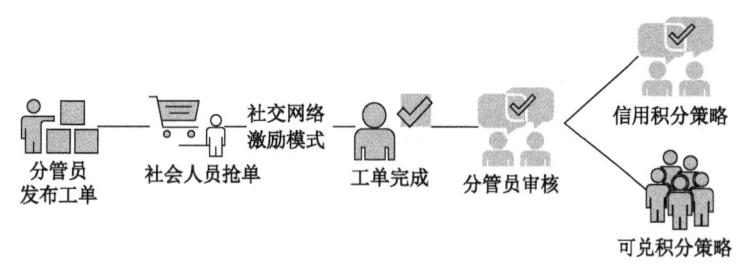

图 7-13 抢单激励

工单在社交网络上发布，全网可见，并不局限于发布地点附近的居民抢单，只要社会人员愿意上传拍照，就能够参与抢单。一旦抢单成功，就会激活社交网络激励机制，经过好友确认和分管员确认后，即可完成该单。由于抢单的地区往往比较偏僻，为了调动社会力量的积极性，在完成工单后，用户的积分奖励为社交网络激励机制的两倍。考虑到社交网络激励机制中否定机制的存在，一旦被好友否定，未达到智能合约执行条件的阈值，当前工单就流拍，并自动重新发布在社交网络上。

7.7.3 电力物联网价值挖掘

物联网的概念由 MIT 的 Kevin Ashton 在 1998 年首次提及，他提出将 RFID 技术和其他传感器技术应用到日常物品中构造一个物联网。1999 年，由 Kevin Ashton 带头建立的 Auto-ID Center 对物联网的应用进行了更为清晰的描述：依靠全球 RFID 标签无线接入互联网，使得从剃须刀到欧元纸币再到汽车轮胎等数以百万计的物品能够被持续地跟踪和审计。

电力行业对"物联网"的理解如下：物联网是一个实现电网基础设施、人员及所在环境识别、感知、互联与控制的网络系统。其实质是实现各种信息传感设备与通信信息资源（互联网、电信网甚至电力通信专网）的结合，从而形成具有自我标识、感知和智能处理能力的物理实体。实体之间的协同和互动，使得有关物体相互感知和反馈控制，形成一个更加智能的电力生产、生活体系，从而衍生出基于通信技术的电力物联网概念。

目前，业界对电力物联网的具体定义还未形成统一意见，将传统电力生产、传输、消费的所有环节信息化，都可以称为电力物联网。就目前国家电网公司的技术储备而言，增强电网的感知、通信、计算和分析能力，是其可预见的发展方向。电网企业预计将综合运用"大、云、物、移、智"等新技术，与新一代电力系统相互渗透和深度融合，实时在线连接能源电力生产和消费各环节的人、机、物，全面承载并贯通电网生产运行、企业经营管理和对外服务等业务。在终端层表现为万物互联的连接能力，在网络层表现为无处不在、无时不有的通信能力，在平台层表现为对全景设备和数据的管控能力。

从2018年国家电网公司信通工作会议上制定的规划来看，整个SG-eIoT系统在技术上将分为终端、网络、平台、运维、安全五大体系，打通输电业务、变电业务、配电业务、用电业务、经营管理五大业务场景，通过统一的物联网平台来接入各业务板块的智能物联设备，制定各类电力终端接入系统的统一信道、数据模型、接入方式，以实现各类终端设备的即插即用。

国家电网公司的信息化水平近年来不断提升，目前国家电网公司系统接入的终端设备超过5亿个（其中，有4.7亿只电表，各类保护、采集、控制设备几千万台），规划到2030年，接入SG-eIoT系统的设备数量将达到20亿个，整个电力物联网将是接入设备最多的物联网生态圈；经过D5000、调控云等系统改造和升级，国调中心在电网观测、控制水平方面已经称得上世界先进，输电网基本做到可观、可控、能控、在控；各地配电自动化系统建设也在推进当中，规划到2020年完成全网95%的配电自动化覆盖率，各种在线监测、智能预警系统比比皆是；基于PMS2.0系统，主要设备的全生命周期管理在近两年内也能基本完成；通信网络建设如火如荼，无线专网、保护专网陆续上马；国家电网公司智慧车联网平台目前已经连接全社会80%的公共充电桩，以及4万多辆电动汽车。

通过建设电力互联网发展与互联网经济相关的新业态，包括新能源、智能制造、智能家居、智慧城市等新业务。非传统领域的新业态已经和传统电网业务处于同等重要的地位。实际上，所谓新能源、智能家居、智慧城市等，都可以被囊括进"电力物联网"。总体来看，"坚强智能电网"仍是电网企业业务的基本盘，做稳输、变、配、用、售环节的既定业务范围，在增量配网试点和配售电侧改革不断深入的背景下坚守传统阵地，抵御"外部的野蛮人"，是电网企业今后工作的"拿分项"；而国有企业改革走向"深水区"，电改大势倒逼，提出"电力物联网"概念，则是主动出击开拓新方向的求变之举，是电网企业今后工作的"发力点"。

7.8 总结

电力设备运维状态的监测分为数据采集、数据分析和状态评估三个阶段。数据分析在其中处于核心地位，直接决定着设备状态监测工作的质量。电力大数据作为一种新兴的技术和理念，虽处在发展阶段，但已展示出数据中蕴藏的巨大能量。

以数据为中心的信息化理念将变革传统的信息化工作思路，促进信息化与工业化深度融合，给电力运维行业带来全新的工作方式和商业模式，在智能电网建设、智慧城市建设中发挥更大的作用。大数据技术的广泛应用必将促进电力行业转型升级，促进能源节约和高效利用，对服务经济社会发展、示范"电力先行"有积极意义。

第 8 章 总结与展望

8.1 流程工业与互联网下半场的结合

人类社会或许正在经历第三次浪潮中的后几个波次,也就是互联网的下半场——互联网面向 ToB 端的融合。这将给制造业,特别是流程工业带来什么呢?流程工业还能像过去一样,在一个相对封闭的供应链里运营吗?还能依靠现有的 ERP、MES、SCM、CRM、BI 支撑数字化转型吗?还只是招募和储备传统的化工、机械、冶金专业人才吗?还能维持现有的企业组织形式吗?

答案是否定的。互联网的下半场必定是和流程工业的高度融合。依托混合云,建立开源的轻量级数字化生态系统是流程工业数字化转型的未来。有几个大的变化即将到来。

- 流程工业必然会变得更加开放,在相当程度上会往 ToC 方向靠拢。
- 现有的 ERP、MES、SCM、CRM、BI 不足以支撑流程工业的数字化转型,一定会有基于混合云架构的开放系统对其进行颠覆或重塑。
- 流程工业需要新的复合型人才。他们既掌握领域知识,又掌握大数据、机器学习等新知识。
- 流程工业现有的组织形式必然会发生根本性转变。扁平、灵活的互联网模式将逐渐融入流程工业。

8.2 流程工业需要建立大数据文化

工业大数据的应用，不仅仅表现为某种数学模型或计算机算法，更多的是以大系统的形式展现出来。因此，在流程工业中应用大数据，要建立大数据治理体系，培养和形成大数据文化，特别要注重以下几点。

- 流程工业大数据就是企业的资产，和生产设备同等重要。
- 既然流程工业大数据也是企业资产，就必须将其纳入企业治理，在信息技术治理体系中，建立大数据治理体系。大数据的所有人必须对数据负责。
- 拥抱大数据意味着让流程工业高管们在量化分析的基础上做决策，而不是依赖自己的经验或直觉。
- 流程工业需要推动决策文化变革，公司领导层需要拥有数字化能力。
- 要习惯问："用数据怎么说？""这些数据是从哪里来的？""这些数据能得出什么分析结果？""对结果有多大信心？"

此外，要充分理解流程工业大数据的理论和实践含义，包括：

- 流程工业大数据让统计学科和工业学科的边界逐渐模糊。
- 流程工业大数据产生了人与人之间的在线互动（交互）关系，以及人与系统及传感设备之间的大量信息。
- 当流程工业大数据之间的关联越来越多时，数据的价值与外部性也就逐渐体现出来。
- 流程工业大数据应将机理模型与统计模型结合使用。

参 考 文 献

[1] 阿尔文·托夫勒. 第三次浪潮[M]. 北京：三联书店，1984.

[2] 阿尔文·托夫勒. 力量转移——临近21世纪时的知识、财富和暴力[M]. 北京：新华出版社，1996.

[3] 余金寿. 工业过程先进控制技术[M]. 上海：华东理工大学出版社，2008.

[4] 张洁，秦威，鲍劲松，等. 制造业大数据[M]. 上海：上海科学技术出版社，2016.

[5] 张晨，张朋柱，罗继锋. 信息系统项目治理理论与实践[M]. 上海：上海交通大学出版社，2016.

[6] 张绍华，潘蓉，宗宇伟. 大数据治理与服务[M]. 上海：上海科学技术出版社，2016.

[7] 郑捷. 机器学习算法原理与编程实践[M]. 北京：电子工业出版社，2015.

[8] 史德青，王万里，刘相，段红玲. 石油化学工程基础[M]. 北京：中国石化出版社，2014.

[9] 许秀，肖军，王莉. 石油化工自动化及仪表[M]. 北京：清华大学出版社，2013.

[10] 周抚生. 2018年中国石油石化企业信息技术论文集[C]. 北京：中国石化出版社，2018.

[11] 董明，刘勤明. 大数据驱动的设备健康预测及维护决策优化[M]. 北京：清华大学出版社，2019.

[12] 胡昌华，樊红东，王兆强. 设备剩余寿命预测与最优维修决策[M]. 北京：国防工业出版社，2018.

[13] 工业大数据白皮书2017版.

[14] 苏鑫，吴迎亚，等. 大数据技术在过程工业中的应用研究进展[J]. 化工进展，2016.

[15] 大数据，离化工有多远[N]．中国化工报，2015-10-22．

[16] 刘增才，李晓霞，袁小龙，等．基于SSH+ExtJS架构的化学数据知识框架管理[J]．计算机与应用化学，2008，25：1147-1151．

[17] Bird C L, Frey J G. Chemical information matters: An e-Research perspective on information and data sharing in the chemical sciences[J]. Chem Soc Rev, 2013, 42: 6754-6776.

[18] 李佳，徐雯丽，胡静，等．2,4-二氯苯氧乙酸代谢中的水解反应机理[J]．物理化学学报，2013，29：1923-1930．

[19] 大数据与化学数学挖掘[N]．科学通报，2015-1-16．

[20] Xia A L, Wu H L, Li S F, et al. Alternating penalty quadrilinear decomposition algorithm for an analysis of four-way data arrays[J]. J Chemom, 2007, 21: 133-144.

[21] Zhao J Q, Wang L Z, Tao J, et al. A security framework in G-Hadoop for big data computing across distributed Cloud data centres[J]. J Comput Syst Sci, 2014, 80: 994-1007.

[22] Fayyad U, Piatetsky - Shapiro G, Smith P, et al. Advancesin knowledge discovery and data mining [M]. Cambridge: AAAI/MIT Press, 1996.

[23] Fayyad U, Stolorz P. Data mining and KDD: promise and challenges[J]. Future Generation Computer Systems ,1997, 13: 99-115.

[24] Hopkins B, Evelson B, Leaver S, et al. Expand your digital horizon with big data[R]. Forrester, 2011.

[25] Abou - Jeyab R A, Gupta Y P, Gervais J R, et al. Con2strained multivariable control of a distillation column using asimplified model predictive control algorithm[J]. Journal of Process Control, 2001, 11: 509-517.

[26] Jackson E J. A user's guide to principal components[M]. NewYork: Wiley-Interscience [Imprint], John Wiley & Sons, Incorporated, 2005.

[27] 成平，李国英．投影寻踪——一类新兴的统计方法[J]．应用概率统计，1986，2(3): 267-276．

[28] 曾群芳．基于拓扑结构保持的线性降维方法研究及其应用[D]．广州：华南理工大学，2012．

[29] Griffiths T L, Kalish M L. A multidimensional scalingapproach to mental multiplication[J]. Memory & Cognition, 2002, 30(1): 97-106.

[30] Zha H Y, Zhang Z Y. Twentieth International Conference on Machine Learning[C]. Menlo Park, California: AAAI Press, 2003.

[31] Saul L K, Roweis S T. Think globally, fit locally: unsupervisedlearning of nonlinear manifolds[J]. Journal of Machine Learning Research, 2003, 4(2): 119-155.

[32] 刘晓欣．互信息多元时间序列相关分析与变量选择[D]．大连：大连理工大学，2013．

[33] 何宽，陈森发．基于一类因果关系图的综合评价方法及应用[J]．控制与决策，2010，25(10):1513-1518．

[34] 许丽利．聚类分析的算法及应用[D]．长春：吉林大学，2010．

[35] 戴涛．聚类分析算法研究[D]．北京：清华大学，2005．

[36] 郭军华．数据挖掘中聚类分析的研究[D]．武汉：武汉理工大学，2003．

[37] 刘红岩，陈剑，陈国青．数据挖掘中的数据分类算法综述[J]．清华大学学报（自然科学版），2002，42(6):727-730．

[38] Quinlan J R. C4.5: Programs for machine learning[M]. SanMateo: Califomia Morgan Kaufmann，1993.

[39] 栾丽华，吉根林．决策树分类技术研究[J]．计算机工程，2004，30（9）：94-96，105．

[40] Rissanen J, Agrawal R, Mehta M．International Conference on Very Large Data Bases[C]．San Francisco: Morgan Kaufmann Publishers, 1996．

[41] Friedman N, Geiger D, Goldszmidt M. Bayesian network classifiers[J]. Machine Learning, 1997, 29(1): 131-163.

[42] 李伟卫，李梅，张阳，等．基于分布式数据仓库的分类分析研究[J]．计算机应用研究，2013，30(10):2936-2939，2943．

[43] 王文新，潘立登，李荣，等．常减压蒸馏装置双模型结构 RBF 神经网络建模与应用[J]．北京化工大学学报，2004，31(5):23-28．

[44] 苏鑫，裴华健，吴迎亚，等．经遗传算法优化的 BP 神经网络预测催化裂化装置焦炭产率应用[J]．化工进展，2016，35(2):389-396．

[45] 杨善升，陆文聪，陈念贻．数据挖掘在化工生产优化中的应用[J]．江苏化工，2004，8．

[46] 陈念贻，钦佩，陈瑞亮，陆文聪．模式识别方法在化学化工中的应用[M]．北京：科学出版社，2000．

[47] 陈念贻，陆文聪．支持向量机算法在化学化工中的应用[J]．计算机与应用化学，2002，19(6):673-676．

[48] Camacho J. Visualizing big data with compressed score plots: Approach and research challenges[J]. Chemometrics Intell Lab Syst, 2014, 135: 110–125.

[49] 刘新平，何冰，顾俊杰，胡成杰，霍良安．基于情景分析的上海市输电网络应急管理实证研究[J]．华东电力，2014，42(09):1742-1749．

[50] 国家电网有限公司关于新时代改革"再出发"加快建设世界一流能源互联网企业的意见．国家电网办〔2019〕1 号．

[51] 胡钋，徐则诚，金哲，王可，程绳，尹洪．基于灰色关联模型的输电线路舞动预警方法[J]．电力自动化设备，2018，38(02):117-122．

[52] 赵淳，宋曒昉，彭波，吴大伟，陶汉涛，邓永清．特高压输电线路污闪和风偏风险实时评估与预警[J]．中国电力，2018，51(04):15-21，66．

[53] 王海涛，冯万兴，陶汉涛，吴大伟，姜志博，张磊．基于气象参数的输电线路电气可靠性实时评估与预警系统设计与研发[J]．中国电力，2018，51(05):17-23，67．

[54] 陈彬，舒胜文，黄海鲲，张明龙，钱健，郭晓君．沿海区域输配电线路抵御强台风预警技术研究进展[J]．高压电器，2018，54(07):64-72．

[55] 黄勇，魏瑞增，周恩泽，张壮领，侯慧，耿浩. 台风灾害下输电线路损毁预警方法[J]. 电力系统自动化，2018，42(23):142-150.

[56] 吴勇军，薛禹胜，谢云云，王昊昊，段荣华，黄伟. 台风及暴雨对电网故障率的时空影响[J]. 电力系统自动化，2016，40(02):20-29，83.

[57] 谢云云，薛禹胜，文福拴，董朝阳，赵俊华. 冰灾对输电线故障率影响的时空评估[J]. 电力系统自动化，2013，37(18):32-41，98.

[58] 谢云云，薛禹胜，王昊昊，徐泰山，董朝阳，金学成. 电网雷击故障概率的时空在线预警[J]. 电力系统自动化，2013，37(17):44-51.

[59] 张仕民，雷泽宇，刘意，杨蔚，赵强，杨生兰，徐鹏. 基于AI的无人机电网智能巡检方案研析[J]. 四川电力技术，2019，42(03):90-94.

[60] 林若，叶远红，张广梅，黄松. 电网巡检新技术[J]. 科学技术创新，2019(17):180-181.

[61] 吴东，鲁轩，金岩，李学刚，姜明席. 基于智能运检的无人机立体巡检管理体系的应用与研究[J]. 电子设计工程，2019，27(11):185-188，193.

[62] 钱平，张永，徐街明. 智能电网巡检机器人终端视觉巡检技术研究[J]. 现代电子技术，2018，41(18):113-116.

[63] 国网上海检修公司运用互联网技术提升输电线路精益化管理水平[J]. 电力信息与通信技术，2015,13(09):42.

[64] Pickard G, Pan W, Rahwan I, Cebrian M, Crane R, Madan A, Pentland A．Time-critical social mobilization[J]. Science, 2011, 334(6055): 509-512.

[65] Tang J C, Cebrian M, Giacobe N A, Kim H W, Kim T, Wickert D B．Reflecting on the DARPA red balloon challenge[J]. Communications of the ACM, 2011, 54(4): 78-85.

[66] Rutherford A, Cebrian M, Dsouza S, et al. Limits of social mobilization[J]. Proceedings of the National Academy of Sciences, 2013, 110(16): 6281-6286.

[67] Bond R M, Fariss C J, Jones J J, et al. A 61-million-person experiment in social influence and political mobilization[J]. Nature, 2012, 489(7415): 295.

[68] Nowak M A, Sigmund K. Evolution of indirect reciprocity by image scoring[J]. Nature, 1998, 393(6685): 573.

[69] Kraft-Todd G, Yoeli E, Bhanot S, et al. Promoting cooperation in the field[J]. Current Opinion in Behavioral Sciences, 2015, 3: 96-101.

[70] Lerner J S, Tetlock P E. Accounting for the effects of accountability[J]. Psychological bulletin, 1999, 125(2): 255.

[71] Smith N J. Engineering project management[M]. Ames, IA: Blackwell Science, 2002.

[72] Turner J R. Contracting for project management[M]. Routledge, 2017.

[73] Berends K. Engineering and construction projects for oil and gas processing facilities: Contracting, uncertainty and the economics of information[J]. Energy Policy, 2007, 35(8): 4260-4270.

[74] Müller R, Turner J R. The impact of principal-agent relationship and contract type on communication between project owner and manager[J]. International Journal of Project Management, 2005, 23(5): 398-403.

[75] Winch G M. Industrial megaprojects: Concepts, strategies and practices for success[J]. Construction Management & Economics, 2012.

[76] Berends T C. Cooperative contracting on major engineering and construction projects[J]. The Engineering Economist, 2006, 51(1): 35-51.

[77] Turner J R, Simister S J. Project contract management and a theory of organization[J]. International journal of project management, 2001, 19(8): 457-464.

[78] Ross J. Introduction to project alliancing on engineering and construction projects, publication of Project Control International Pty Ltd[J]. 2003.

[79] Bennett J, Peace S. Partnering in the construction industry[M]. Routledge, 2007.

[80] Scott B. Partnering in Europe: Incentive based alliancing for projects[M]. Thomas Telford, 2001.

[81] Thomas G, Thomas M. Construction partnering and integrated teamworking[M]. John Wiley & Sons, 2008.

[82] Beach R, Webster M, Campbell K M. An evaluation of partnership development in the construction industry[J]. International journal of project management, 2005, 23(8): 611-621.

[83] Kiviat T I. Beyond bitcoin：Issues in regulating blockchain tranactions[J]. Duke LJ, 2015, 65: 569.

[84] Lemieux V L. Trusting records：is Blockchain technology the answer?[J]. Records Management Journal, 2016, 26(2): 110-139.

[85] Atzori M. Blockchain technology and decentralized governance: Is the state still necessary?[J]. 2015.

[86] Peters G W, Panayi E. Understanding modern banking ledgers through blockchain technologies: Future of transaction processing and smart contracts on the internet of money[M]//Banking Beyond Banks and Money. Springer, Cham, 2016: 239-278.

[87] Antonopoulos A M. Mastering Bitcoin：unlocking digital cryptocurrencies[M]. O'Reilly Media, 2014.

[88] Hoelscher J L. Digital currency risks: internal auditors need to advise management on the myriad risks posed by new forms of payments[J]. Internal Auditor, 2014, 71(4): 24-26.

[89] Morabito V. Business Innovation Through Blockchain[J]. Cham：Springer International Publishing, 2017.

[90] Morabito V. Digital Currencies and Distributed Ledgers[M]//The Future of Digital Business Innovation. Springer, Cham, 2016: 43-60.

[91] Walton R E, Dutton J M. The management of interdepartmental conflict: A model and review[J]. Administrative science quarterly, 1969: 73-84.

[92] Dhillon V, Metcalf D, Hooper M. Blockchain Enabled Applications: Understand the Blockchain Ecosystem and How to Make it Work for You[M]. Apress, 2017.

[93] Wattenhofer R. The science of the blockchain[M]. CreateSpace Independent Publishing Platform, 2016.

[94] Prusty N. Building Blockchain Projects[M]. Packt Publishing Ltd, 2017.

[95] 袁勇，王飞跃．区块链技术发展现状与展望[J]．自动化学报，2016，42(4):481-494.

[96] 孙建钢．区块链技术发展前瞻[J]．中国金融，2016(8)：23-24.

[97] 李鹏飞．基于区块链技术的媒体融合路径探索[J]．新闻战线，2017(15):90-93.

[98] 史强．区块链技术对未来我国高等教育的影响[J]．高教探索，2018(10):5-13.

[99] 张炜，董晓莉．以区块链促进协作保存网络环境下信息资源的可信性[J]．国家图书馆学刊，2018(05):89-98.

[100] 杨挺，赵俊杰，张卫欣，赵英杰，盆海波．电力信息物理融合系统数据区块链生成算法[J]．电力自动化设备，2018(10):74-80.

[101] 周蔚华，杨石华．技术变革、媒体转型及对传媒业的新挑战[J]．编辑之友，2018(10):5-11,16.

[102] 周茂君，潘宁．赋权与重构：区块链技术对数据孤岛的破解[J]．新闻与传播评论，2018，71(05):58-67.

[103] 中国钢铁行业发展现状分析与市场前景预测报告（2019 年）．

[104] iEM System 技术白皮书．

[105] 华南工业互联网产业联盟．钢铁行业：在变化中触摸工业互联网的价值，2019-11-07.

[106] Ian Goodfellow, Yoshua Bengi．深度学习[M]．北京：人民邮电出版社，2017.

[107] 刘大伟．大数据分析在钢铁行业的应用[J]．现代经济信息，2016,14:342.

[108] 刘银山，董效弟．大数据技术在钢铁企业运营中的应用分析——酒钢集团大数据初探[J]．甘肃科技纵横，2015,44(7):30-31,64.

[109] 章红波. 工业大数据挖掘分析及应用前景研究[J]. 科技创新与应用，2016,24:90.

[110] 郭朝晖. 钢铁行业与工业 4.0[J]. 冶金自动化，2015,39(4):7-11,44.

[111] 刘智慧，张泉灵. 大数据技术研究综述[J]. 浙江大学学报（工学版），2014，48(6):957-972.

[112] 袁野. 基于 Hadoop 的在线数据挖掘系统的设计与实现[D]. 成都：电子科技大学，2016.

[113] 苏树鹏. 基于 Lambda 架构的移动互联大数据平台架构的设计与应用[J]. 企业科技与发展，2016(6):66-68.

[114] 田璐,齐林海,李青,等. 基于 Spark Streaming 的电力流式大数据分析架构及应用[J]. 电力信息与通信技术，2019,17(02):27-33.

[115] 孙大为. 大数据流式计算：应用特征和技术挑战[J]. 大数据，2015(3):99-105.

[116] 赵雪峰. 基于互联网企业的大数据分析系统研究[D]. 成都：成都理工大学，2016.

[117] Deepak Vohra. Apache Sqoop[M]. Apress, 2016.

[118] Vohra D. Apache Flume[J]. 2016.

[119] 林子雨. NoSQL 数据库[J]. 2011.

[120] Karau H, Konwinski A, Wendell P, et al. Learning Spark[J]. 2015.

[121] 王妙琼，马鹏玮，魏凯，姜春宇. 工业大数据架构分析[J]. 信息通信技术，2018，03.

[122] 曾忠禄. 大数据分析：方向、方法与工具[J]. 情报理论与实践，2017,01.

[123] 蓝照斌，陈晓祥，史贤林. 基于神经网络的树脂浓度控制[J]. 计算机自动测量与控制，2000，08（2）.

[124] 蓝照斌，史贤林，陈晓祥，林敏杰. 过程控制技术与石油化工[J]. 金山油化纤，1999,04.

索　引

二画
人工智能
三画
大数据
大数据技术
大数据人才
大数据分析
大数据治理
大数据发展战略
大数据监管系统
大数据采集
大数据存储
大数据分析
大数据可视化
大数据孤岛
大数据监控
工业数据
工艺参数
工况状态参数

马尔科夫模型
四画
化工
云计算
云计算系统
云集成技术
无人机搭载检测设备
气田检修
气田大数据
支持向量机
分散转变
分布式数据集成框架
井站
专家系统
区块链技术
贝叶斯原理
五画
石油石化
电力

电力运维　　　　　　　　　　近红外光谱技术
电力信息系统　　　　　　　　社交网络激励模式
电子巡检系统　　　　　　　　抢单激励
生产执行系统　　　　　　　　泛在电力物联网
加权复杂网络演化模型算法　　宏基因组数据分析研究

六画　　　　　　　　　　　**八画**

机器学习　　　　　　　　　　物联网
传统产业数字化　　　　　　　油气开发
产品生命周期管理　　　　　　供应链
企业资源计划　　　　　　　　供应链管理
企业信息系统　　　　　　　　注醇量
机理分析　　　　　　　　　　参与转变
多目标非线性智能优化　　　　软测量技术
动设备　　　　　　　　　　　环境管理系统
压缩机　　　　　　　　　　　构效关系
全局最优解　　　　　　　　　实验室管理系统
全球导航卫星系统　　　　　　实验室电子记录系统
关联规则　　　　　　　　　　炉温软测量
多源异构数据　　　　　　　　**九画**
自动化设备升级　　　　　　　钢铁
自动故障处理　　　　　　　　信息深度自感知
合成工艺　　　　　　　　　　信息物理系统

七画　　　　　　　　　　　客户关系管理

纵向集成　　　　　　　　　　故障诊断
时效性　　　　　　　　　　　神经网络训练
时序数据　　　　　　　　　　炼油化工

结构化学
前置视频识别与处理技术
前置视频图像智能识别算法
相关系数法
钢包监控系统
研发项目管理系统
研发大数据

十画

流程工业
流程制造
离散制造
换热器
预测装置
预测分析
核函数
射频卡
特高压输电通道无人机巡检运维模式

十一画

综合自动化控制系统
控制系统
偏最小二乘法
基因组数据分析研究

十二画

智能制造
智能设备
智能化建设

智能炼厂
智慧电网
智慧炼钢
智慧气田
智慧优化自决策
智能工厂
智能工厂建设
智能生产
智能生产体系
智能机器
智能生产系统
智能决策系统
智能建模
智能优化控制系统
智能监控
智能数据库
智能预报
智慧报警
智慧作业
智慧指挥
智慧决策
智慧钢厂
智能电网大数据
智慧企业
智能物联设备
智慧城市

遗传算法

十三画

数字化

数字化油田

数字化转型

数字营销

数据集成

数据共享

数据强国

数据弱国

数据治理框架

数据治理组织架构

数据湖

数据中台

数据预处理

数据清洗

数据驱动的输电线路

数据统计分析系统

输电线路智能化反外损监控

输电线路精益化运维服务器平台

概率模型

十四画

精准控制自执行

精益化运维

端到端集成

模型体系

模型结构

模型训练

静设备

聚类分析

十五画

横向集成

致　　谢

在 2014 年获得博士学位后，我一直希望能在信息化的实践中有所创新和突破。正好此时，工业 4.0 和智能制造的浪潮扑面而来。

2015 年，我受《E 制造》杂志社邀请，去北京参加工业 4.0 论坛并发言，由此结识了国内智能制造和工业大数据领域的著名专家、上海交通大学先进制造研究所的张洁教授。我有幸获得了和张洁教授合作的机会。随后，我加入了张洁教授的《制造业大数据》编委团队，负责其中"石油化工行业大数据"一章的撰写。之后，张洁教授去东华大学机械学院担任院长，我和张洁院长的团队在工业大数据方面展开了更多的合作。2019 年年初，在张洁院长和汪俊亮博士的指导下，我和华东理工大学的李嘉副教授等合作，在《中国机械工程》大数据专刊上发表了论文《大数据在设备健康预测和设备备件补货中的应用》。

2019 年 9 月，我参加了由张洁院长发起的中国机电一体化协会工业大数据分会的第一次筹委会。会后，受张洁院长的委托，我开始撰写这本关于流程工业大数据分析的书。在这里，我想对张洁院长多年来的信任和指导表示由衷的感谢。张洁院长在智能制造和工业大数据领域孜孜不倦的探索和对晚辈们的教诲让我终生受益。

由于父母从事化工事业，我在化工部的化工研究所大院长大。大学毕业后虽然从事过计算机方面的工作，但我职业生涯的大部分时间是在石油化工行业渡过的。我在 IT 部门工作过，参加了和跨国石油公司的信息化合作，也经历了中国石化智能工厂的建设。因此，如何把流程工业智能制造和大数据的前世今生用一本书阐述清楚，成了我在 2019 年最后几个月里每天思考的问题。正当困难重重之际，一个强大的平台给了我巨大的支持，那就是中国机电一体化协会工业大数据分会。

在协会里，我得到了流程工业专家们的鼎力协助，他们分别是上海工程技术大学的张晓燕博士、中国石油西南油气田分公司的高级工程师付新博士和陈林博士、某智能科技公司副总裁蓝照斌先生、华谊化工集团信息技术有限公司副总经理蒋若宁先生、国网上海市电力公司检修公司何冰博士、上海叔本华智能科技有限公司总经理高杲博士、北京中瑞泰科技有限公司总经理江涛先生。他们作为本书的编委，分别撰写了大数据分析技术，以及大数据分析在天然气开发行业、石油化工行业、化工行业、钢铁行业和电力行业的应用。他们丰富的行业经验和创新的大数据思维是本书的基石与核心。

我还要感谢我的同事朱红燕。她协助我完成了全书校对、案例汇编和结构调整，并撰写了部分内容。她认真负责的态度及优秀的英语、学术能力给了我很大的帮助。

与此同时，非常感谢华中科技大学机械科学与工程学院工业与制造系统工程系高亮教授，他在湖北省最艰难的时刻还给本书做了非常宝贵的指导与审核工作。另外，东华大学汪俊亮博士和电子工业出版社的刘志红女士也为我提供了帮助。

最后，感谢家人对我的关心，使我能安心地写作和思考。

本书是在国家遭遇新型冠状病毒疫情这一非常时期撰写的，当时正值寒冬。而本书完成之际，已是春暖花开，我们已经初步获得了胜利。在此，我要感谢祖国母亲，祝福她平安、富强！也祝福全世界早日战胜病毒！

读者调查表

尊敬的读者：

  自电子工业出版社工业技术分社开展读者调查活动以来，收到来自全国各地众多读者的积极反馈，除了褒奖我们所出版图书的优点外，也很客观地指出需要改进的地方。读者对我们工作的支持与关爱，将促进我们为您提供更优秀的图书。您可以填写下表寄给我们（北京市丰台区金家村 288#华信大厦电子工业出版社工业技术分社　邮编：100036），也可以给我们电话，反馈您的建议。我们将从中评出热心读者若干名，赠送我们出版的图书。谢谢您对我们工作的支持！

姓名：_____　　　　　　　　性别：□男　□女

年龄：_____　　　　　　　　职业：_____

电话（手机）：_____　　　　E-mail：_____

传真：_____　　　　　　　　通信地址：_____

邮编：_____

1. 影响您购买同类图书因素（可多选）：

□封面封底　　　□价格　　　　□内容提要、前言和目录

□书评广告　　　□出版社名声

□作者名声　　　□正文内容　　□其他_____

2. 您对本图书的满意度：

从技术角度　　　　　□很满意　　□比较满意

　　　　　　　　　　□一般　　　□较不满意　　　□不满意

从文字角度　　　　　□很满意　　□比较满意　　　□一般

　　　　　　　　　　□较不满意　□不满意

从排版、封面设计角度　□很满意　□比较满意

　　　　　　　　　　□一般　　　□较不满意　　　□不满意

3. 您选购了我们哪些图书？主要用途？

_____

4. 您最喜欢我们出版的哪本图书？请说明理由。

_____

5. 目前教学您使用的是哪本教材？（请说明书名、作者、出版年、定价、出版社），有何优缺点？

_____

6. 您的相关专业领域中所涉及的新专业、新技术包括：

_____

7. 您感兴趣或希望增加的图书选题有：

_____

8. 您所教课程主要参考书？请说明书名、作者、出版年、定价、出版社。

_____

邮寄地址：北京市丰台区金家村288#华信大厦电子工业出版社工业技术分社

邮　　编：100036

电　　话：18614084788　E-mail：lzhmails@phei.com.cn

微 信 ID：lzhairs

联 系 人：刘志红

电子工业出版社编著书籍推荐表

姓名		性别		出生年月		职称/职务	
单位							
专业				E-mail			
通信地址							
联系电话				研究方向及教学科目			
个人简历（毕业院校、专业、从事过的以及正在从事的项目、发表过的论文）							
您近期的写作计划： 您推荐的国外原版图书： 您认为目前市场上最缺乏的图书及类型：							

邮寄地址：北京市丰台区金家村288#华信大厦电子工业出版社工业技术分社

邮　　编：100036

电　　话：18614084788　　E-mail：lzhmails@phei.com.cn

微 信 ID：lzhairs

联 系 人：刘志红

反侵权盗版声明

电子工业出版社依法对本作品享有专有出版权。任何未经权利人书面许可，复制、销售或通过信息网络传播本作品的行为，歪曲、篡改、剽窃本作品的行为，均违反《中华人民共和国著作权法》，其行为人应承担相应的民事责任和行政责任，构成犯罪的，将被依法追究刑事责任。

为了维护市场秩序，保护权利人的合法权益，我社将依法查处和打击侵权盗版的单位和个人。欢迎社会各界人士积极举报侵权盗版行为，本社将奖励举报有功人员，并保证举报人的信息不被泄露。

举报电话：（010）88254396；（010）88258888

传　　真：（010）88254397

E-mail：dbqq@phei.com.cn

通信地址：北京市万寿路173信箱
　　　　　电子工业出版社总编办公室

邮　　编：100036